Uschi Gassler

Ausmanövriert

Für Natalia!

Mörderische Spannung

wünscht

Uschi Gassler

Ein Psychothriller aus Karlsruhe

Ruhrkrimi-Verlag

Bibliografische Information der Deutschen Nationalbibliothek:
Die Deutsche Nationalbibliothek verzeichnet diese Publikation
in der Deutschen Nationalbibliografie; detaillierte bibliografische
Daten sind im Internet über http://dnb.dnb.de abrufbar.

Druck: BoD

ISBN 978-3-947848-44-7
1. Auflage 2022

Covergestaltung: Uwe Wittenfeld unter Verwendung
der Fotos 323364530 und 372211792 aus dem Adobe-Stock.

Dieses Buch ist auch als
eBook (ISBN 978-3-947848-45-4) erhältlich.

Disclaimer:
Alle Personen und Namen innerhalb dieses Buches sind frei erfunden. Ähnlichkeiten mit lebenden Personen sind zufällig und nicht beabsichtigt.

https://www.ruhrkrimi.de

Ich habe Gefühle zum Toben gebracht
und einen tödlichen Tsunami ausgelöst.
Doch wo beginnt meine Schuld,
und wo endet sie?

Benedict von Barneck
im Mai 2021

Autorin:

Uschi Gassler, 1957 in Kronach/Oberfranken geboren, lebt mit ihrer Familie im badischen Königsbach. Nach 40 Jahren Angestelltendasein bei der Pforzheimer Sparkasse vollzog die gelernte Industriekauffrau 2018 den Schritt in die Eigenständigkeit, um sich vorrangig der Schriftstellerei zu widmen.

Seit frühester Jugend dem Geschichtenerfinden verfallen, absolvierte sie diverse Fernstudiengänge im kreativen Schreiben. Ihre erste Publikation erfolgte 2009, seither sind von ihr mehrere Kurzkrimis in Verlagsanthologien sowie Thriller erschienen.

PROLOG

Schuld – ein einsilbiges Substantiv mit sechs Buchstaben. Fünf Konsonanten, die einen Vokal umschließen. Ein schlichtes Wort, das einem Menschen grobe Fehler unterstellt und ihm vermeidbares Missverhalten unterschiebt. Ein Wort, das dennoch allzu gerne achtlos ausgesprochen wird: *Es ist deine Schuld, dass wir keinen Regenschirm haben und nass werden; er hat Schuld, dass der Tank leer ist und wir die Straße blockieren; keiner hat Schuld, dass der alte Nachbar gestorben ist.* Ich kann nicht aufzählen, wie oft es verwendet wird, ohne zu hinterfragen, ob sich nur eine leichtfertige Schlampigkeit, ein nachlässiges Fehlverhalten oder gar eine schwere Straftat dahinter verbirgt.

Aber mit einer aufgebürdeten Schuld steht automatisch auch die Frage nach Verantwortung auf der Schwelle.

Verantwortung für eigenes Fehlverhalten zu tragen, erfordert Charakterstärke. Verantwortung für die Taten anderer zu übernehmen, impliziert einen Mitschuldanteil.

Ich gestehe, durch Ignoranz und Eigennutz schwere Straftaten begünstigt zu haben, weise aber jegliche Schuldvorwürfe im strafrechtlichen Sinn zurück.

Diese Niederschrift ist der Versuch einer Rechtfertigung zur Entlastung meines Gewissens.

Ich bin Benedict von Barneck mit Hauptwohnsitz in der badischen Residenzstadt Karlsruhe, war zum Zeitpunkt des ersten Mordes zweiundzwanzig Jahre alt und studierte Sportwissenschaft mit Lehramtsbezug in der Absicht, Sporttrainer in einer Polizeiakademie zu werden. Dieses anspruchsvolle Berufsziel war nicht aus tieferen Überlegungen heraus entstanden, sondern spontan beim Besuch einer berufsberatenden Informationsstunde auf dem Arbeitsamt. Eine extrem enervierende Sachbearbeiterin versuchte, unbedingt eine Entscheidung aus mir herauszupressen, und ich konnte keine anderen Interessen vorweisen, als meine durchaus nicht verachtenswerten Erfolge bei schulischen Sportveranstaltungen, in einem Wassersportclub und in einem Tennisverein, wo ich Jugendtrainer war.

Mit sechzehn hatte ich erstmals den sittsamen Pfad der Tugend verlassen. Meine Liebesbringerin war zwanzig gewesen, sah aus wie eine Mannequingöttin. Alles an ihr war ebenmäßig, glatt, perfekt. Kein Gramm zu viel, kein Gramm zu wenig. Trug sie Stilettos, und das tat sie allzu gerne, überragte sie mich um fünf Zentimeter. Ihr langes, seidenglattes Haar schien stets in Gold gebadet, ihre hellbraunzarten Augen versprachen wohltuende Geborgenheit und ihre vollen Lippen hemmungslose Glückseligkeit.

Die Frage nach dem Grund, warum sie so vernarrt gewesen war, mich in die Liebe einzuweihen, stand nie zwischen uns. Ob es daran lag, dass ich erwachsener wirkte, als ich es war, ob es ihr gefiel, jüngere Jungs zu verführen, oder ob sie das Geld meiner Eltern reizte, das meinen Background ausfüllte? Es interessierte mich nicht, und wir trafen uns in jeder freien Minute, bis meine Versetzung in die nächste Klasse auf der Kippe stand und die Abschiebung in ein Internat drohend in den Raum gestellt wurde.

Mit der verfehlten Versetzung hätte ich mich abgefunden, aber die zweite Option durfte ich keinesfalls zulassen und zog einen Schlussstrich. Wehmütig, konsequent. Meine Liebesgöttin und ich sahen uns nie wieder.

Im Lauf der Zeit bemerkte ich, dass ich Schwierigkeiten hatte, eine neue feste Beziehung aufzubauen. Mädchen meines Alters oder gar jüngere brachten mir keine Erfüllung, meine heimlichen Sehnsüchte richteten sich auf mindestens zehn Jahre ältere Frauen. Meinen Kumpels blieb das nicht verborgen, sie schleppten mich auf unzählige Partys, wollten mich verkuppeln und zogen über mich her, wenn ihre Aktionen nicht fruchteten.

Mein Verstand sendete erste Warnsignale aus.

Ergo konzentrierte ich mich auf die Schule, aufs Abi und nach einem Auszeitjahr in Australien mit einer temperamentvollen

Begleiterin im Schlepptau auf das Studium inklusive diversen Praktika. Drei Jahre mit Abschluss »Bachelor of Education Sportwissenschaft« und danach auf das Masterstudium. Aber je konsequenter ich mich auf mich selbst fokussierte, desto mehr hatte ich das Gefühl, dass mein Körper eine magische Anziehungskraft verströmte.

Egal, ob in den Sportvereinen oder auf dem Campus, die Mädchen umschwirrten mich wie hungrige Wespen ein saftiges Steak. Sehr zum Leidwesen meiner Mutter, die seit meiner frühen Jugend ein Problem in der Kombination »Gutaussehen« und »Reichsein« zu erkennen glaubte. Da nutzte es auch nichts, meine alltagsbraunen Haare verwegen lang zu tragen, weißblond zu stylen oder komplett abzuscheren.

Schließlich gewährte ich meinem Äußeren keine Beachtung mehr. Ich ging nur im Notfall zum Friseur, rasierte mich höchstens zweimal in der Woche, und der Großteil meiner Klamotten war nicht mehr mit Markenlabeln verziert.

Die wenigen Wohlstandsbeweise, die ich noch nach außen trug, waren meine zwei Autos und die jederzeitige Nutzungsmöglichkeit unserer Luxusmotoryacht, die im Maxauer Hafen lag, wo ich während einer spendierfreudigen Phase etliche Partys veranstaltet hatte. Was mir allmählich über den Kopf gewachsen war und darin endete, dass ich mich auf eine feste Beziehung mit einer allgemein heftig umworbenen Studienkollegin einließ. Schon um dem dummen Gerede meiner Freunde ein Ende zu setzen und dem partygeilen Jungvolk aus dem Weg gehen zu können, ohne nach Rechtfertigungen suchen zu müssen.

In unsere Villa lud ich ohnehin kaum jemanden ein, es genügte, wenn meine Eltern die hohen Reinigungsrechnungen der Yacht begleichen mussten. Und seitdem die Beziehung zur superschönen Kommilitonin auch in die Brüche gegangen war, ließ ich nur noch meinen allerbesten Freund Severin ins Haus.

Zur richtungsweisenden Spezifizierung meines Studiums gehörte es unter anderem, an gewissen zusätzlichen Kursen teilzunehmen. Hierzu zählten auch sportpsychologische Seminare, bei denen Antiaggressionssport für Gewalttäter im Strafvollzug durchgeführt wurde. Bekanntschaften mit wahrlich schrägen Typen blieben mir hier nicht erspart. Aber wollte ich in Zukunft die Menschen trainieren, die diese Typen hinter Schloss und Riegel brachten, musste ich auch die Charakterzüge der hinter Schloss und Riegel Gebrachten kennenlernen. Es waren durchaus bemerkenswerte Lehrstunden – nicht nur für die Häftlinge.

Im Rahmen eines thematisch gänzlich anderen psychologischen Zusatzprojekts kam ich zu Beginn des zweiten Mastersemesters auf die Idee, das verstörende Thema »Liebe ist ein doppelschneidiges Schwert: Nach Glück folgt Einsamkeit und Tod« aufzugreifen und meine Erfahrungen einzubringen. Mit einer gewissen Art von Einsamkeit kannte ich mich ja aus. Mit dem Tod zwar noch nicht und hatte es auch nicht vor, aber ich war bereit, mich mittels Experimentieren neuen Erkenntnissen zu öffnen. Schließlich war nicht vorherzusehen, welche Psychos sich mir im Laufe meines pädagogischen Berufslebens in den Weg stellen würden.

Von nun an lauerte ich auf das Objekt meiner wissenschaftlichen Begierde und darauf, wohin es mich führen würde. Ich recherchierte, beobachtete, redete mit Kommilitonen jeglichen Geschlechts, gab mich offen, heiter, unbefangen.

Folglich spielten sich täglich gleiche Rituale ab. Ob in der Mensa oder sonst wo auf dem Universitätsgelände, die schönsten Ladies drängten unverhohlen in meine Nähe, beglückten mich mit lüsternen Augenaufschlägen, luden hartnäckig ein, mich zu ihnen zu gesellen. Manche stolperten wie zufällig in meine Arme oder verloren ihre Schals, die dann von Geisterhand geführt vor meine Füße flatterten, und mir blieb keine andere Wahl, als stets aufs Neue meine Ritterlichkeit unter Beweis zu stellen.

Seitdem sich herumgesprochen hatte, dass ich wieder solo

war, erreichte die Vergötterung meiner Bewunderinnen sowie einzelner Bewunderer ungesunde Dimensionen, und ich war zu feige, ihnen klipp und klar mein Desinteresse zu bekunden. Ich nahm ihnen nicht ihre Hoffnung auf ein Date, vertröstete sie auf ein Später. Obwohl sich allmählich Zweifel einstellten, durch dieses Verhalten meinen Imagestand bewahren zu können.

Womöglich würde ein Psychiater heute diagnostizieren, mir machte es Spaß, ein falsches Spiel zu treiben. Doch diese Absicht lag mir fern. Ich fürchte, ich war einfach nur nicht in der Lage, mit den Enttäuschungen anderer umzugehen.

1 | APRIL 2019

Montag, 29.04.

Der Eröffnungsakt der Wende vollzog sich unerwartet nach den Osterferien und gewährte mir keine Chance auf ein Ausweichmanöver.

Ich saß ausnahmsweise alleine an einem Tisch in der Mensa, den aufgeklappten Laptop neben mir. Mit der linken Hand stellte ich das leergetrunkene Glas ab, mit der rechten tippte ich ein paar Zahlen in die Tabelle der Statistik, die ich bearbeitete.

Aus mir unerklärlichen Gründen wurde meine Aufmerksamkeit über den Bildschirm hinweggelockt und von olivgrünen Augen eingefangen, stark umrahmt mit schwarzem Lidstrich.

Drei Tische weiter, in meine Richtung gewandt, saß sie: Etwa in meinem Alter, schwarzhaarig, vielleicht gefärbt, sanfte Locken, die auf ihren Schultern ruhten, kleine Stubsnase, ebenmäßige Augenbrauen, langgeschwungene Wimpern und naturfarbene Lippen, die gerade dabei waren, ein gewaltiges Stück Fleisch aufzunehmen.

Arlena, auf dem Campus auffallend bekannt, schaufelte nicht nur Schnitzel und Pommes mit Mayo in sich hinein, sondern dazu einen Schokoladenpudding mit übergroßem Sahneklatsch.

Mein Blick war festgenagelt. Auf die junge Frau mit dem ungewöhnlichen, klangvollen Namen.

Ohnehin zog sie jeden Blick auf sich. Wenn auch ungewollt. Denn sie platzte sprichwörtlich aus allen Nähten. Ja, der Speck quoll aus ihr heraus. Ihr pausbackiges Babyface, der Hals ein Baumstumpf, die Oberarme, der Körper – unbeschreiblich dick.

Ihr Herz tat mir leid. Sowie auch der Stuhl unter ihr, der gar nicht so stabil wirkte, wie er wohl war.

Sie sah auf, nur kurz, schon tauchte sie weg. Wie bei etwas ertappt, schüchtern, peinlich berührt.

Meine Gedanken drifteten ab. In groteske Gefilde. Alles gewaltsame Verdrängen blieb ohne Erfolg. Ich dachte nur noch an das Eine, daran, wie es wohl wäre, mit ihr Liebe zu machen. Mit einer Frau, die so gänzlich unseren Standardvorstellungen widersprach. Genauer gesagt, Vorstellungen, wie sie uns eingetrichtert werden. Von der Werbung, von Filmen, von überall her. Schlank, rank, blank rasiert von den Achselhöhlen bis sonst wohin, ergo prickelnd wie die Plastikhaut einer Barbie-Puppe, nichts dran, was einen noch reizen könnte. Nichts Weibliches, nichts Wohltuendes, nichts Wärmespendendes. Keine künstlich gepuschte Brust der Welt war in der Lage, Natürlichkeit zu ersetzen.

Ich bekam nicht mit, wie Arlena ihren Platz verließ. Sie war plötzlich fort. Meine suchenden Blicke fanden sie nicht mehr. Weshalb ich mir gebot, diesen seltsamen Moment, diesen unkontrollierten Wachtraum auszublenden, zu vergessen.

Was mir während der Nachmittagsvorlesung gut gelang und auch auf der Heimfahrt. Allerdings schon beim einsamen Abendessen sich wieder in den Vordergrund drängte und ich mit einem Actionfilm abwehrte.

In der Nacht quälten mich abartige Traumsequenzen, die ich aus Pietätsgründen nicht niederzuschreiben wage. Und ein gewisser Selbstschutz sollte auch gewahrt bleiben.

Dienstag, 30.04.

Wie zum Hohn stolperte mir Arlena am frühen Morgen im Eingangsbereich zum Audimax vor die Füße. Und das auf einem Gelände, wo man sich nur selten rein zufällig über den Weg läuft, sofern man nicht dieselben Seminare aufsucht. Irgendein Rüpel hatte sie beim Vorbeigehen so hart gestreift, dass sie ihr Gleichgewicht verlor und gegen mich prallte.

Ausgerechnet.

Ich hatte Mühe, dem standzuhalten, obwohl ich einen Kopf größer war als sie und neben meinen sportlichen Aktivitäten auch zusätzliches Krafttraining betrieb.

»Tut mir leid«, sagte sie mit melodischer Stimme und gesenktem Blick.

»Macht nix!« Heroisch stützte ich sie, bis sie ihren Mordskörper wieder in der Gewalt hatte.

Während sie bemüht eilig davonschlurfte, kam mir erneut das Absurde in den Sinn, ließ mich nicht mehr los. Es war etwas unglaublich Fieses, dem ich mich nur deshalb öffnete, weil ich wirklich schon lange keine Frau mehr im Bett gehabt hatte. Meine momentane Ablehnung sämtlicher Einheitsgirls schürte die Sehnsucht, auch mal neben etwas Handfestem kuscheln zu wollen.

Die Idee fraß sich in mir fest. Wie ein Virus bohrte es sich in mein Hirn, nährte ein seltsames Verlangen.

Was ich sogar meinem besten Freund nicht mehr vorenthalten wollte. Doch wie und vor allem bei welcher Gelegenheit besprach man so etwas mit seinem besten Freund?

Severin Suttor kannte ich seit Kindertagen. Er war acht Monate älter, einen halben Kopf kleiner und überhaupt nicht sportlich. Überschlank war er trotzdem, als eingefleischter Veganer aß er ja kaum etwas Vernünftiges. Seine ursprünglich aschblonden Haare ließ er alle zwei Wochen von seinem Lieblingsfriseur aufhübschen und in immer neue Richtungen stylen. Seiner naturfahlen Haut gab er durch bedächtige Solarienbesuche einen braungetönten Touch.

Pedantisch wie er war, musste alles bis ins kleinste Detail passen, seine Kleidung hatte Stil und wirkte stets, als sei sie dem aktuellsten Männermodemagazin entnommen. Ihm in die Wiege gelegt hatten dieses Faible seine sehr vermögenden Eltern, die bis heute Juweliergeschäfte in Karlsruhe, Rastatt und Baden-Baden betreiben.

Severin und ich standen uns näher als Brüder. Jedenfalls fühlte es sich für mich so an. Geheimnisse hatten wir keine voreinander. Glaubte ich zumindest.

Ich vereinbarte mit ihm noch am selben Abend einen Kinobesuch, dafür war er immer zu haben. Der Rachethriller mit Liam Neeson war schwarzhumorig und etwas überspannt. Ich schweifte mit meinen Gedanken ständig ab.

Als wir im Anschluss auf dem Weg zum Parkhaus waren, stieß Severin mir ohne Vorwarnung seine Faust in den Rücken und brach seinen filmkommentierenden Redefluss ab.

Ich stolperte und entkam nur knapp einem Sturz. »Bist du verrückt?«, stieß ich verärgert aus.

»Hörst du mir überhaupt zu?«, fuhr er mich im Gegenzug an und blieb stehen. »Du benimmst dich echt seltsam.«

Ich wandte mich um. »Wie kommst du darauf?«

»Ich hab dich jetzt schon zweimal gefragt, ob –«

»Sorry, ich mach mir Gedanken wegen eines Experiments«, unterbrach ich ihn.

»Ein Experiment? Erzähl mal!« Er näherte sich einen Schritt.

Die Versuchung, gleich auszupacken, zwang ich erfolgreich nieder. »Hier doch nicht, lass uns etwas trinken gehen.«

Er war sofort einverstanden.

Minuten später drängten wir uns dicht aneinander vor der Theke einer überfüllten Bar, und seine Mundwinkel zuckten in der Unentschlossenheit, sich zu einem Lachen verziehen zu wollen oder mir ihre Verachtung zu demonstrieren.

»Du – du willst mit dieser fetten Arlena …?«

Severin entschied sich fürs Lachen, und ich war eigenartigerweise nicht bereit, mich seiner Humorigkeit anzuschließen.

Nach einem ausufernden Glucksen rang er allmählich nach Fassung und schüttete sein alkoholfreies Bier in einem Zug hinunter. Verschluckte sich, hustete.

»Na, ausprobieren kannst du's ja mal. Aber pass auf, dass es niemand mitbekommt.«

Auf seine herablassenden Worte war ich gefasst, weshalb ich mir meinen Ärger nicht anmerken ließ.

2 | MAI 2019

Montag, 13.05.

Nach zweiwochenlangem Abwägen, Überlegen sowie innerem Kampf stand der Plan für meine Strategie fest, und ich fing Arlena am späten Nachmittag vorm Eingang der Unibibliothek ab. An eine Säule gelehnt folgte ich ihr mit meinem Blick, bis sie die unterste Treppe erreicht hatte und mich wahrnahm.

»Hallo, Arlena!« Ich lächelte sie an.

Das Lächeln hatte ich ausgiebig vorm Spiegel geübt. Es sollte aufmerksam, freundschaftlich und vertrauenerweckend wirken. Keinesfalls hämisch oder anzüglich. Auf den erwünschten Erfolg hoffend, stieß ich mich von der Säule ab und trat ihr entgegen.

Bepackt mit ein paar Büchern, riss sie erstaunt ihre Augen auf. Wie ein Kind vorm Weihnachtsbaum, wenn es bestätigt kriegt, dass es doch ein Christkind gibt.

»Hallo, Benedict. Du heißt doch so? Ich meine, ich hätte gehört … Was willst du?«

»Mit dir reden. Appetit auf ein Eis? Ich lade dich ein.«

»Mich?« Vorsichtig äugte sie umher.

»Ja. Ist das so abwegig?«

»Hm.« Sie wandte sich wieder mir zu, wich allerdings meinem Blick aus.

Ohne abzuwarten, was ihre Überlegungen bringen würden, hakte ich mich bei ihr unter und zog sie mit zu meinem VW-Golf, dem nachtschwarzen, getunten. Widerstand leistete sie eigenartigerweise nicht, was wohl meinem überfallartigen Auftritt geschuldet war. Ich öffnete ihr die Tür, befreite sie von den hinderlichen Büchern und folgte ihren Bewegungen, den ungelenken.

Sie plumpste auf den Sitz. Der Golf sackte seitlich ab. Glücklicherweise fing die harte Spezialfederung das Schlimmste auf.

Nach der ersten Schrecksekunde verkniff ich mir ein Auflachen, Gott sei Dank bekam sie es nicht mit. Sie war beschäftigt, sich zu sortieren und anzuschnallen. Der Gurt reichte tatsächlich um sie herum. VW hätte eine Dankeskarte verdient.

Ich schlug die Tür zu, umrundete mein Auto mit schrägem Blick auf seinen Schiefstand, stieg ein und startete. Fuhr mit ihr nach Rüppurr ins Café *Das Rieberg*, wo ich den hinteren Ecktisch am Fenster reserviert hatte, und ließ sie bestellen, was ihr gemartertes Herz begehrte. Ließ sie in Ruhe löffeln, schaufeln, schlemmen. Zuerst eine Marzipantorte, dann einen Eisbecher mit Früchten und riesiger Sahnehaube. Dazu ein Kännchen Kaffee mit Milch und mehreren Zuckerschüben.

Ich trank meinen Kaffee schwarz und bitter. Verzehrte drei Kugeln Eis mit einem doppelten Schuss Baileys darüber.

Die konsternierten Blicke, die uns streiften, ignorierte ich. Ich kannte ohnehin niemanden und erflehte Gegenseitigkeit.

Unser Gespräch verlief unerwartet zurückhaltend, wollte einfach nicht über ein banales »schön ist es hier«, »ja, so gemütlich«, »und so viel leckere Sachen«, »ja, man weiß gar nicht, was man sich aussuchen soll« und so weiter hinausgehen und endete abrupt in zähen Schweigeminuten. Das war ich von mir nicht gewohnt. Üblicherweise kannte ich keine Hemmungen bei Konversationen.

»Also, Benedict«, sagte Arlena schließlich, während sie eine Erdbeere zwischen ihren Zähnen zerquetschte, »was willst du von mir?«

Ihre Frage war meine Befreiung.

»Du gefällst mir.«

»Ha!«

Ihr erschrockener Aufschrei hatte ein Verschlucken zur Folge, wodurch sie uns mit ihrem lauten Husten erst recht ins Augenmerk der anderen Gäste rückte.

Es gab keine Alternative. Ich atmete aus, stand auf – ganz Kavalier – und klopfte ihr auf den Rücken, den aufgedunsenen. Hitze drängte durch ihr enganliegendes T-Shirt.

Glücklicherweise beruhigte sie sich, ohne dass ich verstärkte Maßnahmen einleiten musste, und sie schob verschämt meine Hand weg.

»Bitte, sag sowas nicht, verarschen kann ich mich selbst.«

»Ich möchte mit dir schlafen«, flüsterte ich ihr ins Ohr und verzog mich rasch auf meinen Platz.

Mein Gefühl sagte mir, bei der Frau musst du direkt und aufrichtig sein. Lügen tischte man ihr vermutlich regelmäßig auf.

Entgegen meiner Erwartung – eigentlich wusste ich nicht, welche Regung ich zu erwarten hätte – blieb sie ruhig. Löffelte ihr Eis, schlurfte den Becher leer. Stellte ihn ab. Warf mir zwischendurch unsichere Blicke zu.

Eine Träne erschien in einem ihrer Augenwinkel, blieb an einer Wimper haften.

»Arlena, ich meine es ernst. Ich möchte dich auf ein paar schöne gemeinsame Stunden einladen. Wir tun nur, was du auch willst. Lassen uns treiben und kosten unsere Freiheit aus. Wir sind erwachsen und niemandem verpflichtet. Wir können tun, wonach es uns sehnt.«

»Aber – warum mit mir?«

»Ich will es probieren.«

Sie tupfte sich übers Auge. »Du spinnst ja.«

Plötzlich zuckten ihre Mundwinkel. Schmunzelte sie?

»Hey, Leni, ja, ich spinne. Lass uns einfach mal spinnen. Du genießt etwas, was dir so schnell keiner bieten wird, und ich – ich mache ein Experiment.«

Sie kniff die Brauen zusammen. »Ein Experiment?«

Sie lehnte sich zurück, innere Abwehr flackerte in ihren Augen auf.

»Ja, ich habe noch nie eine so – so imposante Frau an meiner Seite gehabt.«

Keine Reaktion. Nur ein lauerndes Verharren.

Ich suchte nach schlagkräftigeren, übertriebeneren Argumenten, ohne das eigentliche Projektthema zu benennen.

»Meine berufliche Zukunft hängt davon ab, wie ich mit beleibten Menschen umgehen kann. Und du sollst mein erster Proband sein.«

Immer noch ein schweigendes Abwarten.

»Leni, mach es mir nicht so schwer. Ich will dich näher kennenlernen, um abzuwägen, ob ich in der Lage bin, Menschen aus ihren hamsterradmäßigen Gewohnheiten herauszuholen.«

Sie verharrte noch zwei, drei Sekunden, dann lachte sie laut auf. Schüttelte den Kopf.

»Heißt das *ja*?« Ich grinste sie aufmunternd an.

»Ich weiß nicht. Das ist wirklich das Bescheuertste, das ich je gehört habe. Das mir überhaupt jemand gesagt hat.«

»Ehrlich?«

»Ehrlich!« Ein Lächeln breitete sich auf ihrem Gesicht aus.

»Das beruhigt mich.«

3 | JUNI 2019

Samstag, 01.06.

Die Sonne stach vom Himmel, und ich wartete geduldig am Eingangstor zum Maxauer Motorboothafen. Meine Tasche hatte ich verstaut, die Vorbereitungen getroffen, nun stand ich da in kurzer Jeans, weißem Shirt und weiß-blauer Baseballkappe.

Und Madame war nicht pünktlich. Vielleicht hatte sie Schiss bekommen. Was ich ihr nicht verübelt hätte. Ich an ihrer Stelle hätte mich nicht auf eine solche Verabredung eingelassen.

Doch dann tauchte das von mir für sie georderte Taxi auf, schob sich durch die parkenden Autos das Sträßchen heran, hielt, und meine Verabredung quälte sich heraus. Zuerst die aufgequollenen Füße, verpackt in bequemen weißen Sandalen, gefolgt von nackten drallen Beinen, das Kleid nach oben gerutscht, und dann der restliche Körper. Der Stoff des hellblauen Sommerkleids fiel nach dem Aufrichten seiner Besitzerin bis zu deren Knie herab, und ich musste mir eingestehen, ein paar Nummern kleiner, und die Komposition hätte ganz hübsch ausgesehen. Ihre Haarpracht hatte sie zu einem Pferdeschwanz gebunden. Der Pony ragte in sämtliche Richtungen, wohl verursacht durch rühriges Schweißentfernen.

Ich hätte jetzt kneifen können, mir nicht vor den anderen Clubmitgliedern und Kurzzeitgästen die Blöße geben müssen, mit dieser Frau verabredet zu sein, hätte mich zwischen den Mülltonnen im Metallverschlag neben dem Eingang verbergen können, aber nein, ich stand zu meinem Entschluss. Ich besaß Charakterstärke.

Tapfer schritt ich aufs Taxi zu, zahlte den Fahrer, noch bevor Arlena in der Lage war, ihre umgehängte Handtasche zu öffnen, und holte ihre Reisetasche aus dem Kofferraum.

»Danke, das ist aber lieb.« Ächzend wischte sie sich über die Stirn. Die Hitze machte ihr mehr zu schaffen als mir.

»Tut mir leid«, stöhnte sie, »dass ich das Taxi habe warten lassen müssen.«

»Komm mit«, sagte ich ohne Verlangen nach einer Begründung und ging voraus, die flexible Brücke hinunter zu den Stegen, vorbei am Restaurantschiff, schwenkte nach links und marschierte an etlichen Motorbooten vorbei bis ganz hinaus zur *MARNIE*, unserer schneidigen, dreiundsechzig Fuß langen Motoryacht, die aufgrund ihrer Größe am äußersten Quersteg ihren Liegeplatz hatte.

Arlena schnaufte hinter mir her. Ich wandte mich nicht um, wollte jeglichen Dialog, der unweigerlich Erklärungen erfordern würde, umgehen. Erst als ich stehenblieb, stellte ich mich ihrem kindlichen Erstaunen.

»Wir fahren mit einem Schiff?« Verblüffung vereinnahmte ihre Mimik, während ihre Augen über die Bordwand bis zum Oberdeck hinauf schweiften.

Ja, dieses Detail hatte ich ihr verschwiegen. Ein kleiner positiver Überraschungseffekt war sicherlich nicht verkehrt.

»Wenn du sie so nennen willst, dann ja. Du leidest hoffentlich nicht an Seekrankheit?«

»Nein, ich glaube nicht. Es ist schon lange her, da haben wir mal eine Neckarfahrt in Heidelberg gemacht. Das war schön.«

»Na also, dann macht dir das auch nichts aus. Kannst du schwimmen?«

»Ja, es geht. Ist das etwa dein Schiff?« Über ihr Gesicht huschte schattenhafte Skepsis.

»Gechartert.« Dieser kleine Schwindel rutschte mir unverhofft leicht über die Lippen.

Ich half Arlena auf die etwas tieferliegende Badeplattform am Heck der *MARNIE*, hielt sie fest, bis sie im seichten Wellengang ihre Standsicherheit gefunden hatte, führte sie über die drei Stufen hinauf aufs Deck und hinein in den Salon, wo ich sie hinsetzen ließ. Ihre Tasche brachte ich hinunter in die größte der drei Schlafkabinen.

Als ich zurückkam, blickte sie mich mit Riesenaugen an.

»Das sieht ja toll aus. Und so viel Technik.« Sie deutete nach vorn auf den Navigationsbereich. »Und du kennst dich mit sowas aus?«

»Ein bisschen.« Ich blinzelte sie an. »Willst du mit nach oben? Unter freiem Himmel macht das Fahren doppelt Spaß.«

Verschreckt linste sie zu der schmalen Treppe hin.

»Keine Panik, ich halte dich«, beugte ich rasch einer Ablehnung vor. Mit Erfolg. Sie nickte verhalten.

Wir schafften den Aufstieg problemlos, und ich überließ ihr die Platzwahl. »Neben dem Steuerstand oder hinten am Tisch?«

Verunsichert sah sie umher. »Am Tisch?«

»Okay.« Ich geleitete sie hin, das Schaukeln des Boots ließ auch sie gefährlich wanken. Die Erleichterung, wieder zu sitzen, war ihr anzumerken.

Ich befestigte einen Rettungsring an der Reling neben ihr, das war notfalls besser als nichts, denn eine Schwimmweste in ihrer Größe hatte ich unbedachterweise nicht an Bord.

»Willst du was trinken?«

Sie schüttelte energisch den Kopf, und ich eilte hinunter, um die Vertäuung zu lösen, bevor sie sich es anders überlegte und einen Rückzieher machte.

Dann setzte ich mich ans Steuer, warf die Maschinen an, kuppelte ein, gab Gas und lenkte hinaus auf den Rhein. Dort legte ich den Hebel um und erhöhte die Geschwindigkeit auf angemessene vierzig Stundenkilometer. Der 2000-PS-starke Sound löste ein prickelndes Verlangen in mir aus. Eine Temposteigerung um mindestens fünfzehn Stundenkilometer wäre mit Leichtigkeit machbar gewesen, aber ich wollte die Aufmerksamkeit anderer Bootsfahrer wegen eines zu hohen Wellengangs nicht auf mich lenken, also verzichtete ich darauf.

Arlena sollte relaxt und ohne unnötige Aufregung auf ihre Kosten kommen. Dass sie sich verkrampft am Tisch festhielt, missachtete ich, heimlich vor mich hin lächelnd.

Nach einer etwa halbstündigen Rheinabwärtsfahrt peilte ich die Ausfahrt zur Insel Rott an, hielt mich strikt nach links und manövrierte die *MARNIE* neben einen Anlegesteg, der deutlich als Privateigentum beschildert war. Stellte ihre Maschinen ab. Positionierte die walzenförmigen Gummifender an der Außenbordwand, damit der Rumpf vor Beschädigungen geschützt war, wenn aufgrund der Wasserbewegungen die Yacht am hölzernen Steg entlangwetzte, dann befestigte ich die Taue.

Arlena hatte sich noch nicht von ihrem Sitz wegbewegt, was ich ihr nicht verdenken konnte, denn der Wellengang war infolge hohen Aufkommens von Güterschiffen ziemlich unruhig gewesen und für sie womöglich auch beängstigend. Obwohl ich achtsam den schlimmsten Strömungen ausgewichen war und unsere hochseetaugliche Yacht so manch raue Heimsuchungen gut wegsteckte.

Arlena betrachtete unsicher die Umgebung. Außer uns war keine Menschenseele in Sicht.

»Wo sind wir hier?« Sie richtete ihren Blick nun auf mich.

»Bei Dettenheim. Warst du noch nie in dieser Gegend?«

»Hm, ach so. Na ja, mit dem Auto schon. Früher mal. Da waren wir Fischessen in einem netten Lokal, ganz in der Nähe.«

»Das ist ein paar hundert Meter südlicher, auf der Insel Rott. Willst du dich ein wenig frischmachen? Komm, ich zeige dir die Kabinen.«

»Benedict, …« Sie zögerte.

Ich überging ihre erkennbar aufkeimende Unsicherheit, nahm sie an der Hand, der feuchten, und führte sie in den Salon hinab, der auch den Laien unter den Gästen erkennen ließ, welche Kostbarkeiten dieses ›Schiff‹ barg.

Arlena schaute sich erneut um, doch ich dirigierte sie weiter ins Unterdeck, wo im Heck die Gästekabinen und im Bug die große Schlafkabine lagen, und sich im Mittelbereich die Pantry befand, eine kleine Küche mit Sitzgelegenheiten.

Ich öffnete die Tür ins Schlafgemach und ließ Arlena eintreten. In diesem Moment erkannte ich in ihren Augen das gewisse Blitzen, das jeden befiel, der von dessen prachtvollen Ausstattung in Empfang genommen wurde.

»Das ist ja wundervoll.« Ihr Flüstern war erfüllt von Ehrfurcht. »Luxuriöser als eine Hotelsuite.«

Nun ja, vermutlich hatte sie noch keine Suite der oberen Preisklasse begutachten können, sonst hätte sie diesen Vergleich etwas relativiert. Ich ließ ihr Zeit, zur Toilette zu gehen, sich frisch zu machen. Schenkte uns derweil jedem ein Gläschen Champagner ein. Stellte die Flasche ins Kühlfach der kleinen Bar zurück.

Zog mich aus, machte es mir auf dem Bett bequem. Betrachtete das perlende Fangspiel in den Kristallgläsern, die sich allmählich mit kalter Feuchte überzogen.

Als Arlena herauskam, umgab sie ein blumiger Duft. Erstaunlich angenehm, anregend, untermalte die zartweißen Blumenköpfe auf ihrem Kleid. Ihr schwarzes Haar war offen und umrahmte seidig ihr Vollmondgesicht, die Wangen gerötet vom sonnendurchfluteten Fahrtwind. Sie starrte mich an.

Ich hielt ihr ein Glas entgegen. »Zur Abkühlung.« Schenkte ihr ein Lächeln.

»Du siehst gut aus.« Sagte Arlena zu mir. Sagte *sie* zu *mir!*

Ich verschluckte mich ein wenig. »Ähm, wären das nicht eigentlich meine Worte?« Ich beugte mich vor, reichte ihr das Glas. »Du siehst hübsch aus, Arlena.«

Ihre Unsicherheit raubte mir den Atem, als sie das Glas mit spitzen Fingern ergriff.

»Setz dich zu mir.«

Meine Aufforderung befreite sie aus der Erstarrung, sie setzte sich tatsächlich an den Bettrand. Mit Vorsicht, als könne etwas kaputtgehen. Aber das Bett war stabil, das merkte wohl auch sie, und sie rutschte sich bequem zurecht.

Wir stießen an, tranken. Ich zwei Schluck, sie leerte alles in einem Zug.

»Kannst Benni zu mir sagen«, schlug ich ihr vor, stellte mein Glas auf den Beistelltisch, streichelte ihr über den Rücken, roch an ihrem Haar. Fühlte, wie sie erschauerte.

»Benni, willst du jetzt …?«

Meine Hand suchte sich einen Weg zu den Knöpfen vor Arlenas gewaltigem Busen, ich öffnete einen um den anderen. Ein praktisches Kleid. So ohne Anstrengung zum Aus- oder Anziehen, egal wie beweglich oder unbeweglich man war.

Da wehrte sie ab. »Bitte, nein, ich weiß nicht, ob du dir das tatsächlich antun willst.«

»Willst *du* es?«

Ihre Augen überzogen sich mit einem Hauch Traurigkeit. Sie nickte kaum wahrnehmbar. Zuckte mit den Schultern. »Deshalb sind wir ja hier, oder?«

Sie würde doch nicht annehmen, jetzt eine Art Opfer werden zu müssen?

»Nur, wenn du willst.« Konnte ich sie beruhigen?

»Wärst du mir böse, wenn ich nicht will?«

Als galanter Gastgeber immer auf alles gefasst, lächelte ich sie an. »Leni, wo denkst du hin? Wir tun nur, was wir beide wollen.«

Sie atmete hart durch. Streckte mir ihr Glas entgegen. »Gib mir bitte noch einen Sekt!«

Ich verkniff mir ein Auflachen, holte die Flasche aus dem Kühlfach, schenkte ein. »Lass dir den Champagner ruhig schmecken. Für einen schönen Anlass nur das Beste.«

Sie hielt inne, überlegte wohl, ob sie etwas sagen sollte, besann sich, und kippte den edlen Tropfen in ihre Kehle.

Jetzt hielt mich nichts mehr.

Ich entkleidete sie. Ohne Gegenwehr. Und versank in ihr.

Der bewaldete Weg war schattig und gut begehbar, was Arlena gefiel. Ich hielt ihre Hand, die sie mir nicht entzog, und spürte die beschwingte Leichtigkeit, die sie verströmte. Ein erstauntes Flackern erreichte ihre olivgrünen Augen, als das topmodern renovierte, ehemalige Wasserschlösschen vor uns auftauchte.

»War das schon immer da?«

Was für eine Frage.

»Nun ja, seit Mitte des neunzehnten Jahrhunderts. Ein badischer Adliger ließ es einst als Ruhe- und Erholungsort errichten, früher war es mit Wasser umgeben. Die späteren Besitzer haben die Gräben trockenlegen und den ganzen Parkbereich aufforsten lassen.«

»Kann mich gar nicht erinnern, es damals gesehen zu haben, obwohl wir eine ziemlich ausgedehnte Wanderung unternommen hatten.«

»Der Weg von der Straße her ist ja auch als Privatweg für den öffentlichen Betrieb gesperrt. Es dürfen nur Hotelgäste oder Restaurantbesucher hereinfahren.«

Über die im mediterranen Flair angelegte Terrasse betraten wir den Restaurantbereich. Obwohl es unter den großen Sonnenschirmen verlockend herrlich war, hatte ich sicherheitshalber im Innern einen Tisch reserviert. Hier war es angenehm klimatisiert. Der Ober führte uns an einen Fensterplatz mit Sicht ins Grüne. Pikierte Blicke blieben uns vom Personal erspart, diesbezüglich hatte ich vorgesorgt. Jeder sprach mich brav mit »Herr Barneck« an, ließ anweisungsgemäß das von mir auch in der Uni unterschlagene »von« weg, und Arlena zeigte sich irritiert, vermutlich wegen der Tatsache, dass ich beim Personal einen gewissen Bekanntheitsgrad besaß.

Erklärungen gab ich keine ab, genauso wenig wie ich bisher über die Yacht oder andere persönliche Dinge gesprochen hatte. Ich wusste nicht, ob Arlena über meine Herkunft informiert war.

Ich jedenfalls wusste über sie nur das, was im Allgemeinen getratscht wurde. Und das war ziemlich inhaltsleer. Bei ihr stand stets ihre Leibesfülle im Vordergrund.

Deshalb hatte ich kein Menü vorbestellt. Ihr offenkundig ungezügelter Heißhunger auf gehaltvolle Portionen machte es mir unmöglich, abzuschätzen, ob sie sich auch mit übersichtlich gefüllten Tellern zufrieden gab oder gleich zu verhungern glaubte. Da ich ihr ein Wohlfühlwochenende versprochen hatte, ließ ich sie wählen, was sie begehrte. Ich gab mich mit einem klassischen Dreigänge-Menü zufrieden aus buntem Salat, Entrecôte vom Rind mit karamellisierten Walnüssen und gebratenen Kartoffeln. Für den Abschluss bestellte ich ein hausgemachtes Sorbet mit frischen Früchten.

Arlena las die Speisekarte dreimal durch, bis sie sich zu einer Entscheidung durchrang. Was nicht am Preis lag, sie wusste ja, dass sie eingeladen war. Nein, vermutlich konnte sie mit den Beschreibungen nicht viel anfangen, weshalb ich höflich einsprang und ihr Vorschläge unterbreitete. Sie entschied sich zum Einstieg für Tatar mit Wachtelspiegeleier samt einem Stück Bauernbrot und als Hauptgang etwas Deftiges mit Spätzle. Den »Gruß des Küchenchefs« überließ ich ihr komplett, worüber sie sich sehr freute.

Nach der Vorspeise war der ideale Zeitpunkt für etwas Smalltalk gekommen. Dazu tranken wir Wein, sie einen schweren roten, ich einen trockenen weißen.

»Was studierst du eigentlich genau?«, fragte ich sie.

»Chemie, Deutsch und Philosophie mit Ethik. Ich will Gymnasiallehrerin werden.«

»Wow! Wie kommst du auf Chemie?«

»Meine Eltern sind Apotheker. Mit chemischen Mittelchen bin ich aufgewachsen. Und du?«

»Ich stochere auch im Pädagogik-Bereich herum. Sportwissenschaften.«

»Oh, toll! Dann könnten wir ja mal Kollegen werden.«

»Ich habe andere Pläne.« Genaueres wollte ich ihr nicht preisgeben, daher wechselte ich das Thema. »Wo wohnst du? Kommst du aus Karlsruhe oder hast du hier nur ein Zimmer?«

»Wir wohnen in Neureut, haben ein Haus, worin sich auch die von uns betriebene Apotheke befindet. Ich lebe gerne dort. Hast du Geschwister?«

»Nein, du?«

»Ich auch nicht. Das finde ich schade. Man hat niemanden zum Spielen und wird einsam.«

War das der Grund für ihre Leibesfülle?

»Na, das muss aber nicht sein«, versuchte ich zu beschwichtigen. »Es hat auch Vorteile. Man muss mit niemandem ums Spielzeug streiten.«

»Du hast Recht.« Sie atmete seufzend durch. »Streiten brauchte ich mit niemandem.«

Zwischen Hauptgang und Dessert entdeckte ich den jüngeren Sohn des Hotelmanagers. Er stand vor der gläsernen Zwischentür zum Foyer und beobachtete uns. Ich entschuldigte mich bei Arlena und ging zu ihm.

»Hallo, Lars.«

»Hallöchen, Benni. Welch eine Schönheit führst du denn heute aus?« Seine Lippen verzogen sich zu einem gehässigen Grinsen.

»Eine Studentin von der Uni. Hab ihr eine Bootsfahrt versprochen.«

»Einfach so?«

»Einfach so. Die anderen Tussen sind mir zu sehr auf die Pelle gerückt, da habe ich einen Puffer gebraucht.«

»Einen Puffer!« Lars lachte glucksend. »Einen gewaltigen Puffer!« Er kriegte sich nicht mehr ein.

Ich schob ihn außer Reichweite der Tür, weiter nach hinten zum Treppenaufgang, damit Arlena uns nicht sah, falls sie nach mir Ausschau halten würde.

»Jetzt hör mal, Lars. Wen ich ausführe, geht dich nichts an. Und was ich tue, auch nicht. Wir essen, dann nächtigen wir auf der *MARNIE*, und morgen nach dem Brunch fahren wir wieder fort. Ich hoffe, du beherrschst dich und bringst ihr Respekt entgegen. Auch will ich nicht, dass sie mitkriegt, wie wir zueinander stehen. Kapiert?«

Lars nickte, kicherte albern in sich hinein und trabte die Treppe empor. »Mutter kriegt 'nen Nervenzusammenbruch und Vater 'nen Lachanfall. Das versprech ich dir. Wissen das eigentlich deine Eltern?«

»Halt die Klappe!«, rief ich ihm nach.

Sonntag, 02.06.

Die Nacht war wie geschaffen für Romantik. Auf dem Oberdeck genossen wir den bilderbuchgleichen Sonnenuntergang, tranken viel Champagner, verzogen uns in die »Suite« und trieben es ein paar Mal miteinander. Ich glaube, es gefiel Arlena besser, als sie es sich eingestehen wollte. Leider schwebte die Scham stets über ihr. Aber darüber ging ich hinweg, Kavalier, wie ich bin.

Ich wachte noch vor ihr auf, duschte, zog mir frische Klamotten an, legte ihr ein Duschtuch zurecht und begab mich aufs oberste Deck. Wartete inmitten des morgendlichen Vogelpalavers geduldig auf das Erscheinen meiner Begleiterin. Schwelgte in der würzigen Luft, beobachtete einen Frachter, der draußen auf dem Rhein vorbeischipperte.

Etwa eine Stunde später erschien sie. Stufe um Stufe tauchte ihr Körper auf. Die schwarze Haarpracht umrankend offen, ihr Gesicht bestäubt von einer heiteren Gelassenheit, der Oberkörper umschmeichelt von einem blaugemusterten, ärmellosen Blusentop und der Rest umflattert von einer leichten, mittelblauen Sommerhose.

»Du bist aber schick!«, stieß ich überrascht aus und entlockte ihren Augen ein Aufleuchten, das sich mitten in mein Herz brannte.

Vorsichtig, als wäre der Boden eisüberzogen, tapste sie zu mir her, ließ sich auf den Sitz fallen.

»Es ist so herrlich. Kommst du oft hierher?«

Ich vermied eine aussagekräftige Antwort, brachte ihr nur ein knappes »bin gleich wieder da« entgegen, spurtete hinab in die Pantry, holte kühlen Champagner und schenkte uns ein. Wir schlurften jeder ein Gläschen, versunken in einträchtigem Schweigen, und machten uns auf den Weg ins Hotel. Wir brunchten ausgiebig bis in die Mittagsstunden. Lars ließ sich nicht mehr blicken.

Die Sonne hatte den Zenit längst überschritten, als wir ablegten. Arlenas entspannter Gesichtsausdruck bewies ihr Wohlbehagen. Hoffentlich vergaß sie unsere Abmachung nicht: Ein Wochenende mit viel Spaß ohne Verpflichtungen.

Im Heimathafen angekommen, vertäute ich das Boot, nahm die Reisetaschen und bat Arlena, mir zu folgen. Wir gingen am Restaurantschiff vorbei, hinauf zum clubeigenen Parkplatz. Dort stand mein Audi A8, weißmetallic, das letztjährige Geburtstagsgeschenk meiner Eltern als Belohnung für topbestandene Prüfungen und als Trost für unzählige einsame Stunden allein zuhause.

Erwartungsgemäß riss Arlena beim Anblick der Nobelkarre ihre Augen auf. »Gehört der deinen Eltern? Ist was mit deinem Golf?«

Ich schüttelte den Kopf, grinste sie an und öffnete die Beifahrertür. »Steig ein«, sagte ich bloß und ließ den Moment für sich wirken.

Ohne weitere Worte kam sie meiner Aufforderung nach, dabei hätte ich zu gern gewusst, was ihr durch den Kopf ging.

Auf einem der leeren Apothekenparkplätze hielt ich wenig später, verließ das Auto, öffnete die Beifahrertür, half ihr beim Rauswuchten. Brachte ihr die Tasche bis vor die geschlossene Haustür.

»Bis dann«, sagte sie.

»Bis dann«, sagte ich.

Wir standen uns gegenüber, und ich überlegte, wie ich mich verhalten sollte.

Da hauchte sie mir einen Kuss auf die Wange. »Danke, es war schön.«

Ich nahm ihr Gesicht zwischen meine Hände und presste ihr einen festen Kuss auf die Lippen.

Welcher Dämon hatte mich in dieser Sekunde bloß geritten?

Samstag, 22.06.

Dreimal innerhalb drei Wochen war es mir gelungen, einer Begegnung mit Arlena auszuweichen. Einmal sah ich sie in der

Mensa sitzen, warf ihr aber nur ein kurzes Nicken zu, weil ich bereits andere Mitstudenten anpeilte, mit denen ich oftmals die Pausen verbrachte.

Ein anderes Mal suchte sie einen Platz in der Bibliothek, wobei ich ihr keinen bei mir anbieten konnte, weil sich schon zwei Superschönheiten breitgemacht hatten. Larissa, meine Ex, und ihre allerbeste Freundin Mona. Zwei Barbies wie aus der Retorte. Larissa blondgebleicht, Mona rotgefärbt. Gleiche Haarlänge, gleicher Haarschnitt, beide stark geschminkt mit Minirock und offenherzigem Blusentop. Die eine in grellblendenden Rottönen, die andere in augenkrebsfördernden Grüntönen.

Den säuerlichen Blick in Arlenas Augen missachtete ich, schließlich hatte sie keinen Grund zum Sauersein. Weder unterhielt ich mich übers normale Maß hinaus mit den beiden Kommilitoninnen noch hatte ich mit Arlena eine Verabredung.

Weitere Annäherungsversuche aus dem Kreise holder Weiblichkeiten wimmelte ich freundlich, aber bestimmt ab, kniete mich in die Prüfungsvorbereitungen und ließ mich durch nichts mehr ablenken. Sogar Severins Angebot, mal wieder so richtig einen draufzumachen, lehnte ich ab und vertröstete ihn auf ein Später. Meine Klausurbewertungen waren mir das Wichtigste, denn im Folgejahr standen die Masterprüfungen an.

Die dritte Begegnung mit Arlena verlief nicht sehr harmonisch. Ich erteilte ihr eine Abfuhr, eine höfliche, als sie mich eines späten Nachmittags am Universitäts-Parkplatz abfing und mir den Vorschlag für einen Kinobesuch unterbreitete. Sie zeigte sich sehr beleidigt, und ich versprach ihr ein Treffen zu einem günstigeren Zeitpunkt. Denn fürs Wochenende hatte ich eine Bootstour geplant, alleine irgendwohin, nur mit Laptop und Büchern.

Es war noch nicht mal halb acht, aber der Himmel stahlblau, als ich zum Hafen kam. Ich zwängte meinen Golf an ein paar Polizeiautos vorbei, fuhr nach hinten auf einen freien Stellplatz, dachte mir zunächst nichts dabei. Es geschah leider hin und wieder, dass eingebrochen wurde.

Ich ging die Brücke hinab und am Restaurantschiff entlang in Richtung der linksseitigen Bootsstege, fühlte Schritt um Schritt zunehmendes Unbehagen aufziehen. Polizisten in Uniform und Zivil, manche gar in weißer Schutzkleidung, bevölkerten den Steg und schienen sogar direkt neben und auf der *MARNIE* herumzuwuseln. Unser Hafenmeister gestikulierte aufgeregt mit den Armen, diskutierte mit einem uniformierten Beamten und hatte kein Auge für mich übrig, als ich ihn ansprechen wollte. Also verfiel ich in einen schnellen Trab, wollte dem Treiben bei unserem Boot ein Ende bereiten. Oder hatte man gar dort eingebrochen?

»Na, Benni, mal wieder 'ne heiße Party geschmissen?«, schnarrte die Stimme eines Bootsbesitzers von irgendwoher in mein Ohr. Was ich nicht beachtete.

An einem Absperrband vorm letzten Drittel des Stegs stoppten mich zwei Polizisten.

»Ich will zu dem Boot, dort am Quersteg. Es gehört uns.« Meine Stimme klang härter als gewollt.

»Moment, junger Mann!«, herrschte einer der Beamten mich an. »Sie warten hier. Ich gebe der einsatzleitenden Hauptkommissarin Bescheid.« Er marschierte fort.

»Was ist passiert?«, fragte ich den anderen Beamten.

»Gedulden Sie sich einen Moment.«

»Was ist passiert?«, schrie ich wütend.

Ich fühlte, dass sich da ganz und gar etwas Ungeheuerliches abspielte. Die waren nicht wegen eines Einbruchs gekommen, nein, nicht mit diesem Aufgebot.

Es winkte jemand, und der Beamte hob das Sperrband hoch. »Sie können jetzt zu der Dame dort gehen, das ist Hauptkommissarin Steiner von der Kriminalpolizei.«

Besagte Dame, schätzungsweise Ende vierzig, Durchschnittsfigur, kastanienbrauner Kurzhaarschnitt, beingerade graue Jeans, gelbe Kurzarmbluse, große abgegriffene Ledertasche quer umgehängt, kam mir entgegen.

»Und Sie sind ...?« Ihre Stimme klang forsch.

»Benedict Barneck. Meiner Familie gehört die Yacht.«

»Wann waren Sie das letzte Mal hier, Herr *von* Barneck?«

Aha, sie wusste also über uns Bescheid.

»Ich? Das dürften zwei Wochen her sein.«

»Und jemand anderes aus Ihrer Familie?«

»Das weiß ich so spontan nicht.« Warum ich ihr nicht sagte, dass außer mir niemand dagewesen sein konnte, weil meine Eltern im Ausland weilten und ich mindestens einmal wöchentlich nach der *MARNIE* sah, wusste ich hinterher nicht.

»Das werden wir herausfinden. Aber so lange kann das ja nicht her sein, seit jemand hier war. Ihre Yacht ist mit keiner Schutzplane abgedeckt.«

»Ähm«, setzte ich verdutzt an, »das Wetter war durchgängig stabil.« Und ein bisschen Bequemlichkeit spielte auch eine Rolle. Aber das stand jetzt wohl nicht zur Debatte.

»Nun ja, das ist Ihre Sache.« Sie sah mich herausfordernd an. »Wo waren Sie vergangene Nacht?«

Mein Atem stockte. »Ich? Wieso ich? Was ist denn passiert?«

Ihr Blick lag fest auf mir. »Bitte antworten Sie mir. Wo waren Sie vergangene Nacht?«

»Na, daheim. Wo sonst?«

»Kann das jemand bezeugen?«

»Ich war allein, Herrgott nochmal! Was ist los?«

Ihre Überrumpelungstaktik befeuerte meine Ungeduld. Das merkte wohl auch die Beamtin. Ihr Blick wurde freundlicher. Ihre Worte umso gnadenloser.

»Es wurde eine Tote gefunden. Auf Ihrem Boot.«

Meinen bestürzten Unglauben ignorierend, zog sie ein Samsung-Tablet aus der Tasche, klappte die blassgrüne rissige Hülle auf und aktivierte ein Foto. Hielt es vor meine Nase.

»Kennen Sie sie?«

Mich traf der Schlag. Larissa? Liegend auf der Sitzbank am Achterdeck. Den Kopf herabhängend, die rotdurchtränkten Haare wie ein Fächer am Boden ausgebreitet. Kaum zu erkennen inmitten des vielen Bluts. Den aufkommenden Ekel hielt ich erfolgreich in Grenzen und reckte den Kopf, um direkte Sicht auf die tragische Szenerie zu erhaschen.

Vergebens, die Kommissarin fuchtelte mit dem Tablet vor meinen Augen herum. Lenkte meinen Blick wieder auf das Display.

»Sie kennen sie?« Eher eine Feststellung als eine Frage. Wohl das Resümee auf mein entgleistes Mienenspiel.

»Ja, klar«, würgte ich hervor.

»Klar?« Die Beamtin zog das Tablet zurück, schlug die Hülle zu und steckte das Gerät in ihre graubraune Umhängetasche. »Ihre Freundin?«

»Nein!« Mein Ton war zu barsch.

»Nein?« Die Wiederholung klang provozierend.

»Ich kenne sie von der Uni.« Mehr brachte ich nicht über die Lippen, mein Hals war wie zugeschnürt.

»Gut, Herr von Barneck, dann sehen wir uns in einer Stunde für eine kurze Faktenklärung auf dem Kommissariat.« Sie überreichte mir eine Visitenkarte. Tippte mit dem Zeigefinger auf die Adresse der Kriminalpolizeidirektion in der Hertzstraße.

Nahezu zwei Stunden verharrte ich unter Beobachtung eines schweigenden Beamten und einer hochangebrachten, blinkenden Kamera in einem nur mit einem Tisch und drei Stühlen ausgestatteten Raum, bis sich die Tür öffnete und Frau Steiner hereintrat. Die ursprünglich angedachte Fleißarbeit auf der *MARNIE* irgendwo am idyllischen Rheinufer wäre mir tausendmal lieber gewesen.

Die Hauptkommissarin räusperte sich. »Danke, dass Sie gekommen sind. Ich würde unser Gespräch gerne aufzeichnen. Darf ich?«

Ihr Grinsen verunsicherte mich zunächst, doch mein reines Gewissen versagte mir eine ablehnende Haltung. »Ja, klar.«

»Vielen Dank. Das erspart mir so manches.«

Was es ihr ersparte, legte sie nicht offen, und ich fragte auch nicht nach, ich betrachtete nur ihre Hände, die ein kleines Gerät in die Tischmitte schoben und es aktivierten. Mir fiel auf, dass sie links einen breiten gelbgoldenen Ehering trug, der an den Rändern mit glitzernden Facetten verziert war. Die Hände zogen sich zurück, griffen nach dem Aktenhefter, den die Beamtin zuvor am Tischrand abgelegt hatte, blätterten darin herum, holten ein handbeschriebenes Blatt heraus, klappten den Hefter zu.

Die Kommissarin blickte nicht auf, sondern fest auf das Blatt, als sie mit jetzt ernster Mimik zunächst meine persönlichen Daten herunterleierte und ihre Befragung begann. »Herr von Barneck, wir wissen von Mona Kessler, der Freundin von Larissa Rotfleck, dass das Mordopfer und Sie einmal ein Paar gewesen waren. Stimmt das?« In ihrer Stimme hatte sich ein unterschwelliger Vorwurf eingeschlichen.

Ich schluckte. »Mordopfer?« Die Kombination *Larissa* und *Mordopfer* schockierte mich. »Sie wurde ermordet?«

Diese dumme Frage hätte ich mir sparen können, wie ein Suizid oder ein spontaner Herzschlag hatte die Szene auf dem Foto nicht gewirkt.

Die Retourkutsche erfolgte dementsprechend. Die Beamtin hob ihren Kopf, sah mich an.

»Bitte haben Sie Verständnis, dass nicht ich Ihnen antworten muss, sondern Sie mir Antwort geben sollten.«

Ihr zaghaftes Lächeln verursachte einen eisigen Schauer auf meinem Rücken.

»Entschuldigen Sie. Ja, Larissa und ich waren mal zusammen. Letzten Herbst, nach Semesterbeginn, bis kurz vor Weihnachten«, sagte ich rasch.

»Wer hat Schluss gemacht?« Die Kommissarin lächelte mich immer noch an. Irgendwie seltsam.

»Keine Ahnung, hat sich ergeben.«

»Ergeben? Na, einer von Ihnen beiden muss doch die Trennung in die Wege geleitet haben, oder nicht?«

Wie sich das anhörte.

»Nein, wir haben uns einfach nicht mehr verabredet. Dann

hat sie sich mit einem andern Typen getroffen, und es war aus zwischen uns. Ganz unkompliziert.«

»Unkompliziert?« Sie seufzte tief. »Ach, gingen doch alle Trennungen so friedlich vonstatten.«

Sie schlug den Aktenordner erneut auf, blätterte darin herum, und ich konnte einen Blick auf unschöne Details werfen. Schaute aber gleich weg, als ich zu viel Blut auf den Fotos erkannte.

»Kennen Sie den Typen, mit dem sich Larissa nach Ihnen getroffen hat?«

»Vom Sehen. Nur vom Sehen, seinen Namen und wo er sich eingeschrieben hat, weiß ich nicht. Aber vielleicht weiß das ja ihre Freundin. Diese Mona.«

Ich sah der Kommissarin in die Augen, wurde unruhig. Schließlich hatte ich nichts verbrochen. Was konnte ich dafür, dass Larissa auf unserer Yacht lag. Aber wieso auf *unserer* Yacht?

Das überlegte wohl auch die Steiner.

»Könnten Sie sich vorstellen, warum Ihre Ex-Freundin auf Ihrem Boot war? Kam sie öfter unangemeldet?«

»Nein, überhaupt nicht. Sie war noch nie im Vereinshafen. Also, zumindest nicht mit mir. Und außerdem hätte sie nicht einfach so Zugang zu den Booten gehabt.«

»Sie haben sie nie auf eine Ihrer Partys oder auf eine Tour eingeladen? Ist das nicht ungewöhnlich?«

Verärgert über den Umstand, dass die Beamtin derart viele Details aus meinem Leben wusste, schüttelte ich abwehrend den Kopf. »Nein! Meine letzte Bootsparty war an meinem Geburtstag, im Juli letztes Jahr. Da kannte ich Larissa noch nicht näher. Und bald darauf hatte die *MARNIE* einen Maschinenschaden, der vor Ort nicht behoben werden konnte. Deshalb haben wir sie Anfang Dezember zur Reparatur in eine Hamburger Werft gebracht. Und erst im März wieder hierhergeholt.«

»Ach so.« Sie musterte mich nachdenklich. »Dann war es aber eine glückliche Fügung für Larissas Nachfolgerin, dass Sie sie gleich spazierenfahren konnten. Das hat sicher Neid erzeugt – oder nicht?«

Worauf wollte die Beamtin hinaus? Larissa neidisch? Und dann schlich sie in der Nacht aufs Hafengelände, wobei sie auch noch die Umzäunung hätte überklettern müssen, und ließ sich umbringen?

Ich lehnte mich zurück, verschränkte die Arme, schwieg ein paar Sekunden.

»Meinen Sie Arlena?«, fragte ich dann trotz des mir auferlegten Frageverbots. »Arlena ist nicht ihre Nachfolgerin. Larissa hat keine Nachfolgerin. Ich bin solo!«

Zorn flammte auf. Ich musste mich beherrschen. Und wundern. Über das, was die Kripobeamtin in der kurzen Zeit schon alles herausgefunden hatte oder zumindest glaubte, herausgefunden zu haben.

»Woher wissen Sie überhaupt von Arlena?«, setzte ich mutig nach.

»Dass sie Arlena heißt, haben Sie gesagt. Der Hafenmeister hat lediglich erzählt, dass Sie kürzlich eine junge Frau auf Ihre Yacht eingeladen hätten. Mehr wusste ich bis dahin nicht.« Sie lächelte schon wieder. »Ach ja, und den Schlüssel fürs Bootsinnere benötige ich auch.« Sie hielt mir ihre Hand entgegen.

Ich suchte nach einem Grund, ihr die Aushändigung zu verweigern. »Brauchen Sie nicht einen Durchsuchungsbeschluss oder eine Beschlagnahmeverfügung?«

Sie musterte mich eingehend. Offenbar überlegte sie, ob ich mich in rechtlichen Dingen auskannte. Oder suchte sie nach einer strengeren Ermahnung bezüglich meiner anmaßenden Fragerei?

»Nein«, sagte sie in ruhigem Ton, »in diesem Fall nicht. Es handelt sich um einen Tatort. Wir müssen doch herausfinden, was sich auf Ihrer Yacht abgespielt hat.«

Um mögliche Missverständnisse zu vermeiden, griff ich ergeben nach meinem Schlüsselbund, entfernte den Bootsschlüssel, überreichte ihn ihr. Sie legte ihn vor sich auf den Tisch.

»Vielen Dank! Ja, und dann bräuchte ich noch ...«, sie griff nach einem flachen, grauen Gerät, das etwas abseits lag und mir bisher nicht ins Augenmerk gerückt war, »... Ihre Fingerabdrücke zum Abgleich.«

»Und wenn ich mich weigere?«, presste ich entrüstet hervor.

Ohne darauf einzugehen, tippte sie auf dem kleinen Scanner herum, bis mehrere Felder erschienen. Dann ergriff sie behutsam erst meine rechte, dann meine linke Hand, und ich wurde höchst offiziell digital registriert – Finger um Finger.

»Ist das überhaupt rechtens?«, fragte ich verunsichert.

»Aber natürlich. Das ist gängige Praxis. Sie können jetzt gehen.«

Ich stand auf, unschlüssig. »Ich würde gern bei der Durchsuchung dabei sein.«

Frau Steiner streckte mir ihre Hand her. »Das geht nicht. Auf Wiedersehen.«

So schnell gab ich mich nicht geschlagen. »Aber vielleicht brauchen Sie mich ja.«

Sie zog ihre Hand zurück. »Das kann ich mir nicht vorstellen, Herr von Barneck. Wir melden uns wieder, falls es weitere Fragen gibt.«

Weitere Fragen. Ja, die hatte ich auch.

Wann starb Larissa? Wie wurde sie getötet? Wie kam sie aufs Boot?

Brauchte ich einen Anwalt?

Ich fuhr auf direktem Weg zu Severin. Wartete im Auto, bis er in seinem auffälligen metallicgrünen Panamera E-Hybrid um die Ecke gebraust kam und in die Tiefgarage eintauchte. Nach einer angemessenen Zeit stieg ich aus und klingelte an der Haustür, wartete mit unterdrückter Nervosität, bis er sich meldete und öffnete.

Ermöglicht durch die Großzügigkeit seiner Eltern besaß er das Penthaus einer schicken Stadtvilla, erst vor wenigen Jahren erbaut in der aus dem Boden gestampften Wohnanlage am neuen City Park in Karlsruhes Südoststadt.

Mit steiler Falte zwischen den Brauen unterwarf mich mein Freund einer durchdringenden Musterung. »Was treibt dich hierher?«

Ich unterdrückte meine Verwunderung über seine strenge Begrüßung, schob sie auf den Umstand, dass er mir erst vor ein paar Tagen in der Villa Gesellschaft geleistet hatte, drängte mich an ihm vorbei, marschierte ins Wohnzimmer, setzte mich aufs weißlederne Sofa und wartete geduldig, bis er seinen Einkauf verstaut, Getränke für uns auf den Glastisch gestellt und sich selbst auf dem Sessel mir gegenüber niedergelassen hatte. Eine einzelne dunkelrote Baccara-Rose in einer hohen Kristallvase zog meine Aufmerksamkeit auf sich.

»Stell dir vor«, sagte ich und zwang mich, meinen Blick von der Rose abzuwenden und auf Severin zu richten, »ich war heute bei der Polizei.«

Ich spannte ihn ein wenig auf die Folter. Ab und zu machte es mir Spaß, ihn zu ärgern. Ihn, den überaus anständigen Gegenpart zu mir, ein wenig aus der Reserve zu locken.

Aber er gab sich gelassen.

»Bist du zu schnell gefahren? Oder hat eine Politesse ein Aug auf dich geworfen?«

»Sogar eine Kriminalhauptkommissarin.« Ich schmunzelte ihn an.

Er wich mir aus und trank sein Glas leer. Alkoholfreies Bier. Seit ihm wegen zu hohen Alkoholgehalts einmal der Führerschein für einen Monat entzogen worden war, rührte er keinen Tropfen mehr an. Das respektierte ich.

Die Rose buhlte erneut um meine Aufmerksamkeit. Neugier übermannte mich.

»Von einer Verehrerin? Oder für jemand Besonderes?«

Severin zauderte mit einem seltsamen Anflug von Betretenheit, bevor er antwortete. »Hat meine Mutter beim letzten Besuch mitgebracht. Es sei ihr hier zu kahl, hatte sie gemeint.

Auch eine Junggesellenbude bräuchte Schmuck.« Jetzt grinste er. »Was war bei der Polizei?«

»Larissa ist tot!«, sagte ich geradeheraus, bevor ich noch einen weiteren Gedanken an befremdliche Nebensächlichkeiten verschwendete.

Severin zog die Stirn kraus. »Deine Ex?«

Ich nickte. Lehnte mich zurück, schaute nach rechts aus dem Fenster. Der Ausblick von seiner Dachterrasse über den neuangelegten Park hinweg auf die topmodernen, beeindruckenden Geschäftshäuser an der Ludwig-Erhard-Allee war atemberaubend. Die Park-Arkaden, der Park-Tower, das Park-Office. In einem der Gebäude hatte mein Vater vor wenigen Monaten mit seiner Immobilienfirma neue Räumlichkeiten bezogen. Am liebsten wäre ich nach draußen gegangen, hätte mich in den architektonisch bemerkenswerten Fassaden vertieft, hätte nach der Fensterfront der Büros meines Vaters gesucht. Und doch blieb ich sitzen.

»Was ist geschehen?«, riss mich Severin aus meinem geistigen Abdriften heraus.

»Tja, wenn ich das wüsste.« Ich gab ihm einen knappen Umriss meines Wissensstandes.

»Ermordet? Wie?« Severin stand auf. Ging zur Terrassentür, schaute kurz hinaus, drehte sich zu mir um.

Ich zuckte mit den Schultern. »So genau bin ich nicht informiert. Die lassen noch nichts raus.«

Mein Freund wandte sich wieder dem Stadtpanorama zu. »Wer sollte denn Larissa töten? Sich überhaupt mit ihr abgeben und seine Zukunft wegen ihr gefährden?«, sagte er leise zu seinem Spiegelbild, das sich in der Glasscheibe abzeichnete.

»Ähm …«, gab ich von mir. »Jemand mit einem niedrigen IQ?« Mehr wusste ich nicht zu entgegnen.

Severin fuhr herum. »Du Arschloch!«

Ich schaute ihn an, konsterniert. Was war denn mit dem los?

»Sorry!«, sagte er gleich darauf. »Hast du schon deine Eltern informiert?«

»Wie bitte?« Seinen Gedankensprüngen konnte ich momentan nicht folgen.

»Na, wegen der Bootsdurchsuchung. Sollten deine Eltern das nicht wissen?«

»Ach so, ja. Gut, dass du mich erinnerst. Ich werde sie nachher kontaktieren.«

Ich erhob mich, bereit zu gehen. Zum ersten Mal glaubte ich zu fühlen, dass Severin sich verändert hatte. Aber, nun ja, immerhin sahen wir uns nicht mehr so regelmäßig wie früher, die Gespräche hatten ihre Intensität verloren, man wusste nicht mehr jede Einzelheit voneinander, jeder wurde reifer, eigenwilliger, sammelte auf seine Weise Erfahrungen.

Unter Umständen dachte Severin das Gleiche von mir. Er hatte einen anspruchsvollen Job bei der Karlsruher Stadtverwaltung mit Aussicht auf Beförderung, ich hingegen lümmelte mich immer noch auf der Uni herum und hatte kein anderes Thema als irgendwelche Mädchen. Obwohl das täuschte.

Zugegeben, wenn er über seine Arbeit redete, lauerte ich gelangweilt auf einen geeigneten Moment, ihn zu unterbrechen, um ihm von Begebenheiten aus der Uni zu erzählen, wofür ich im Gegenzug seinen herablassenden Blick einkassierte. Womöglich waren wir einander bereits soweit entfremdet, dass wir mittlerweile weniger Gemeinsamkeiten besaßen, als wir uns eingestehen wollten.

»Benni«, setzte Severin unvermittelt an, »wenn du Hilfe brauchst – du weißt ja, ich bin jederzeit für dich da. Okay?«

Er kam auf mich zu, und wir fielen uns in die Arme. Wie früher. Drückten uns fest. Kumpelhaft vertraut.

»Okay. Danke, Sev! Du bist mein allerbester Freund. Und wirst es immer bleiben.« Wie pathetisch meine Worte klangen. Ich erschrak über mich selbst.

In Severins Augen erschien ein Flackern, als sähe er mich zum ersten Mal.

Plötzlich hatte ich es eilig, fortzukommen.

Sonntag, 23.06.

Bereits um halb acht wachte ich auf und ersehnte einen erlösenden Hinweis darauf, dass die Geschehnisse vom Tag zuvor nur geträumt gewesen wären. Dass dem nicht so war, wurde mir klar, als es klingelte. Ich wollte mich der Realität verweigern, einfach liegen bleiben, sollte doch klingeln, wer wollte, mir egal.

Aber nein, so einfach ging das nicht. Nicht, falls die Polizei draußen stünde. Am Sonntag? Noch vorm Frühstück?

Ich rappelte mich auf, aktivierte die Haussprechanlage, von dem auch eine Station in meinem Zimmer installiert war. Der Bildschirm sprang an.

»Hallo?«, rief ich ins Mikrofon, der Platz vor der Kamera war leer.

»Ach, doch jemand da?«, sagte eine Frauenstimme. Schon tauchte Kriminalhauptkommissarin Steiner auf.

»Was wollen Sie?«, fragte ich. War dumm von mir, was sollte sie schon wollen?

»Darf ich reinkommen?«

»Moment!« Ich schaltete die Übertragung aus.

Zog mir Jogginghose und T-Shirt an, trabte hinunter, öffnete die Haustür und betätigte den Öffner des Grundstücktors. Frau Steiner wartete, bis es sich ganz aufgeschoben hatte, dann stieg sie in ihr Auto und fuhr in die Einfahrt, bis vor die Garagen.

Eigentlich hatte ich erwartet, dass sie zu Fuß hereinkäme.

»Oh, hätte ich das Auto draußen lassen sollen?«

Konnte sie Gedanken lesen? Oder war mir meine Verärgerung buchstabengenau ins Gesicht geschrieben?

Ich verneinte und bat sie ins Hausinnere. Führte sie durch den großzügigen, mit Hochglanzgranitplatten belegten Eingangsbereich an der offenen Küche vorbei in den Essbereich. Deutete auf einen der acht Chromstühle mit weißen Lederpolsterungen, die um den weißgrau-marmorierten Glaskeramiktisch aufgereiht waren.

Sie drängte daran vorbei und weiter, bis sie vor der deckenhohen Fensterfront stehen blieb.

»Sie haben aber ein tolles Grundstück. Und so ein modernes Haus. Ich kann mich noch erinnern, dass hier eine oder gar zwei historische Stadtvillen gestanden haben.«

»Ja, die abgewrackten Villen wurden abgerissen und durch unsere neue ersetzt.«

»Ach so. Hat Ihre Familie die Grundstücke gekauft?«

Was sollten die dämlichen Fragen? »Nein, es war seit jeher ein einziges Grundstück und hat meinen Großeltern gehört. Schon immer.«

»Oh, das ist natürlich von Vorteil. Wenn man in diesem Bezirk solch einen Besitz hat. Eine vorgetäuschte Abgeschiedenheit mitten in der Stadt. Erhielten Sie denn keine Auflagen vom Denkmalschutz?«

Ich gab mir keine Mühe, darauf zu antworten. War auch nicht nötig, denn sie redete weiter.

»So eine wunderbar riesige Terrasse und dieses klasse Arrangement von Blumen, Sträuchern und Bäumen. Pflegen Sie das ganz alleine?«

Egal, wer unseren kleinen Park sieht, die Leute brechen in Verzückung aus.

»Nein, wir haben eine Gärtnerei damit beauftragt.«

»Oh ja, natürlich. Ach, und dazu dieser einladende Swimmingpool!«

»Möchten Sie eine Runde schwimmen?« Ich wusste, meine Frage war frech, aber sie brach einfach aus mir heraus.

»Oh, vielen Dank für das Angebot, nächstes Mal bringe ich einen Badeanzug mit.« Sie lächelte mich an. »Wohnen Sie hier alleine?«

»Nein.« Ihre Ohs nervten mich allmählich gehörig.

»Nein?«

»Mit meinen Eltern. Und die sind zurzeit im Ausland.«

»Oh, klar!« Sie ging zurück zum Tisch, setzte sich auf einen Stuhl, lehnte sich zurück, wippte leicht. »Die sind aber bequem«, gab sie von sich und nahm ihre Umhängetasche von der Schulter. Wühlte darin herum. »Leider liegt noch kein Obduktionsbefund vor, deshalb ist die genaue Todesursache von Larissa Rotfleck noch unklar. Aber eines darf ich Ihnen schon verraten: Sie wurde möglicherweise erwürgt. Bevor sie auf Ihrer Yacht abgelegt worden ist.«

Sie sagte diese Worte, als redete sie mit einem kleinen Etwas in ihrer Tasche und nicht mit mir.

Irgendetwas passte nicht. Ich erinnerte mich an das viele Rot. An den zerstörten Körper.

»Aber es war doch alles voller Blut. Oder habe ich das falsch in Erinnerung?«

»Nein, nein, Sie haben Recht.« Sie blickte auf. Wartete.

Meine Knie wurden schwammig. Ich setzte mich diagonal ans andere Ende des Tisches. Bemühte mich um Distanz. Zu ihr und zu dem Verbrechen, mit dem ich nichts zu tun haben wollte.

Erschreckenderweise interessierte mich nicht, ob diese Zicke tot war oder nicht, ob jemand ihrer überdrüssig geworden war oder nicht. Insgeheim dankte ich dem Mörder sogar ein wenig, mich endgültig von ihr befreit zu haben. Wenn nur der prekäre Umstand nicht gewesen wäre, dass dieser Mistkerl die Leiche auf unserer Yacht entsorgt hatte.

Ich startete einen neuen Versuch, der Hauptkommissarin Einzelheiten zu entlocken. »Und woher kommt nun das Blut?«

Sie atmete durch. »Tja, Herr von Barneck, das ist noch nicht ganz klar. Fakt ist, dass aus einem Körper auch nach dem Exitus Blut fließen kann, natürlich darf es vom Zeitpunkt des Todes bis zum Aufschlitzen der Adern nicht zu lange dauern.«

Mir wurde schlecht.

»Und Fakt ist, dass der Täter – anzunehmender Weise ein männlicher Täter – sein Opfer in unmittelbarer Nähe Ihrer Yacht getötet haben musste, es zum Fundort geschleppt und ihm danach Unmengen von Schnittverletzungen beigebracht hat. Das meiste Blut ist nach der Durchtrennung der Halsschlagader ausgetreten. Ich schätze, die Getötete wurde huckepack mit herabhängendem Kopf getragen, und es hat sich in diesem Bereich gesammelt.«

Ich sprang auf. Mein Blick flog in Richtung des Flurbereichs. Dort war die Gästetoilette.

»Ist Ihnen nicht gut?«

Frau Hauptkommissarin machte sich tatsächlich Sorgen?

»Doch, doch! Alles okay.«

Ich rannte los.

Als ich zurückkam, tippte die Kommissarin auf ihrem Tablet herum, das auf dem Tisch lag. Ich entdeckte daneben den Schlüssel unserer Yacht. Sie beachtete mich allerdings nicht und wischte und tippte ungerührt weiter.

Ich setzte mich auf den Stuhl, den ich auch zuvor benutzt hatte, und wartete. Das Schweigen war unheimlich. In Filmen schellte in solchen Situationen immer das Telefon. Rettete die Protagonisten aus ihrer Lage.

Doch es schellte kein Telefon. Die Stille lag bleiern auf uns. Besser gesagt, auf mir. Ich bezweifelte, dass Frau Steiner überhaupt bemerkte, dass ich verlegen auf der Sitzfläche herumrutschte und mit ihrem Schweigen zu kämpfen hatte.

Da kam mir eine rettende Idee. »Möchten Sie etwas zu trinken, Frau Steiner?«

Sie sah auf, beinah überrascht, als wundere sie sich, dass ich noch hier war.

»Oh, vielen Dank, nein. Ich bin gleich fertig.«

War sie immer so? Oder war alles nur Taktik? Wollte sie mich – warum auch immer – in irgendeiner Art und Weise mürbe machen?

Sie tippte noch ein paar unendliche Minuten herum, dann steckte sie das Tablet in ihre Tasche. »Bitte entschuldigen Sie, das war jetzt wichtig. Ähm, wo waren wir stehengeblieben? Geht's wieder besser? Sie sind ganz schön blass. Sie sollten sich noch ein wenig hinlegen und ausruhen.«

Wie bitte? Sie hatte mich doch selbst aus dem Bett geschmissen.

Sie lächelte mich an. »Tut mir leid.«

Was tat ihr leid? Dass sie mich nervte? Dass sie zerstreut zu sein schien? Oder was?

»Ach ja«, sagte sie, »der Schlüssel. Hab ich Ihnen gleich mitgebracht. Dachte, es sei besser, ihn persönlich zu übergeben.«

Sie schob mir den Schlüssel quer über die Tischplatte zu. Ich langte nicht danach, ließ ihn liegen.

»Und – haben Sie etwas auf der *MARNIE* gefunden?«, fragte ich stattdessen.

»Ja, klar!« Sie sah mich an.

Mir lief es eiskalt den Rücken hinab. »Ist Larissa … Ist sie …« Ich konnte kaum aussprechen, was mir im Kopf herumspukte. »Geschah das Verbrechen …«

Meine Güte, ich stotterte herum wie ein Irrer. Konnte es einfach nicht in Worte fassen. Zu perfide war der Gedanke daran.

»Nein, wir konnten im Innern keine Spuren finden«, erlöste mich Frau Steiner. »Die Tür war abgesperrt und unbeschädigt, es hat sich niemand gewaltsam Zutritt verschafft. Der Täter und sein Opfer befanden sich nur auf dem hinteren Freibereich des Hauptdecks. Auf der Bordterrasse. Oder wie auch immer Sie dazu sagen.«

»Plicht«, erwiderte ich knapp.

»Oh, noch nie gehört. Aber man lernt ja nicht aus.«

Sie stand auf, schulterte ihre Tasche. »Ihre Yacht ist wieder freigegeben. Die Spuren sind gesichert. Sie können einen Reinigungstrupp beauftragen.« Sie tat einen Atemzug. »Oder auch selbst putzen.«

Sie stand noch eine Sekunde, glotzte mich regelrecht an, dann kam Bewegung in ihren Körper, und sie schritt in Richtung Flur. Wandte sich um. »Möchten Sie mich nicht hinausbegleiten?«

Ich sprang auf, dass der Stuhl zurückscharrte. »Doch, gerne doch!« Meine Wortwahl hätte freundlicher ausfallen können.

Samstag, 29.06.

Die Tatortreiniger hatten beste Arbeit geleistet. Ich inspizierte jede Ritze, jede Ecke. Nichts, aber auch nicht der kleinste Spritzer wies noch auf das schlimme Ereignis hin, das sich auf der *MARNIE* abgespielt hatte.

Erleichtert sprintete ich aufs Oberdeck, setzte mich hinters Steuer und warf die Maschinen an. Die Woche war anstrengend gewesen, ich wollte bei einer kleinen Rheintour den Kopf freibekommen, einfach nur ein wenig abschalten und danach im Clubschiff zu Mittag essen. Es war schwül, aber der Himmel wolkenfrei, leichte Brisen frischten die Luft etwas auf.

Ein schrilles, aufmerksamkeitsheischendes Rufen drang in meine Ohren. »Herr von Barneck? Hallo! Warten Sie!« Die Stimme war mir wohlbekannt.

Genervt atmete ich durch und blickte auf den Steg hinab. Frau Kriminalhauptkommissarin winkte hektisch mit beiden Armen. Ihre allzeit einsatzbereite Tasche hatte sie übergehängt.

Mir blieb nichts übrig, als die Motoren abzustellen und hinunterzusteigen. Sie war schon auf die Heckplattform gesprungen und kämpfte breitbeinig mit dem Gleichgewicht. Ich öffnete das Sicherungstürchen und half ihr aufs Deck. Warf ein Seil über den Poller, damit das Boot nicht zu weit abdriftete. Der Wellengang war unruhig, die Windböen wurden stärker und kündigten womöglich doch einen Wetterumschwung an.

»Huch, ganz schön wackelig heute!«, rief die Kommissarin, lehnte sich an und hielt sich an der Reling fest.

»Hallo, Frau Steiner. Aufs nichtvertäute Boot zu springen, war aber ganz schön gefährlich. Setzen Sie sich doch bitte. Gibt es etwas Neues?« Ich bemühte mich um überbordende Höflichkeit.

»Darf ich Sie zu einem Cocktail einladen? Alkoholfrei, natürlich.«

»Oh nein, danke, vielleicht ein anderes Mal. Jetzt bin ich schon fast wieder weg.« Sie schüttelte abwehrend den Kopf, rührte sich nicht vom Fleck. »Ich wollte Ihnen nur kurz sagen, dass Larissa mutmaßlich in einem geländegängigen Wagen hergebracht wurde. Sie musste gefesselt gewesen sein. Also liegend im Kofferraum – vermutlich. Dann ist sie mit einer Plastiktüte erstickt worden, die ihr fest um den Hals gedrückt wurde. Deshalb auch die anfängliche Meinung, sie sei erwürgt worden. Die Hämatome sehen aus wie Würgemale. Nach dem Exitus wurde sie auf Ihr Boot gebracht, von den Fesseln befreit, auf die Sitzbank drapiert und – wie schon gesagt – zum Schluss – ja, ähm – verunstaltet.«

Ihre Freimütigkeit verwirrte mich. Weshalb verriet sie mir jetzt schon Details ihrer Ermittlungen?

Immer noch angelehnt, wühlte sie in ihrer Tasche herum. Holte ein Foto heraus.

»Kennen Sie so ein ähnliches Auto in Ihrem familiären oder vereinskameradschaftlichen Umfeld?«

Ich betrachtete andächtig den modernen Möchtegern-Offroader. Dunkelgrau, irgendein Japaner. Überlegte, wer einen solchen fuhr. Kam auf kein Ergebnis.

»Tschuldigung«, unterbrach mich Frau Steiner, »die Farbe ist erstmal egal. Na, vielleicht nicht ganz. Jedenfalls nicht hell. Jetzt geht es nur um das Fabrikat. Die Reifenspuren, die wir oben beim Tor gefunden haben, deuten auf einen Mittelklasse-SUV hin, möglicherweise handelt es sich um einen Suzuki oder Mitsubishi.«

»Sie haben nur Reifenspuren?« Ich zweifelte am Verstand der Polizistin. »Reifen weisen doch nicht zwangsläufig auf Automarken hin.«

»Ja, schon, aber es handelt sich um einen Geländewagen mit nicht hochpreisiger Ganzjahresbereifung, der offenbar eher auf festen Straßen als im Gelände gefahren wird. Besitzen viele in Ihrem Bekanntenkreis einen Wagen mit Allradantrieb? Wegen der Boote und so?«

»Natürlich fahren einige damit herum. Aber so spontan kann ich nicht sagen, wer welches Fabrikat besitzt.«

»Und Sie? Haben Sie einen?«

Was genau meinte sie, einen Geländewagen im Allgemeinen oder einen Japaner im Speziellen? Wir selbst besaßen einen leistungsstarken Range Rover mit mehr als 500 PS. Dunkelrotmetallic. Die Lieblingsfarbe meiner Mutter. Aber ich sah keinen Grund, dies der Kriminalbeamtin auf die Nase zu binden.

»Wir besitzen weder einen Suzuki noch einen Mitsubishi.«

»Na ja, tut mir leid, dass ich Sie aufgehalten habe. Am besten, ich lasse Sie für heute in Ruhe, vielleicht fällt Ihnen ja noch etwas zu solch einem Auto ein.«

Sie steckte das Bild in die Tasche zurück und machte einen Schritt auf das Türchen zu.

»Frau Steiner«, hielt ich sie zurück, »wenn doch die Reifenspuren kaum aussagekräftig sind, wieso denken Sie gerade an diese beiden Automarken? Und dass es ein dunkler Wagen war?«

Sie wandte sich wieder mir zu. »Das kommt daher, weil einer Ihrer Bootskollegen, oder wie immer man dazu sagt, einen solchen gesehen haben will. Er hat auf seinem Boot übernachtet und ist durch einen startenden Motor aufgewacht. Er hat also nur noch gesehen, wie das Auto weggefahren ist. Die Morgendämmerung hatte schon eingesetzt.«

»Und er hat sich nichts dabei gedacht?«

Kriminalhauptkommissarin Steiner zeigte keinerlei Regung. »Wieso sollte er? Offenbar übernachtet öfter jemand auf den Booten oder kommt vorbei, um nach dem Rechten zu schauen. Das müssten Sie ja besser wissen. Immerhin hat er die Leiche am frühen Morgen dann entdeckt. Ich muss jetzt gehen, Herr von Barneck. Einen schönen Tag wünsche ich noch.«

Sie wankte die Stufen hinab und über die schmale Plattform, erklomm den Steg, bevor ich ihr helfend die Hand reichen konnte, und wandte sich nochmals zu mir um.

»Äh, noch eine Frage. Wie bringen Sie eigentlich Ihr Boot in eine Werkstatt? Oder sonst wohin, wenn kein Fluss hinführt?«

»Auf einem Spezialanhänger.« Worauf wollte sie jetzt hinaus?

»Ja, sicher, dumme Frage. Ich meinte nur, mit welcher Zugmaschine oder so? Ich habe gehört, manche beauftragen sogar Traktorbesitzer. Sie auch?«

Ein Lachanfall überwältigte mich. »Einen Traktor? Wer hat Ihnen das denn geflüstert?« Ich beruhigte mich wieder. »Die Besitzer kleinerer Boote benutzen einen Trailer, der von einem PS-starken Auto gezogen wird. Das geht bei der Größe und dem Gewicht unseres Boots leider nicht. Wir müssen eine spezielle Transportfirma beauftragen.«

»Wow! Das würde ich gern mal sehen, wie diese prächtige Yacht aus dem Wasser gehievt wird.« Sie schaute umher, als prüfe sie die Umgebung, zog die Stirn kraus, und ihr Blick legte sich auf die Bordwand der *MARNIE*. Schwenkte vom Bug zum Heck und hinauf über die Radarantenne zum Flaggenmast, verharrte ein paar Sekunden, wanderte wieder auf mich herab. »Wie schwer ist Ihre Yacht? Ungefähr.«

»Etwa dreißig Tonnen. Bei leerem Wasser- und Benzintank.«

»Ach du lieber Himmel! Und wie lang ist sie?«

»Knapp über neunzehn Meter.«

»*Heidenei!* Wie holt ein Lastauto hier ein solches Boot mit Motorschaden aus dem Wasser? Es kann ja wohl nicht mehr irgendwohin gefahren werden, oder?«

Ihre Fragerei ging mir auf die Nerven, ich ahnte aber, worauf sie hinauswollte. »Hier natürlich nicht, wir mussten das Boot auf einen Verladeplatz drüben im Rheinhafen schleppen lassen. Dort konnte es mit einem Kran auf den LKW-Anhänger gehoben werden.«

»Ein ganz schöner Aufwand.« Sie nickte vor sich hin. »Ich danke Ihnen, Herr von Barneck, jetzt habe ich wieder was gelernt.« Dann marschierte sie davon.

Ich konnte sie nicht einmal mehr fragen, wer derjenige war, der den Mörder beobachtet haben wollte. Und die liegende Leiche war garantiert auch nicht per Zufall entdeckt worden. Aber es waren ja Profis am Werk, um das zu ermitteln.

Das rasch wüster werdende Wetter machte mir einen Strich

durch die Rechnung, ich cancelte meinen Ausflug mit der *MARNIE*. Vertäute sie sorgfältig, warf die Sitzpolster ins Innere, und verzog mich ins Clubrestaurant. Der Wirt war für seine vorzügliche Küche bekannt, und ich bestellte mir ein warmes Mittagessen. Draußen begann es zu regnen, was sich innerhalb weniger Sekunden zu einem Wolkenbruch steigerte. Unterstützt von lautem Donner und grellen Blitzen. Ein paar Gäste saßen herum, manche kannte ich vom Sehen. Ausflügler waren wohl auch darunter. Eigentlich müsste ich der Hauptkommissarin dankbar sein, dass sie mich aufgehalten hatte, sonst wäre ich mitten in dieses Unwetter hineingefahren. Ich hatte mir weder den Wetterbericht angehört noch mich sonst wie um das Wetter geschert. Wollte nur weg, einfach weg.

Die Bedienung stellte mir das Essen her, und ich packte die Gelegenheit beim Schopf.

»Kannst du mir sagen, wer letzte Woche hier übernachtet hat? Also, wer die Tote auf unserm Boot gefunden hat?«

»Noi, koi Ahnung. Frag den Wirt.« Sie zuckte mit den Schultern und eilte Richtung Küche.

Obwohl Vereinstratsch immer großgeschrieben wurde, wusste augenscheinlich keiner der Anwesenden, wer der aufmerksame Gast gewesen war. Ich fragte jeden Einzelnen, erntete aber nur bedauerliches Kopfschütteln.

Einer unserer Vorstände trat in die Gaststube, stellte einen triefenden Schirm in den Ständer, entdeckte mich und setzte sich zu mir.

»Na, Benedict, böse Sache, was da passiert ist. Wie geht's dir?«

»Bei mir ist alles okay«, sagte ich mit betonter Zuversicht. »Weißt du, wer die Tote gefunden hat?«

»Das war ein Franzose. Er hatte sich telefonisch angemeldet, war auf der Durchfahrt und wollte nur diese eine Nacht bleiben.«

»Jetzt weiß keiner, wer er ist?«

»Doch, natürlich haben wir den Namen von ihm und seinem

Boot. Auch die Polizei hat die Personalien. Aber kennen tun wir ihn dennoch nicht. Ich muss jetzt leider gehen, wir sprechen ein andermal weiter.«

Er stand auf, warf dem Wirt noch ein paar Worte zu, nahm seinen Schirm und verließ das Restaurant.

Warum wollte er mir nicht den Namen verraten? Und warum hatte die Steiner nicht gesagt, dass es sich nicht um ein Clubmitglied handelte? Allmählich erhielt ich den Eindruck, als würde man die Identität des Zeugen verheimlichen wollen.

Und außerdem – unser Verein hatte kürzlich erst Überwachungskameras installieren lassen, die müssten doch die nächtlichen Vorgänge aufgezeichnet haben.

Na ja, mit Sicherheit würde sich bald alles aufklären.

Sonntag, 30.06.

Diesmal riss mich meine Mutter aus dem Schlaf. Sie stand vorm Bett und klatschte mir einen nassen, kalten Lappen ins Gesicht.

»Wach endlich auf, Benni!« Ihr harter Tonfall verriet nichts Gutes.

»Wo kommst du denn her?«, war das Einzige, was mir vor Schreck über die Lippen kam. Meine Augen kniff ich nach einem vorsichtigen Blinzeln gleich wieder zu, grelles Sonnenlicht blendete mich.

»He, nicht mehr einschlafen. Schau mich an, wenn ich mit dir rede!«

Ihr Wort war mir Befehl. Wenn auch mit übermenschlicher Anstrengung. Das schwarzgefärbte Haar streng nach hinten verknotet, stand sie wie aus dem Ei gepellt in hellbeiger Hose und royalblauer Bluse über mir.

»Wieso rufst du nicht an, wenn so etwas passiert? Wieso werden wir so nebenbei von Rainer und Lydia informiert?«

Onkel Rainer und Tante Lydia sind die Eltern von Lars, der nur wenige Monate jünger ist als ich. Dazu ist Onkel Rainer der Bruder meines Vaters und Tante Lydia die Schwester meiner Mutter. Niklas, der ältere Bruder von Lars, wohnte damals schon in Hamburg und arbeitet bis heute in der Werft unseres Onkels Martin Janssen, dem älteren Bruder von Mutter und Tante Lydia. Wir sind ein Familienclan wie aus dem Lehrbuch.

»Ähm – ich dachte, na ja …«

Mein Herumstaksen munterte meine Mutter nicht gerade auf. »Jetzt red' schon!«

Gewohnt, selbstständig zu leben und Entscheidungen zu treffen, war mir tatsächlich entgangen, meine Eltern zu benachrichtigen. Aber das konnte ich ihr wohl schlecht sagen.

»Ich hab alles allein auf die Reihe gekriegt.« Meine Stimme hatte wieder ihren festen Klang. »Du hättest deine Geschäftsreise nicht zu unterbrechen brauchen.«

»Du hättest uns unbedingt Bescheid geben müssen. Ich kann selbst bestimmen, wann ich die Fotosessions unterbreche und wann nicht. Steh auf und zieh dich an! Oder willst du den ganzen Sonntag verpennen?«

Sie verließ mein Zimmer, die Tür schloss sie nicht. Unten hörte ich sie mit Vater reden. Er war also auch gekommen.

So ein Mist.

Und ein Blick auf den Wecker munterte mich auch gerade nicht auf. Es war bereits halb drei. Am Nachmittag.

Vater saß am Tisch, die Kaffeetasse in der Hand. Er grüßte mich nur mit einem Nicken, obwohl wir uns schon etliche Wochen nicht mehr gesehen hatten.

»Soso, der Herr Sohnemann befindet es nicht für nötig, uns, die Eigner der Yacht, auf der eine Ermordete lag, darüber in Kenntnis zu setzen, dass die Polizei im Familienkreis ermittelt.«

»Na, im Familienkreis ist übertrieben. Man hat mich zweimal befragt. Ganz normal eben.«

»Ach, was du nicht sagst. Ganz normal eben.« Er erhob sich und trat bedrohlich nah an mich heran.

Ich war auf eine schallende Ohrfeige gefasst. Doch er beugte sich vor, holte tief Luft und warf mir Worte mit der gleichen Wirkung an den Kopf.

»Die Polizei, sprich Frau Hauptkommissarin Steiner, hat zusammen mit Kollegen bei meinem Bruder und seiner Frau vorgesprochen und sogar Lars befragt.«

Wenn Blicke töten könnten, wäre mir vieles Weitere erspart geblieben.

»Aber«, versuchte ich standhaft abzuwehren, »weshalb? Die haben doch damit nichts zu tun.«

»Mit was nichts zu tun?«, herrschte Vater mich an.

»Mit dem Mord.«

»Es war Larissa, Benni!«, mischte nun Mutter mit. Sie tupfte sich geziert über die Augen. »Deine Ex-Freundin. Immerhin ist sie wochenlang bei uns ein- und ausgegangen. Das arme Ding! Und Lars kannte sie doch auch. Ich weiß, dass du öfter mit ihr im Hotel warst.«

»Aber sie war *nie* auf der *MARNIE*«, sagte ich sinnloser Weise und auch nun ziemlich laut.

»Sie war *tot* auf der *MARNIE*!«, brüllte Vater.

Es kam wirklich sehr selten vor, dass er die Beherrschung verlor.

»Ich hab sie sicher nicht dorthin gebracht und ermordet«, brüllte ich zurück. »Und außerdem poche ich schon seit langem darauf, dass wir uns endlich ein Bootshaus nehmen sollten.« Ich holte Luft. »Dann passiert auch sowas nicht!«, schrie ich zornig.

»Ruhe!«, schrie Mutter noch lauter.

Wir waren still.

»Brauchen wir einen Anwalt?« Mein Vater hatte sich stimmlich wieder in der Gewalt.

»Oh Gott!« Mutter wandte sich ab und schenkte sich einen Kaffee ein.

»Sag, Benedict, brauchen wir einen Anwalt?« Seine Stimme war scharf wie ein Samurai-Schwert.

Ich zuckte erschrocken zusammen. »Nein, wozu?«

Trotzig verschränkte ich meine Arme.

4 | JULI 2019

Mittwoch, 03.07.

Geld spielt bei uns keine Rolle. Hat es noch nie. Also wurde bei einer stadtbekannten Anwaltskanzlei für allgemeines Strafrecht, die bereits große Erfahrungen in Kapitaldelikten vorwies und glücklicherweise noch freie Kapazitäten zur Verfügung hatte, ein kurzfristiger Termin vereinbart.

Obwohl, wenn mein Vater anklingelt, hat jeder freie Kapazitäten. Vater ist nicht nur der Nachkomme eines ehemaligen Staranwalts und einer anerkannten Architektin, sondern auch Inhaber einer international agierenden Immobilienfirma. An Grundstücken, Häusern, Kapitalanlagen und Barvermögen mangelt es in unserer Familie nicht. Hinzu kommt, dass meine Mutter mütterlicherseits aus einer vermögenden hanseatischen Kaufmannsfamilie und väterlicherseits aus einer alteingesessenen Hamburger Reeder-Familie stammt und selbst als Fotografin und Journalistin in den Bereichen Mode, Immobilien und Lifestyle eines weltweit agierenden deutschen Medienkonzerns reichlich Knete nach Hause bringt.

Folglich: Geld spielte keine Rolle. Allein was fehlte, war ein Alibi.

Ich hatte keines für die Mordnacht. Wie auch, wenn man einsam daheim herumhängt, Filme guckt oder fürs Studium büffelt.

Hinzu kam, dass wir zwar einen Offroader besaßen, ich ihn aber schon Ewigkeiten nicht gefahren hatte – was mir keiner glauben wollte, weil ich seine Existenz dummerweise bei der Zweitbefragung unterschlagen hatte –, und er zur besten Frühstückszeit mit einem gewaltigen Aufgebot für eine kriminaltechnische Untersuchung beschlagnahmt und wegtransportiert wurde. Ein wunderbares Schauspiel für die Nachbarn. Und natürlich würden die Spurensucher darin Unmengen DNA-

Material von mir finden. Logisch. Aber was sollte das beweisen?

Um das Ganze auf die Spitze zu treiben, gab es laut Kriminalhauptkommissarin Steiner, die sich nach der Beschlagnahme unseres Rovers noch eine Weile bei uns aufhielt, den Angestellten einer Autovermietung, der vehement behauptete, ich hätte einen schwarzen Suzuki Grand Vitara mit fünf Türen gemietet. Klar war der bei der Abholung durch die KTU längst geputzt worden, aber das spielte heutzutage ja keine Rolle mehr für die Spezialisten.

Egal, was in dem Vitara aus den kleinsten Ritzen hervorgepuhlt werden würde, von mir durfte jedenfalls nichts stammen. Was ich der Kriminalbeamtin auch nachdrücklich klarlegte. Woraufhin sie mich belehrte, mich baldmöglichst mit einem Anwalt zu besprechen, und ich ihr – zugegebenermaßen ein wenig zu ruppig – konterte, dass sie dessen versichert sein konnte.

Unser erster Besprechungstermin in der Kanzlei Dr. Clemens Lohmann & Partner im Karlsruher Stadtzentrum war auf dreizehn Uhr angesetzt. Eine überaus freundliche Empfangsdame geleitete meinen Vater und mich in ein hochmodern eingerichtetes Büro. Zwar nicht sehr groß, doch auf dem nahezu leeren Schreibtisch stand ein Apple-Notebook und daneben lag ein DIN-A4-Notizblock. Die zwei halbhohen Schränke waren verschlossen.

Mutter war nicht dabei, sie weilte schon seit gestern wieder auf einer ihrer Fotosessions irgendwo in der Karibik. »Das packt ihr auch ohne mich«, hatte sie zum Abschied gesagt. Und Vaters Koffer war auch schon wieder frisch gepackt, er wollte gleich morgen Früh in die Bretagne fahren, eine neue Immobilie stand zum Vermitteln an.

Kaum saßen wir, tauchte ein hagerer, nicht sehr großer Brillenträger auf, ich schätzte ihn auf Mitte fünfzig. Er stellte sich als Andreas Lohmann vor und huschte auf seinen Platz. Sein dunkelblondes Haar wirkte etwas ungepflegt und zottelig, Kinn und Oberlippenbereich hingegen waren glattrasiert, auch der graue Anzug und das taubenblaue Hemd machten einen seriösen Eindruck. Eine Krawatte trug er nicht.

Der Anwalt tippte auf dem Notebook herum, linste immer wieder aus hellbraunen Augen zu uns herüber.

»Ich möchte gleich vorneweg ehrlich zu Ihnen sein. Ihr Auftrag bedeutet für mich viel. Er ist der Wiedereinstieg ins Arbeitsleben nach einer längeren gesundheitsbedingten Auszeit. Nach den knappen Informationen zu urteilen, die ich von meinem Bruder und Kanzleiinhaber Dr. Clemens Lohmann erhalten habe, scheinen wir ein leichtes Spiel zu haben, da Sie ja«, er sah mich jetzt eindringlich an, »offensichtlich nichts mit der Tat zu tun haben.«

Er nahm einen Kugelschreiber in die Hand, ich bemerkte ein leichtes Zittern. Sofort kam mir der Gedanke, einen trockengelegten Trinker vor uns sitzen zu haben. Das konnte ja heiter werden. Aber wenn dessen Bruder und Vorgesetzter, den wiederum mein Vater sehr schätzte, ihn mit unserem Fall betraute, sollte auch ich mich möglichst unvoreingenommen zeigen.

Lohmann schrieb ein paar Zeilen auf den Block, nestelte mit der linken Hand nervös an seiner Brille herum.

»Dennoch wäre es dringend angeraten gewesen, wenn Sie uns sofort hinzugezogen hätten. Es ist seit dem Tatgeschehen wertvolle Zeit verstrichen, die ungenutzt den ermittelnden Beamten überlassen wurde.«

Empört über seinen unterschwelligen Tadel wollte ich ihm kontern, dass gerademal eineinhalb Wochen vergangen waren. Und außerdem hatte er vor wenigen Augenblicken noch von einem leichten Spiel geredet.

Mein Vater warf mir allerdings einen zurechtweisenden Blick zu, also wartete ich ab.

»Ja, ich gebe Ihnen Recht«, sagte mein Vater mit gleichmütigem Tonfall. »Aber meine Frau und ich waren geschäftlich auf

Reisen, und unser Sohn ist diese Angelegenheit leider etwas zu leichtfertig angegangen. Deshalb konnten wir erst vorgestern unseren Termin bei Ihnen in die Wege leiten. Heute Morgen haben sich die Dinge unverhofft zugespitzt, die Polizei hat unser Auto beschlagnahmt, irgendein angeblicher Zeuge stellt dumme Behauptungen in den Raum, und Benedict kann kein Alibi vorweisen.«

Ich holte Luft, setzte erneut zu einem Beitrag an, aber mein Vater gab mir mit einem energischen Handzeichen zu verstehen, dass ich schweigen sollte, und klärte selbst Lohmann über die uns bisher bekannten Details auf.

Der Anwalt reckte den Kopf, die Stirn gekraust. »Daraus folgere ich, dass sich Ihr Sohn nun wider Erwarten die größten Schwierigkeiten eingehandelt hat«, proklamierte er wichtigtuerisch.

»Hören Sie –«, setzte ich an, doch Vater fuhr dazwischen.

»Mein Sohn hat dieses Verbrechen nicht begangen. Die Polizei befindet sich auf dem Irrweg, wenn sie diesem Autovermieter Glauben schenkt. Bei der Abholung des Leihwagens wurde offenbar nicht einmal ein Ausweis verlangt. Und einen Führerschein kann jeder halbwegs intelligente Mensch nachmachen, damit er kopiert einigermaßen echt aussieht.«

»Ganz so einfach ist das auch nicht.« Lohmann ruckte sich im Sessel zurecht. »Dazu bräuchte man schon ein identisches Passbild wie auf dem Original. Und außerdem haben die neueren Führerscheine Hologramme, die beim Kopieren oder Einscannen die Echtheit unter Beweis stellen. Wer – bitteschön, sollte sich so eine Arbeit machen, um Ihrem Sohn das anhängen zu wollen? Davon abgesehen kann es vorkommen, dass ein Auto ohne Vorlage des Ausweises herausgegeben wird, wenn der Führerschein vorliegt.«

»Aber er hat ja nicht im Original vorgelegen«, warf ich schnell ein, bevor mir wieder das Wort verboten wurde.

Der Anwalt fuhr sich über die Stirn und richtete seinen Blick auf mich. Nicht unfreundlich. Nur etwas selbstgefällig. »Und da werde ich auch ansetzen.« Er hüstelte leise. »Hätten Sie etwas dagegen, wenn wir alleine weiterreden, Herr von Barneck?«

Obwohl mich das Bevormunden meines Vaters störte, war ich doch froh, ihn an meiner Seite zu haben. Deshalb konnte ich mein Entsetzen nicht unterdrücken. »Weshalb?«

»Nun ja, meiner Erfahrung nach verhalten sich Mandanten freier, offener, wenn kein Familienmitglied mithört.«

Lohmann senkte den Blick, als wäre ihm sein Anliegen peinlich.

Mein Vater erhob sich, schlug mir auf die Schulter. »Ist schon okay, Benni. Ich warte draußen.«

Nachdem er die Tür hinter sich geschlossen hatte, atmete Lohmann durch, sah mich an. Eindringlich. Suchte wohl passende Worte. Dann holte er Luft.

»So, und nun sagen Sie mir alles, was dem Fall dienlich ist. Alles, was Sie mir jetzt verheimlichen, kann später zu einem Fallstrick werden.« Er legte ein kleines Tonaufnahmegerät in die Tischmitte. »Darf ich?«

Ich nickte, und er aktivierte es. »Bitte, beginnen Sie. Schildern Sie mir Ihr Verhältnis zu Larissa Rotfleck.«

Ich tat ihm den Gefallen und berichtete jede Einzelheit, die mir spontan einfiel, vom Tag ihres Auffindens auf unserem Boot, über die polizeilichen Befragungen, betonte, in der Mordnacht zuhause gewesen zu sein und so weiter. Das meiste war die Wiederholung von bereits zuvor Gesagtem, und es erstaunte mich, dass der Anwalt mit Eselsgeduld meinen Worten lauschte, sich Notizen machte und mit Zwischenfragen meine Angaben zu intensivieren versuchte.

Nach über einer Stunde war ich mental ausgelaugt und körperlich erschlagen, als hätte ich einen Marathonlauf hinter mir.

Donnerstag, 04.07.

»Weshalb kann dieser Idiot so einfach behaupten, ich hätte diesen verfluchten Scheißwagen gemietet?«

Meine Beherrschung war mir abhandengekommen. Seit zwei Stunden hielt mich Hauptkommissarin Steiner in ihrem muffigen Verhörzimmer nun schon fest. Zwischendurch hatte ich mich mit mehreren anderen Männern in meinem Alter und einer blöden Zahlentafel vor meinen Bauch vor eine verspiegelte Fensterwand stellen und von jemandem begaffen lassen müssen. Was in einer unfassbaren Absurdität gipfelte – die Wahl des Unbekannten war auf mich gefallen. Ein kaum zu toppender Albtraum.

Frau Steiner sah mich an. Blitzte da etwa ein wenig Mitgefühl aus ihren grauen Augen? Mit Sicherheit bildete ich mir das nur ein.

»Nun, Herr von Barneck. Es tut mir wirklich leid. Obwohl die Wahrnehmung von Zeugen oftmals getrübt wird durch alle möglichen Umstände, scheint es bei diesem Herrn aber so zu sein, dass er sich ziemlich sicher ist. Er hat ohne Umschweife direkt auf Sie gedeutet. Und leider hat es den Anschein, dass auf dem durchgegebenen Fax tatsächlich Ihr originaler Führerschein abgelichtet ist. Man kann sogar die Wasserzeichen und Sicherheitshologramme erkennen. So etwas zu fälschen, brächten nur professionelle Betrüger zustande. Ich schlage vor, Sie geben mir Ihren Führerschein zum Abgleich.«

»Ich fass es nicht!«, herrschte ich die Beamtin an. »Ich war zuhause in meinem Bett, hab einen Film angeschaut. Ich hatte weder Ambitionen noch einen Grund, Larissa etwas anzutun.«

»Hat sie sich Ihnen nicht unschön aufgedrängt?« Ihre Augen funkelten mich seltsam an.

»Sie müssen nicht antworten«, sagte eine leise Stimme neben mir.

Doch ich fühlte mich nicht angesprochen, war voll in meinem Verteidigungsmodus.

»Aufgedrängt? Larissa? Wer behauptet so etwas?«

»Nun, uns liegt eine Aussage ihrer Freundin Mona Kessler vor, dass Sie sich mehrmals bedrängt gefühlt hätten und verärgert reagierten, als Larissa nach Ihrer Trennung Gespräche mit Ihnen gesucht hatte. Sogar Frau Kessler empfand Larissas Verhalten unpassend.«

Ich musste ernsthaft überlegen, welche Situationen von dieser Mona gemeint waren. Nun ja, es gab schon hin und wieder unschöne Szenen. Leugnen wäre wohl nicht von Vorteil. »Ja, okay, Larissa hat sich mehrmals aufgedrängt. So wie viele andere Tussen auch!«

Oje, diesen Nachsatz hätte ich mir verkneifen sollen. Aber was wahr ist, sollte auch gesagt werden dürfen.

»Doch deshalb bringe ich keine um!«, setzte ich sofort nach. Mir gefiel die Wende dieser Vernehmung absolut nicht.

»Ja, Herr von Barneck, ich glaube das auch nicht. Obwohl Sie mich eigentlich schon früher über diese Dispute hätten in Kenntnis setzen müssen.« Die Kommissarin legte eine Denkerpause ein. »Aber schwerwiegender erscheint mir doch die Möglichkeit, dass Sie dieses Auto tatsächlich gemietet haben könnten.«

Ich atmete hart durch, machte mich innerlich bereit für einen weiteren energischen Widerspruch.

»Ist das Ihr einziger ernstzunehmender Ansatzpunkt?«, fragte da mein Anwalt. Ich hatte völlig vergessen, dass er neben mir saß.

Frau Steiners Augen wanderten zwischen ihm und mir hin und her. Sie nickte. »Momentan ja.« Dann fixierte sie mich. »Die Ergebnisse der KTU liegen uns leider noch nicht vor. Sie können vorerst gehen, Herr von Barneck.«

Beinahe hätte ich mich noch zu einer Bemerkung mit durchaus ungünstiger Nachwirkung hinreißen lassen, doch mein Anwalt versetzte mir einen leichten Stoß auf den Arm und erhob sich. Also tat ich es ihm nach, hielt meinen Mund, und wir strebten zur Tür.

»Ach, Herr von Barneck«, rief uns Frau Steiner nach, »Ihren Führerschein, bitte. Mit dem Abgleich lässt sich bestimmt klären, ob der Autovermieter getäuscht wurde.«

Der Anwalt sah mich an. Dann die Kripobeamtin. »Wir reichen ihn nach. Zuvor beantrage ich vollständige Akteneinsicht bei der Staatsanwaltschaft.«

»Tun Sie das«, sagte Frau Steiner und richtete sich wieder an mich. »Laufen Sie mir ja nicht davon, ja? Ich werde mich wieder bei Ihnen melden.«

Es war, als krabbelte ein ganzer Ameisenstamm über meinen Rücken. Bereit, mich mit tausendfachen Bissen ins Jenseits zu befördern.

Auf der Straße angekommen, packte ich Lohmann am Kragen.

»Warum haben Sie das zugelassen?«, schrie ich aufgebracht.

Erkennbar erschrocken sah er mich an. »Was zugelassen?« Er umfasste meine Armgelenke.

Ich ließ los. Ruderte zurück.

»Entschuldigung!«

Mir zitterten die Knie, es erschien alles so irreal.

»Was meinten Sie?« Lohmann zupfte sich die Krawatte in Form, mit der er sich zu diesem Polizeitermin aufgehübscht hatte.

»Na, diese Gegenüberstellung. Durften die das so ohne Vorwarnung?«

Er nickte.

»Und warum durfte ich gehen? Obwohl ich doch angeblich identifiziert wurde?«

»Nun, vielleicht glauben sie dem Zeugen nicht. Oder seine Aussage reicht nicht für eine Verhaftung. Womöglich warten sie aber einfach nur auf das Ergebnisprotokoll der KTU bezüglich der Autos, um weitere Schritte einleiten zu können.«

»Weitere Schritte? Welche Schritte? Was ist mit der Führerscheinkopie? Ich will sie sehen.«

»Eins nach dem anderen. Ich melde mich, sobald ich alles vorliegen habe. Und Sie geben bis dahin Ruhe. Reden mit niemandem darüber. Geben keinerlei Auskünfte mehr. Verstanden?« Er hielt inne, als überlegte er, und sogleich setzte er nach: »Warum haben Sie mir Ihre öffentlich geführten Auseinandersetzungen mit Ihrer Ex-Freundin verschwiegen?«

»Ähm«, gab ich verdutzt von mir, »weil ich sie vergessen hatte? Weil ich sie nicht für wichtig genug hielt? Weil es nach jeder Trennung mal Meinungsverschiedenheiten auszudiskutieren gibt?« Ich schnappte nach Luft. »Und weil es keine *Auseinandersetzungen* waren!«

Ich war laut geworden und atmete hektisch. Stierte den Anwalt an. Wartete auf seine Reaktion. Nicht gefasst auf seine leisen Worte.

»Bitte, Herr von Barneck, machen Sie niemals wieder irgendwelche Aussagen, die wir nicht zuvor abgesprochen haben. Sie reiten sich immer tiefer in den Abgrund.«

Lohmann ließ mich stehen und eilte auf seinen silbergrauen Mercedes zu. Der hatte auch schon bessere Tage gesehen.

Freitag, 05.07.

Mein Geburtstag. Der dreiundzwanzigste. Ein Jahr zuvor noch eine Riesenfete gegeben, hätte ich mich an diesem Tag am liebsten im Keller versteckt. Aber nein, Pessimismus lag mir nicht.

Den Golf auf einen der Seitenrandparkplätze des Adenauerrings geparkt, marschierte ich gegen halb zehn den Engler-Bunte-Ring entlang in Richtung des KIT-Gebäudes, worin eine Vorlesung stattfand, für die ich mich interessierte. Didaktik und Methodik der MINT-Fächer und des Sports. Nun, vielleicht hätte ich doch zuhause bleiben sollen. Aber das hätte womöglich ein schlechtes Licht auf mich geworfen. Also stellte ich mich dem Alltag, betrat den Hörsaal, nahm einen der hinteren Plätze in Beschlag und hoffte auf einen anregenden Vortrag.

Nach wenigen Minuten ließen mich meine Konzentrationsbemühungen schmählich im Stich. Die Gedanken rasten kreuz und quer.

Die Autos – was würden die Spurensucher darin finden? Natürlich nichts von Belang. Im Vitara war ich nie gewesen, und im Range Rover war Larissa nie gewesen. Oder doch? Hatte ich sie mal damit abgeholt? War mit ihr herumgekurvt? Irgendwann im Herbst? Eine Woche lang hatte ich ihn gefahren, als mein Golf in der Werkstatt gewesen war und meine Mutter den Audi brauchte, weil sie in Österreich weilte. Und überhaupt, wann ich welches Auto gefahren hatte, wusste ich ohnehin nicht mehr, denn normalerweise wechselte ich sie gerade so, wie es mir in den Sinn kam.

Doch Anfang Dezember war unsere Familie im Range Rover nach Hamburg gefahren, gemütlich dem LKW hinterher, der das Boot transportierte, und wir hatten uns ein paar Tage bei den Verwandten aufgehalten. Kaum waren wir zurückgekehrt, trennten Larissa und ich uns. Also, wenn Spuren von ihr gefunden wurden, dann sicher nur sehr wenige und nachweislich sehr alte.

Hoffnung keimte auf. Hoffnung darauf, dass der Vitara etwas preisgab, das den wahren Mörder überführte.

Aber wer sollte es sein?

Wer sollte Larissa töten und den Verdacht auf mich lenken wollen? Zwei Fliegen mit einer Klappe schlagen? Wer mochte solch einen Hass auf mich haben?

War Larissa tatsächlich nur ein Bauernopfer? Um mich zu zerstören? Klang unglaubwürdig.

Meine Brust wurde eng. Ein Stechen durchstieß mein Herz. Steigerte sich von Atemzug zu Atemzug. Ein Herzinfarkt? Ich holte Luft, sog sie tief ein, die Beklemmung löste sich unter Aufbäumen eines schmerzhaften letzten Stichs, und die Worte des Dozenten drangen wieder deutlich vernehmbar in mein Ohr.

Konzentriere dich, gebot ich mir streng. Denn der Vortrag behandelte die Planung eines exemplarischen Forschungsprojekts, und ich erhoffte mir ein paar Tipps für mein Vorhaben, das völlig in den Hintergrund geraten war.

Eine Stunde später eilte ich aus dem Lesungssaal und strebte den Gang entlang zum Ausgang hin.

»Hallo, Benni«, hallte eine Stimme durch den Korridor, ich wandte mich um. Arlena stampfte auf mich zu.

»Hi, Leni!« Ich gab mich betont lässig.

»Wir haben uns schon lange nicht mehr gesehen.« Sie kämpfte mit ihrer sichtbar vollgestopften Umhängetasche, die zum wiederholten Mal von ihrer Schulter zu rutschen drohte.

»Ja, leider«, sagte ich leichtfertig. War aber zu spät zum Rückgängigmachen. »Ich habe jetzt aber auch gar keine Zeit, meine Parkzeit ist abgelaufen.« Ein vager Versuch zum Relativieren.

»Wollen wir uns nachher in der Mensa treffen? Oder später in der Stadt ein Eis essen oder so?«

Arlena lächelte mich an. Eine gewisse Spitzbübigkeit blitzte aus ihren Augen.

Meine Güte, wäre sie schlanker gewesen, würde sie unter Umständen sogar hübsch aussehen.

»Tut mir leid. Ich hab ziemlichen Ärger am Hals und muss direkt nach Hause.«

Meine Ausrede lieferte bedauerlicherweise nicht die gewünschte Wirkung. Arlena lächelte unverändert weiter.

»Wegen Larissas Ermordung?«

Eiseskälte schürfte über meinen Rücken. Es klang immer noch so verdammt unrealistisch.

»Ja. Die Polizei sitzt mir im Nacken. Ich kann darüber aber jetzt nicht reden. Ich melde mich bei dir, sobald es geht.«

Ich eilte davon. Sah mich nicht mehr um.

Am Nachmittag verbrachte ich eine Stunde an meinem Computer, doch die Konzentration ließ zu wünschen übrig. Also duschte ich ausgiebig, zog mir leichte Freizeitkleidung an und ließ mich gegen siebzehn Uhr auf die Liege im Garten fallen. Versorgt mit einem doppelten Gin Tonic zum Anstoßen mit mir selbst.

Rundherum war es still, bis auf ein paar leise zwitschernde

Vögel. Die Sonnenbrille hatte ich aufgesetzt, obwohl ich im Schatten des großen Schirms lag, das Wasser im Pool blendete, und ich wollte einfach nur abschalten, Ruhe haben, mit keinen Problemen belästigt werden.

Kurz vorm Eindösen klingelte es an der Haustür.

Was ich ignorierte. Die Autos waren in den Garagen, keiner konnte wissen, ob ich daheim war oder nicht.

Es klingelte nochmals, energischer. Anmaßend frech.

Das Ignorieren brachte keinen Erfolg, also erhob ich mich und prüfte via Kamera, wer vor dem Tor stand. Der Frechheit war keine Grenze gesetzt. Arlena.

Woher wusste sie –?

Es klingelte Sturm.

Ich sprang zur Tür, riss sie auf, ziemlich geladen. Fast zornig.

»Hi, Arlena!«, rief ich zum Tor hin. »Was willst du denn hier?«

Sie hielt etwas Verpacktes in der Hand.

»Hab was mitgebracht. Du warst heute Morgen so deprimiert, und ich dachte, ich muntere dich ein wenig auf.«

Ein Durchatmen brachte mir keine Erleichterung, also ergab ich mich dem Schicksal.

Ohne auf ihre erstaunten Reaktionsergüsse einzugehen, führte ich sie in den Garten. Ließ sie auf der gepolsterten Rondellbank Platz nehmen. Auf den mosaikbelegten eisernen Rundtisch stellte ich einen Eiskübel, worin sich eine Mineralwasserflasche befand, dazu zwei Gläser, und setzte mich auf einen Sessel.

Über uns wölbte sich ein seitenoffener Stahlpavillon mit geschindeltem Dach. Warme Luft umfächelte uns. Ich empfand es wohltuend, ihr klebten Schweißtriefen auf der Stirn.

»Schön habt ihr's hier.« Arlena sah umher, ihr Augenmerk blieb am Pool hängen.

»Hast du einen Badeanzug dabei?«, fragte ich frech. »Falls du ins Wasser möchtest …«

»Oh nein!« Sie winkte erschrocken ab. »Obwohl es ganz verlockend aussieht.« Verschmitzt lächelte sie mich an. »Du sitzt ganz schön in der Patsche, was?«

Mein Erstaunen konnte ich nicht verbergen. »Wie meinst du das?«

»Na ja, die Polizei war bei mir.«

Ich stierte sie an, etwas zu lang, griff nach der Flasche, schenkte uns ein und trank. Stellte das Glas ab, einen Kick zu hart. Arlena zuckte leicht zusammen.

Ich gierte nach einem frischen Gin Tonic, unterließ es wohlweislich, mir einen zu holen.

»Trink ruhig«, forderte ich Arlena stattdessen auf, bis ich die Tragweite ihres Satzes verdaut hatte.

Jetzt war sie es, die ihr Glas nahm, viel zu bedächtig, es nahezu leer trank, es zurückstellte. Anscheinend hatte sie nicht vor, weiterzureden, bevor von mir eine Reaktion gekommen war.

Folglich tat ich ihr den Gefallen. »Ach ja? Welche Beamten waren denn bei dir?«

»Oje, ich glaub, der hieß Edel oder so. Ein Kriminalhauptkommissar von der Mordkommission Karlsruhe.«

»Keine Frau dabei?«

Sie lachte. »Wieso – wegen der Gleichberechtigung oder so?«

»Quatsch!«, sagte ich schärfer als gewollt. »Bei mir war jedes Mal eine Frau Steiner.«

»Eine Frau war dabei, ja, eine ganz junge. Sie hieß aber anders.«

Ungeduld bedrängte mich. »Was haben sie dich denn gefragt?«

»Och, nichts Besonderes. Wann ich mit dir zusammen war, wo wir uns aufgehalten haben, ob wir befreundet seien und ich dir ein Alibi geben könne und solch ein Zeug.«

Mein Herz raste, Arlenas Lahmarschigkeit zerriss mich förmlich.

»Und was hast du gesagt?«

»Na, so wie es war.«

»Genauso, wie es war?«

»Ja, hast du ein Problem damit?«

»Ähm – natürlich nicht. Aber wieso sind sie überhaupt auf dich zugekommen?«

Arlena zuckte mit den Schultern. »Also, da fragst du mich zu viel. Ich dachte, du hättest ihnen die Adresse gegeben und von uns erzählt. Deshalb habe ich auch eine Frage mit ›ja‹ beantwortet. Das kann ich aber zurücknehmen, wenn es dir peinlich ist.«

»Was – was meinst du?«

»Na ja, die Frage, ob wir befreundet seien.«

Ich musste husten, trank einen Schluck. Das Wasser war bereits schal geworden, also schenkte ich nach und leerte das Glas.

Arlena beugte sich leicht vor. »Habe ich was falsch gemacht?«

»Nein, nein«, sagte ich schnell.

Wir schwiegen. Ein paar Minuten. Es wurde unerträglich. Zumindest für mich. Keiner von uns sprach das aus, was im Raum stand: Die Bedeutung von »befreundet« für die Kriminalbeamten.

Arlena lehnte sich zurück, ließ ihren Blick herumwandern. Konnte sich wohl nicht sattsehen.

»Sind deine Eltern nicht da?«, fragte sie plötzlich.

»Nein.«

»Aber du wohnst doch nicht alleine – hier in dem großen Haus?«

Sie musterte mich. Schweißperlen rollten an ihren Schläfen herab.

»Nein, mit meinen Eltern. Die sind zurzeit auf Geschäftsreisen. Sollen wir reingehen, ist es dir zu warm?«

»Nö, ich bin gern im Freien. Ich geb zu, mir ist es warm, aber besser als frieren.«

Auch eine Logik. Immerhin trug sie eine Jeans – ich wusste gar nicht, dass es solch gewaltige Größen gab – und ein loses Shirt. Wenigstens überspielte das ihre Speckrollen.

»Wer putzt denn das alles?«

Was sollte denn diese Frage?

»Ich meine«, fuhr sie fort, »wenn du da Hilfe brauchst, wäre ich gern bereit …«

Arlena und den Putzlappen schwingen? Wohl eher hinterherschnaufen. Ich musste mich beherrschen, durfte nicht loslachen und wehrte energisch ab.

»Nein, gewiss nicht. Es kommt regelmäßig eine Haushaltshilfe.«

»Ach so, na dann.« Es klang, als sei sie enttäuscht.

Das nutzte ich aus. »Tja, Leni, wenn es dir nichts ausmacht, muss ich dich leider bitten, zu gehen, ich hab einen Termin.«

»Oh!« Sie warf einen Blick auf ihre Armbanduhr, runzelte kurz die Stirn. »Um diese Zeit noch? Das habe ich nicht bedacht.« Sie erhob sich, langte nach ihrem Glas, trank es leer. »Na dann, danke. Ach jetzt hätte ich fast vergessen ...« Sie griff nach dem Verpackten, das neben ihr lag, und setzte sich wieder. »Ich hab was mitgebracht.«

Oh nein! Ob sie wusste, dass ich Geburtstag hatte? Vermutlich nicht. Sonst hätte sie eine Bemerkung gemacht oder gratuliert. Und ich hütete mich, es ihr zu verraten.

»Hoffentlich kein Eis«, rutschte es mir heraus.

Ihre Augenbrauen zuckten zusammen. »Denkst du, ich bin blöd?«

Ich neigte mich zurück. »Nein, ganz sicher nicht. War ein Scherz.«

Ihr gekränkter Blick löste sich. »Ich habe frischen Erdbeerkuchen dabei – selbstgemacht und ohne Sahne, denn die wäre mir auf der weiten Strecke auch zerlaufen. Musste ja mit dem Bus fahren.«

Sie beugte sich zur Seite, packte den Kuchen aus, stellte ihn auf den Tisch. »Holst du bitte zwei Teller?«

Das gewaltige Untier sitzt auf mir. Hämmert mit Fäusten auf mich ein, groß und hart wie Boxhandschuhe. Erdrückt mich, die Luft quillt aus mir heraus. Blut rinnt mir über die Lippen, sprüht aus den

Ohren. Geschrei flammt auf. Hysterisch. Ein Trommelwirbel untermalt die Szenerie, und ich huste, mein Hals schmerzt vor Trockenheit, und

ich schnappte nach Luft. Sog sie ein, als wäre ich den Fluten des Rheins entrissen worden.

Noch immer lag ich auf der Couch, die ich seit Arlenas Weggang nicht verlassen hatte. Die Terrassentür stand sperrangelweit auf, ein laues Abendlüftchen wehte ins Wohnzimmer. Der Fernseher lief, brüllende Akteure eines Kriminalfilms lieferten sich eine Verfolgungsjagd. Ich griff nach der Fernbedienung, schaltete ab.

Stille suchte mich heim. Und Dunkelheit. Schwaches Licht von den Solarleuchten auf der Terrasse schimmerte herein. Verstärkte die Nachwirkung des abartigen Traums. Schlagartig stand die Erinnerung vor mir, wie Arlena mich zu verführen versucht hatte.

Nein, schlimmer, anmachen wollte sie mich. Nachdem sie das Geschirr in die Küche gebracht hatte und ich im Kühlschrank nach kaltem Wasser suchte. Sie zog sich ihr T-Shirt aus, ihre Jeans, drängte an mich. Griff mir in den Schritt. Bestürzt über ihre Dreistigkeit stieß ich sie weg, starrte sie an, erteilte ihr eine verbale Abfuhr, die knapp an einer Demütigung vorbeischrammte. Mit einem seltsamen Funkeln in ihren Augen kleidete sie sich an und ging.

»Tut mir leid, Leni!«, rief ich ihr nach, doch die Tür schlug bereits laut ins Schloss.

Frustriert hatte ich noch eine Weile ins Nichts gestarrt, dann mir Gin eingeschenkt und den Fernseher angestellt. Und musste wohl nach wenigen Augenblicken eingeschlafen sein.

Nun verschloss ich die Terrassentür, ging hinauf in mein Zimmer, aktivierte mein Notebook. Öffnete das E-Mail-Programm, freute mich über die vielen aufheiternden Glückwunschmails, darunter die meiner Eltern und von Lars, der auch im Namen seiner Eltern schrieb.

Auf einmal stand mir die Abgeschiedenheit in meinem

Zimmer voll bewusst vor Augen, ein hartes Durchatmen verstärkte die Sehnsucht nach Gesellschaft, anstatt dass es sie linderte. Ich schaltete den Laptop aus und machte mich bettfertig. Da schellte das Telefon.

Severin.

»Hallo, Benni. Herzlichen Glückwunsch!«

»Danke«, sagte ich. »Warum bist du nicht gekommen?«

»Ich hätte ja gern mit dir gefeiert. Hast dich aber nicht gemeldet. Also wusste ich nicht ...«

Eigentlich wusste Severin ganz genau, dass er jederzeit auftauchen konnte, und an den Geburtstagen hingen wir ohnehin immer zusammen. Deshalb verstand ich sein Herumdrucksen nicht.

»Können wir ja nachholen«, wiegelte ich ab. Ich hatte keine Lust auf Erklärungen oder sinnloses Geschwafel. Und von Arlenas Besuch wollte ich schon gar nichts erwähnen.

»Du stehst morgen in der Zeitung«, sagte Severin mit plötzlicher Eiseskälte in der Stimme.

Ich schluckte. »Wie bitte?«

»Ja, auf der Internetseite der BNN ist es schon zu lesen.«

»Was? Was ist zu lesen?«

Ich hörte ihn schmatzen, wahrscheinlich aß er einen Apfel oder etwas in der Art.

»Ja, mein Lieber, du wirst berühmt.« Er kicherte albern.

»He, was soll das?«

Hastig holte ich mein Tablet, aktivierte es und forschte nach der besagten Seite.

Da schlug mir die Headline ins Gesicht: *Furore im Mordfall Larissa R.! Millionärssohn unter Verdacht?*

»Scheiße!«, stieß ich aus. Zu mehr war ich nicht mehr fähig.

»Soll ich doch noch zu dir kommen?«, fragte Severin.

Ich überlegte. »Nein, lass mal, ich versuche zu schlafen.«

»Sicher?«

Was für eine blöde Frage. »Ja.«

»Also komme ich morgen, Benni.«

Ich beendete die Verbindung, saß auf dem Bett, glotzte auf die zerwühlte Decke. Dann zog es mich in die Küche hinunter, gequält von unsäglichem Durst.

Samstag, 06.07.

Ich hatte weder vor aufzustehen noch das Haus zu verlassen, ans Telefon zu gehen, die Post reinzuholen oder überhaupt eine Tür nach draußen zu öffnen. Ich wollte nicht nach E-Mails, WhatsApp-Nachrichten oder Facebook-Infos schauen. Der Anrufbeantworter war aktiviert. Das musste ausreichen.

Die Zeitung im Briefkasten interessierte mich nicht, wer weiß, was alles in dem Artikel stand und möglicherweise vorm Haus auf mich lauerte. Paparazzi gab es auch in Karlsruhe genügend, zu verführerisch wäre es gewesen, ein Foto von mir zu erhaschen mit weit aufgerissenen Augen, die Hand vorm Gesicht oder mit sonst einer verschreckten Gestik, über die sich andere schlapplachen mochten.

Nein, es widerstrebte mir, mich oder meine Familie zu diskreditieren oder Anlass für wilde Spekulationen zu geben.

Ich lag im Bett und zog die Decke über meinen pochenden Schädel. Es war elf Uhr am Vormittag. Aufs Frühstück hatte ich verzichtet, Appetit war gar nicht erst aufgekommen.

Meine Augen brachte ich nicht auf, dabei hatte ich nur etwas Gin getrunken, ohne Tonic. Obwohl davon genug im Vorrat lagerte. Beste Qualität, zu jeder Gin-Sorte das ideale Tonic. Doch ein guter Gin schmeckte auch pur. Vor allem in heiklen Situationen.

Es klingelte. An der Tür.

So ein Mist.

Sollte es doch.

Es klingelte ununterbrochen. Nicht nur an der Tür, sondern nun auch mein Handy. Das Gespräch am Handy nahm ich an.

»Hm? Was ist?« Ich nuschelte, meine Zunge klebte am Gaumen.

»Mach auf!« Die Stimme war hart. Severins Stimme.

»Hä?«, entfuhr es mir dümmlich.

»Mach endlich die Tür auf! Ich steh jetzt schon fast eine Viertelstunde herum. Oder soll ich gehen?«

»Nein. Moment.«

Es dauerte nochmals geschlagene zehn Minuten, bis ich in der Lage war, die Haustür zu öffnen und den Drücker für das Eingangstor zu betätigen.

Kurz darauf saßen wir im Esszimmer, sahen uns in die Augen. Das heißt, Severin stierte mir in die Augen, ich bemühte mich angestrengt, seinem strafenden Blick standzuhalten.

»Du bist ja besoffen!«, schnauzte er mich an.

»Nein, gar nicht!«, empörte ich mich. »Bin doch grad erst aufgestanden.« Wann ich mich hingelegt hatte, wusste ich allerdings nicht mehr.

Severin deutete zur Küchentheke hin. »Und wer hat die zwei Flaschen niedergemacht?«

»Ähm …« Mehr brachte ich nicht heraus. Meine Erinnerungen waren gelöscht. Oder – nicht ganz. »Die eine ist halbleer gewesen.« Eine vage Verteidigung.

Ungerührt knallte er die Zeitung auf die Tischplatte, ich zuckte zurück. Er blätterte darin herum, deutete auf einen halbseitigen Bericht. Ein Bild von mir war nicht dabei. Aber von Larissa. Süß lächelnd. Sogar in Farbe.

Mein Magen meldete sich in unerhörter Weise. Ich schnellte auf, mein Schädel fühlte sich an, als ob ich gegen die Decke geknallt wäre, und spurtete zur Toilette. Es dauerte, bis mein Inneres zur Ruhe kam. Ich spülte meinen Rachen mit Mundwasser aus und lechzte nach einem mildsüßen Whisky, um den gallenbitteren Geschmack loszuwerden.

Severin saß noch auf seinem Platz, als ich zurückkam. Oder wieder. Mit einem Glas Wasser vor sich.

»Da, trink!«, befahl er und schob es in meine Richtung.

Was ich auch tat. »Danke!«

»Lies endlich!«

Severin tippte energisch auf das Druckerzeugnis.

STUDENT AUS REICHEM HAUS – EIN MÖRDER? Die schwarzen großen Buchstaben sprangen mir ins Auge.

»Nein, Sev, bitte, tu mir das nicht an.« Ein klägliches Jammern aus meinem Mund.

Abgewiesen von meinem erbarmungslosen Freund. »Los, weiter! Du musst wissen, was über dich geschrieben wird.«

Meine Augen wanderten wieder auf den Artikel.

Millionärssohn in den Fokus der Karlsruher Kriminalpolizei gerückt. Unbestätigten Berichten zufolge erstrecken sich die Ermittlungen im Mordfall Larissa R. auch auf den ehemaligen Freund des Opfers. Angeblich soll dieser ein gemietetes Auto zum Transport der später Getöteten verwendet haben.

Ich weigerte mich, weiterzulesen.

»Das ist gequirlte Scheiße!«, brüllte ich. »Die Bullen zeige ich an. Die können doch nicht solche Lügen verbreiten.«

»Du hast doch einen Anwalt. Der kann das sicher regeln und sich nach der undichten Stelle erkundigen. Vielleicht hat auch ganz einfach irgendein Zeuge oder Befragter sich wichtig gemacht.«

Severin faltete die Zeitung zusammen, schob sie ans Ende des Tisches. »*Hast* du ein Auto gemietet?«

Mir lief es kalt den Rücken hinab. »Wieso sollte ich?«

»Das weiß ich doch nicht. Hast du?«

»NEIN UND NOCHMALS NEIN!« Ich schrie ihn an wie noch nie in meinem Leben.

»Hey! Beruhig dich, das klärt sich bestimmt auf.«

»Beruhigen? Da will mir jemand was anhängen, das ist doch klar. Schon als der Autoheini behauptet hat, ich hätte unter Vorlage meines Führerscheins einen Suzuki-Geländewagen gemietet. Den Kerl knöpfe ich mir vor. Lass uns hinfahren.«

Severin sah mich schräg an. »Das wirst du schön bleiben lassen. Du darfst nicht mit dem Mann reden, auf keinen Fall. Rede lieber mit den Kripobeamten oder mit deinem Anwalt.«

»Mit den Bullen? Die haben mir die Suppe ja eingebrockt.«

»Das weißt du nicht. Dann rede mit dem Anwalt.«

»Der kriegt das sicher nicht auf die Reihe.«

Severin stand auf. Schaute auf mich herab. »Also, mit dir ist heute echt nichts los. Am besten, du legst dich wieder hin.« Mit Riesenschritten ging er zur Bar, holte eine frische Flasche Gin und knallte sie neben die beiden leeren auf die Theke. »Aber vorher kippst du das auch noch in dich hinein, damit du für dein Scheißgelaber entschuldigt bist.«

Ich schwieg betroffen.

»Ich geh dann. Wenn du mich brauchst, ruf einfach an. Du weißt, ich bin immer für dich da. Wir sind Freunde. Vergiss das nicht.«

Dann ließ er mich allein.

Mit dem ganzen Chaos um mich herum.

Der Gin stand ziemlich weit weg. Mein Kopf wurde schwer und fiel auf meine Arme, die schon auf der Tischplatte ruhten.

Das Telefon klingelte. Doch ich schlief ein.

Jemand rupfte an mir herum. Extrem grob.

»He, aufwachen!«

Ich wollte nicht.

Rupfen, Zupfen und Stoßen nahmen zu.

»He, alles okay?«

Es war die Stimme von Lars. Mein Hirn arbeitete. Träumte ich? Aber nein, ganz klar, meine Tante und mein Onkel hatten den Schlüssel zu unserem Haus, für Notfälle. Offenbar war jetzt solch ein Notfall eingetreten.

Ich stemmte meinen Kopf empor. Er schmerzte fürchterlich. Und auch meine Handgelenke. Die Finger kribbelten, ich bewegte sie, damit wieder Leben hineinkam. Dann massierte ich mein Genick und streckte mich.

»Wieso seid ihr da?« Meine Zunge war schwer wie Blei.

Ein Arm legte sich um mich.

»Benni, alles klar?« Meine Tante.

»Nein, wie denn.« Am liebsten hätte ich losgeheult.

Sie setzte sich links von mir. Lars nahm den Stuhl auf der

Stirnseite rechts von mir. Ich spürte tatsächlich meine Augen feucht werden. Der verfluchte Alkohol. Normalerweise heule ich nicht.

»Och, komm.« Meine Tante drückte mich an sich.

Ich schob sie sanft von mir. Wischte mir über die Augen. Hoffentlich bemerkte sie es nicht.

»Lass es, bitte.«

»Tut mir leid, Benni. Wir haben deinen Vater informiert. Er kann aber frühestens übermorgen da sein. Bei deiner Mutter weiß ich es nicht, ich konnte sie nicht erreichen. Versuche du es später mal.«

Ich nickte vorsichtig. Aber auch das tat höllisch weh. In meinem Genick, hinter meiner Stirn. Unter jeder einzelnen Haarwurzel.

Lars deutete auf die leeren Gin-Flaschen. »Hast du die leergesoffen? Kein Wunder. Und eine frische steht auch schon parat. Soll ich sie aufmachen?«

»Halt die Schnauze!« Ich war echt angepisst. Mir wuchs die Sache über den Kopf, und dazu erinnerte ich mich immer noch nicht daran, den verfluchten Gin ausgetrunken zu haben.

»Aufhören, Jungs. Wir müssen uns beraten, was wir als nächstes tun.« Meine Tante wurde energisch.

»Wie bitte?«, murrte ich. »Was *wir* als nächstes tun? Ihr habt damit nichts zu tun. Ihr könnt wieder gehen.«

»Wir sind genauso involviert«, sagte meine Tante. »Immerhin wurden wir schon das zweite Mal befragt. Heute Morgen.«

»Oh nein!« Ich fuhr mir durchs Haar. Ganz automatisch. Ein schwerer Fehler, denn Tausende Nadeln schienen in meiner Kopfhaut zu stecken. »Und was wollten die Bullen wissen?«

»Ob du öfter mal Autos mietest, wenn du Freundinnen ausführst. Aber das konnten wir nicht beantworten. Und was wir über dich und Larissa wüssten. Ob wir uns vorstellen könnten, dass du einen solchen Hass auf sie hättest, um sie töten zu wollen.«

»So einen Scheiß fragen die euch?«

»Gemocht hast du sie ja nicht unbedingt«, gab Lars von sich.

Wut packte mich. »Und das hast du denen brühwarm gesagt?«

Lars hob abwehrend die Hände. »Ich bin doch nicht blöd. Keinen Ton hab ich gesagt, was dich belasten könnte.«

Mir fehlten die Worte. Nur kurz. *»Mich belastet nichts. Kapier das endlich!«*, schrie ich.

»Hat der Anwalt sich wieder gemeldet?«, fragte meine Tante.

»Bis jetzt noch nicht.«

»Wie wir bei der Befragung herausgehört haben, wurde das Auto telefonisch gemietet und die Kopie des Führerscheins hat wohl nicht der Autoverleiher angefertigt, sondern stammt aus einer Faxübermittlung.«

»Das hat die Kommissarin schon angedeutet. Aber bringt mir das jetzt was?«

Lars lachte auf. »Ja klar! Freu dich! Der Autoheini konnte dich also gar nicht persönlich gesehen haben. Deshalb wird seine Aussage keinen Wert haben.«

»Und wie erfolgte die Schlüsselübergabe? Die werden sie wohl kaum auf die Kühlerhaube gelegt haben.«

»Das wissen wir jetzt auch nicht«, sagte Tante Lydia. »Deshalb solltest du dringend mit dem Anwalt reden, Benni.«

Montag, 08.07.

Mein Vater war wie versprochen nach Hause gekommen und begleitete mich zum Anwalt.

Die ernste Visage des Rechtsverdrehers machte mir Angst.

»Ich habe die Akten eingesehen«, begann er.

»Ja, und?«, drängte ich.

»Es sieht so aus, als ob die Indizien auf Ihre Täterschaft hinweisen.«

Ich sprang auf. »Das kann nicht sein. Ich habe diese blöde Kuh nicht angerührt.«

»Benimm dich!«, herrschte mich Vater an und drängte mich zurück auf den Stuhl.

»Lohmann, Sie müssen mir glauben!«, flehte ich geradezu.

»Herr von Barneck, ja, ich glaube Ihnen. Aber ob ich Ihnen glaube, spielt keine Rolle. Ich gebe alles, um Ihnen eine gute Verteidigung zukommen zu lassen. Doch Sie müssen mir alles sagen, was Sie wissen.«

»*Verteidigung?* Wieso Verteidigung?« Ich schnappte nach Luft.

»Ich lasse euch allein«, sagte mein Vater, und ehe ich etwas entgegnen konnte, war er gegangen.

»Was hat er denn?«, fragte ich Lohmann verdutzt. »Ich hatte ihn extra gebeten, heute dabei zu bleiben. Ich habe keine Geheimnisse vor ihm.«

»Mag sein. Und doch ist es richtig, was er tut. So wird er nicht von dem beeinflusst, was Sie mir erzählen.«

»Beeinflusst? Ich beeinflusse niemanden.«

War ich noch in der Realität? Oder hatte mich jemand herausgezerrt und in eine andere Dimension geworfen? Immerhin behaupten ja manche, es gäbe mehrere identische Erden in diversen Dimensionen, und garantiert war ich ausgetauscht worden. Vielleicht sollte ich mich für verrückt erklären lassen?

In den nächsten eineinhalb Stunden stellte mein Anwalt erneut viele Fragen, ich wiederholte artig, was sich in den letzten Wochen und Monaten zugetragen beziehungsweise nicht zugetragen hatte, und war völlig geschafft, als ich die Kanzlei verlassen durfte.

Auf dem Gehsteig vorm Hauseingang wartete Vater auf mich.

»Gibt es neue Erkenntnisse?«

»Dieser blöde Anwalt hat mich alles nochmals runterleiern lassen, was er schon auf Band hat. Ich begreif das nicht.«

»Hm! Er wird ja hoffentlich wissen, was er tut. Die Polizeiakten müsste er aber schon gelesen haben. Hat er darüber nichts gesagt?«

»Nur, dass er mit der Durchsicht noch nicht fertig sei. Und er sich baldmöglichst wieder bei mir melden wolle.«

Mein Vater zog die Brauen zusammen. »Na, dann fahr ich

dich mal zur Direktion der Kripo. Die Hauptkommissarin hat angerufen und darum gebeten.«

»Sie hat bei *dir* angerufen?«

»Nein, bei uns zuhause. Aber die Rufumleitung ist bei mir gelandet.«

»Die Bullentante soll mich mal …«

»Reiß dich zusammen!«

»Und der Anwalt? Muss der nicht mitkommen? Ich sage nichts ohne Anwalt.«

»Sollst du auch nicht. Warten wir ab, was sie will.«

In meinem ganzen Leben war ich noch nie panisch gewesen. Nicht vor Zahnarztbesuchen, nicht vor Klausuren, der Fahrschulprüfung, der Sportbootprüfung, den zusätzlichen Schiffspatent-Prüfungen, wozu auch das international anerkannte Binnenschifferpatent zum Führen größerer Motorboote gehörte, und schon gar nicht vor der Ablegung des Sportbootführerscheins für die See. Panik habe ich auch nicht vorm Fliegen oder einem Date. Ich bin üblicherweise die Ruhe selbst. Die seit Tagen vorherrschenden Stimmungsschwankungen waren der außergewöhnlichen Situation geschuldet und zählten nicht mit.

Doch in diesem Moment, als ich in das ernste Gesicht meines Vaters blickte, zog es mir den Brustkorb zusammen. Ohne es erklären zu können, war ich mir sicher, dass die Kripo mich nicht mehr gehen ließe, wenn ich dort erschien. Also musste ich etwas tun, was jeglicher Logik entbehrte. Was bei mir ein unverständliches Kopfschütteln hervorgerufen hätte, wenn es eine andere Person täte.

»Darf ich ans Steuer?«, fragte ich Vater.

Weil mein Anliegen keine Besonderheit war, und ich immer sehr gern mit seiner Jaguar-Limousine fuhr, gab er mir den Schlüssel.

Mittels Funk öffnete ich die Tür, rannte über die Straße, sprang hinein und startete. Drückte aufs Gaspedal und preschte los.

Im Rückspiegel sah ich meinen verdutzten Vater.

Sorry, flüsterte ich vor mich hin und hoffte auf seine spätere Gnade, egal, wie mein Fluchtversuch endete.

Okay, und wohin fahre ich jetzt? Mit dem auffälligen Karren?

Egal, irgendwohin.

Leichter gesagt als getan. Karlsruhes Straßen litten seit Jahren unter chaotischen Verkehrsverhältnissen, die Kreuzungen waren aufgewühlt und die Ampelschaltungen desaströs, denn die Straßenbahn wurde unter die Erde verfrachtet. Die Stadt glich einer einzigen Baustelle.

Mit Mühe gelangte ich auf die B 10 und peilte die Autobahn an. Ein Ziel hatte ich nicht.

Oder doch? Das Hotel. Dort konnte ich mich verstecken.

Und das Auto? Mit GPS-Sender ausgestattet. Keine Ahnung, wie ich diesen deaktivieren sollte oder von wo ich ein anderes Fahrzeug herzaubern konnte. *Vielleicht beim Autovermieter nachfragen, der mich diskreditiert hat? Ich lach mich tot.*

Verdammt nochmal, in den Filmen wirkte eine Flucht, so spontan sie auch sein mochte, relativ einfach durchführbar. Immer wissen die Flüchtenden, wohin sie sich wenden sollen, erhalten von hilfsbereiten Leuten Unterstützung oder tauchen auf sonst eine Weise unter.

Auf der Autobahn gab ich richtig Gas, ignorierte die nächste Ausfahrt, ich konnte ja auch bis nach Hamburg fahren, zu unseren Verwandten. Die würden mich sicher in irgendeiner Gartenhütte oder einem Bootshaus verstecken. Das Auto könnte ich irgendwo abstellen und mir tatsächlich einen Mietwagen nehmen. Ja, das wäre die beste Lösung. Aber hatte ich überhaupt ausreichend Bargeld dabei? Kreditkarten durften ja nicht benutzt werden, das wusste ich als eifriger Thriller-Fan.

Weitere vertiefte Überlegungen blieben mir erspart, die Flucht endete fünfundzwanzig Minuten später vor einem Meer roter Bremslichter. Kein Vorwärts-, kein Rückwärtskommen mehr.

Mein Handy vibrierte. Vater. Nach dem x-ten Mal nahm ich ab.

»Wo bist du?« Er klang abnormal ruhig.

»Im Stau«, murrte ich verdrossen.

»Geschieht dir recht. Schau, dass du nach Hause kommst. Ich habe bei Frau Steiner angerufen und für morgen einen neuen Termin vereinbart. Sonst schickt sie eine schriftliche Vorladung.«

Dienstag, 09.07.

»Bitte setzen Sie sich«, sagte Frau Steiner und schob mir einen Stuhl zurecht.

Mein Vater durfte nicht ins Verhörzimmer. Ich sei volljährig und erwachsen, meinte die Kriminalhauptkommissarin, und der Einzige, der geduldet sei, wäre mein Rechtsanwalt.

Aber der erschien nicht. Stau-Alarm in der Innenstadt.

»Können wir anfangen oder sollen wir warten?«, fragte die Kripobeamtin und sah auf ihre Armbanduhr.

Eigentlich hatte ich ja nichts zu verbergen.

»Fangen Sie an. Sonst hocken wir ja noch morgen herum.«

Die Erleichterung war ihr anzumerken, als sie das Aufnahmegerät anstellte. »Ihr Anwalt kann ja alles nachlesen. Tja, Herr von Barneck, die Ergebnisse der Kriminaltechnischen Untersuchung liegen jetzt vor.«

»Gott sei Dank!« Ich stieß den Atem geräuschvoll aus. Lauter als gewollt. »Dann bin ich heute wohl das letzte Mal bei Ihnen?«

Frau Steiner sah mich schmaläugig an. »Wie kommen Sie darauf?«

Ich stutzte. »Weil meine Unschuld bewiesen ist?«

»Ich glaube, wir warten doch auf Ihren Anwalt.«

Sie erhob sich und verließ den Raum.

Ließ mich mit dem dumpfen Gefühl zurück, dass etwas gehörig danebenlief.

Den Kopf auf meinen Armen, und diese verschränkt auf die Tischplatte gelegt, wurde ich aus einem versehentlich über mich gekommenen Nickerchen aufgeschreckt.

Lohmann schüttelte mich und nahm neben mir Platz. Die Kommissarin saß bereits und wühlte in den Papieren herum.

Ich hatte die beiden überhaupt nicht hereinkommen gehört.

»Es tut mir leid«, sagte sie, »dass Sie so lang warten mussten. Fangen wir an.«

Ich gähnte und streckte mich. Der Rücken tat mir weh, und die Stirn und der Kopf und überhaupt alles. Ein Abstecher aufs Klo war dringend erforderlich, also begleitete mich ein Beamter noch rasch dorthin.

Nachdem ich wieder auf meinem Platz saß, aktivierte die Kommissarin abermals das Aufnahmegerät.

»Herr von Barneck, die Untersuchung Ihres Range Rovers ergab keine Hinweise darauf, dass Larissa sich darin befunden haben könnte.«

Sie lächelte.

»Okay«, sagte ich.

»Aber«, ließ mir die Kommissarin keine Zeit zum Aufatmen, »in dem Suzuki …« Sie ließ den Satz offen und legte dem Anwalt ein vollbedrucktes Blatt Papier hin.

Lohmann runzelte die Stirn. Las. Sah mich an. In seinen Augen lag eine undefinierbare Sprachlosigkeit.

»Was ist?«, rief ich.

»Nun«, sagte Frau Steiner, »Ihr Anwalt hat begriffen, dass Sie uns ganz schön an der Nase herumgeführt haben, Herr von Barneck.«

»ICH?«, schrie ich aufgebracht.

Die Kommissarin hingegen bewahrte ihre stoische Gelassenheit.

»Die KTU hat Haare und Kopfhautschuppen von Ihnen im Vitara gefunden.«

Ich schloss einen Atemzug lang die Augen, bebte innerlich. »Das kann nicht sein.«

»Warum?«, fragte die Steiner.

Die Möglichkeit zur Abwehr ließ ich ungenutzt verstreichen, ich brachte kein Wort heraus.

»Weil Sie den Wagen nach der Tat so gut geputzt haben? Oder warum?«

»Weil ich niemals dringesessen habe.«

»Was ist in der Nacht auf den zweiundzwanzigsten Juni geschehen, Herr von Barneck?«

»Bitte sagen Sie nichts, was Sie belasten könnte«, warf mein kluger Anwalt ein.

»Mich kann nichts belasten. Nichts!«, schnaubte ich, funkelte Lohmann zornig an. Wandte mich sogleich der Kripobeamtin zu. »*Absolut nichts.* Ich war zuhause, hab einen Film angeschaut, ich weiß nicht mal mehr, welchen, bin eingepennt, irgendwann aufgewacht. Aufs Klo und wieder ins Bett. Am andern Morgen dann bald aufgestanden, weil ich mit dem Boot eine Tour machen wollte. Und dort haben Sie mich mit der Leiche überrascht. Das ist alles.«

Ich atmete hektisch. Der Respekt vor der Exekutive erhielt einen tiefen Riss, meine Stimme entglitt mir erneut. »*Das ist alles! Haben Sie mich verstanden?*«

»Wir haben ein großes Problem, Herr von Barneck«, sagte die Kommissarin extrem ruhig. »Die Indizienlage ist eindeutig. Alles weist darauf hin, dass Sie den SUV gemietet und auch gefahren haben müssen.«

»Kann nicht sein. Oder sind Fingerabdrücke auf dem Lenkrad?«, zischte ich. Mir wuchs das alles über den Kopf.

»Nein, das gerade nicht mehr.«

»Nicht *mehr? DA WAREN NOCH NIE WELCHE!*«, brüllte ich. Mein Hals tat mir schon weh. Es war nicht üblich, dass ich über längere Zeit hinweg meine Lautstärke nicht in den Griff bekam.

»Bitte schweigen Sie jetzt!«, flehte mein Anwalt. »Sie brauchen sich hier und jetzt nicht selbst zu verteidigen.«

Ich schluckte, zwang mich zur Beherrschung. »Ach nein? Dann sagen doch Sie etwas.«

»Das geht nicht. Ich bin an Ihrer Seite, um Sie vor unüberlegten Aussagen zu schützen. Verteidigen tue ich Sie vor Gericht.«

»Das gibt's doch nicht! Ich muss nicht vor Gericht, ich habe nichts getan!« Ich wischte mir über die Stirn.

Die Hauptkommissarin stand auf, verließ das Verhörzimmer, kam schon im nächsten Moment wieder herein und stellte mir ein Glas Wasser hin. »Trinken Sie.«

Mein Blick versank im klaren Wasser, meine Hand griff danach, meine Kehle lechzte nach Flüssigkeit. Das leere Glas knallte ich zurück auf die Tischplatte.

»Besser?«, fragte Frau Steiner.

»Nein, ich habe immer noch nicht im Vitara gesessen.«

Das spitze, scharfe Auflachen der Kommissarin wurde noch im selben Augenblick von einem ernsten Blick abgelöst.

»Könnten Sie mir dann erklären, weshalb Spuren von Ihnen dort zu finden waren?«

»Ist das nicht Ihre Aufgabe? Ich hab jedenfalls keine Antwort darauf. Vielleicht will mir jemand was anhängen.«

»Wer?«

»Woher soll ich das wissen? Mir war bis heute nicht bewusst, dass es überhaupt jemand geben könnte, der mir einen Mord anhängen will.«

»Liebten Sie Larissa?«

Einen Moment war ich perplex. »Steht schon alles in Ihrem Protokoll. Da gibt es auch nichts mehr hinzuzufügen. Wir waren zusammen, haben's ein paarmal miteinander getrieben, es wurde langweilig und wir haben uns getrennt. Punkt.«

»Sie haben sie aber auch ausgeführt? Zum Essen oder so?«

»Ja. Klar. Warum auch nicht?«

»Ins Hotel Ihres Onkels?«

»Ja. Und auch dort mal übernachtet. Etwa drei Wochen, bevor wir uns getrennt haben.«

»Auf der Yacht war sie wirklich nie?«

»Nein, das Boot war –«

»Ja, ja, es war zur Reparatur. Aber doch erst ab Anfang Dezember – oder?«

»Ja.«

»Nun, Sie waren ab Oktober zusammen, da hätten Sie doch auch mal eine romantische Nacht auf dem Boot verbringen können.«

»Und Sie können bohren, so oft Sie wollen. Ich kann mich nur wiederholen: Sie war nie auf dem Boot, weil es da schon einen Maschinenschaden hatte. Der Dieseltank war leergepumpt, folglich ging auch keine Heizung. Und das Wasser war auch bis auf den nötigsten Rest geleert. Ich habe Larissa auch nie in den Hafen oder auf das Restaurantschiff mitgenommen. Wir waren immer mit meinem Golf unterwegs. Und jetzt sage ich kein Wort mehr.«

Lohmann räusperte sich. »Wenn Sie keine Fragen mehr haben, können wir ja gehen, Frau Steiner. Ich muss mich mit meinem Mandanten besprechen.« Mein Anwalt erhob sich.

Ich erhob mich.

Die Frau Hauptkommissarin blieb sitzen. »Oh, es tut mir leid, aber ich bin noch nicht fertig.«

Wir setzten uns wieder.

»Herr von Barneck, wollten Sie gestern etwa vor meiner Vernehmung flüchten?« Sie blinzelte mich neckisch an.

Mir gefror das Blut in den Adern.

»Ähm, nein, ich habe nur eine Tour mit dem Auto meines Vaters unternommen.«

»Na, so hat sich das aber nicht angehört. Ihr Vater bat um Terminverlegung, weil er Sie angeblich nicht finden konnte.«

»Es tut mir leid, kommt nicht wieder vor.«

»Oh, mir tut es auch leid.« Sie sah mich an. Lächelte nicht, schmunzelte nicht. Ihre Mimik war ernst und ausdruckslos. »Ja, und es wird auch nicht mehr vorkommen, denn ich behalte Sie hier. Wegen Fluchtgefahr.«

»Aber«, mir sackte schier der Kreislauf weg, »ich habe doch nichts getan.«

»Herr von Barneck, ich verhafte Sie vorläufig wegen des dringenden Verdachts, Larissa Rotfleck getötet zu haben. Sie haben das Recht, zu schweigen. Alles, was Sie von nun an sagen, kann gegen Sie verwendet werden. Einen Rechtsbeistand haben Sie ja bereits. Die Aufklärung über Ihre Rechte können Sie auch schriftlich einfordern oder mit Ihrem Anwalt besprechen. Morgen werden Sie dem Haftrichter vorgeführt. Der Termin ist auf acht Uhr dreißig angesetzt.« Sie überreichte Lohmann ein Schriftstück.

»*Nein!*«, schrie ich. »Weshalb hätte ich Larissa töten sollen? *Weshalb?* Tun Sie doch was!« Ich stieß den Anwalt an.

Doch der guckte blöd aus der Wäsche. »Das klären wir, Herr von Barneck. Wenn Sie unschuldig sind, klären wir das rasch. Vertrauen Sie mir.« Dann wandte er sich an die Kommissarin. »Das Vereinsgelände hat doch mindestens eine Überwachungskamera. Haben Sie dort schon die Aufnahmen geprüft?«

»Aber klar, Herr Lohmann, gleich als Erstes, und das ist auch in den Akten vermerkt.« Sie unterbrach sich und gewährte Lohmann einen tadelnden Blick für seine augenscheinliche Nachlässigkeit, dies nicht gebührend beachtet zu haben. »Doch leider waren die Aufnahmen unbrauchbar. Die Linsen der beiden Kameras waren zerstört. Das würde vorrangig wohl nur jemand tun, der sich auf dem Gelände auskennt und sich einen Vorteil ausrechnet, wenn er eine bildhafte Aufzeichnung unterbricht. Es beweist natürlich nicht, dass es in Zusammenhang mit dem Mord geschehen ist, denn es wird ja – wie mir berichtet wurde – nicht jeden Tag nach den Aufnahmen geschaut, die dann automatisch nach achtundvierzig Stunden überspielt werden. Es spricht aber auch nichts gegen Vandalismus, der ja immer wieder mal vorkommen kann.«

Nichtsdestotrotz schien mein Anwalt allmählich aufzutauen, die überraschende Wendung versetzte wohl auch ihm einen Schock.

»Die Linsen zerstört? Wie?«

»Darüber kann ich momentan keine Angaben machen. Das wird immer noch untersucht.«

Ich stieß ein hörbares Schnauben aus, setzte zu einer Entgegnung an, doch Lohmann gab mir keine Chance.

»Frau Steiner, was ist eigentlich mit dem Mann, der das Opfer gefunden hat? Der hatte doch übernachtet. Hat er denn gar nichts außer dem wegfahrenden Auto bemerkt?«

»Nein.«

Mehr sagte sie dazu nicht. Sie stand auf, rief nach ihren uniformierten Kollegen, und ein Albtraum nahm seinen Lauf.

5 | JULI und AUGUST 2019

Eine Verhaftung am eigenen Leib zu verspüren, gönne ich meinem ärgsten Feind nicht. Außer demjenigen, der mich in diese Scheißlage gebracht hat. Und weil es so peinlich ist, gebe ich auch keine Details preis.

Alles Schimpfen, Toben, Wehren hatte keinen Sinn, ich wurde in die Justizvollzugsanstalt in der Riefenstahlstraße zwangseingewiesen. Gar nicht mal so weit entfernt von unserer Familienvilla in Karlsruhes Weststadt. Mein energischer, unermüdlicher Protest brachte keinen Erfolg, die Justizbeamten zogen mit unbewegten Minen und unerbittlicher Härte ihr Aufnahmeritual durch. Der anwesende Arzt musste sogar ein paar Verletzungen versorgen, die mir bei der Durchsetzung des Inhaftierungsprozederes zugefügt worden waren. Klar, ich hätte mich friedlicher verhalten können, doch die Ungerechtigkeit, die mir widerfuhr, wiegelte mein Inneres bis zum Zerbersten auf.

Irgendwann verfrachteten sie mich in eine schrecklich enge Zelle mit einer knapp bemessenen, unbequemen Schlafstätte. Wenigstens gab es ein Klo und Waschbecken. Ein kleiner Tisch und ein metallener Stuhl standen im Eck unterm Fenster.

Das Abendessen wurde mir mittels Roomservice gebracht, fast wie im Urlaub. Ein Kulturbeutel mit den wichtigsten Hygieneartikeln wurde auch geliefert – ein mitfühlender Gruß meines Anwalts.

In der Nacht lag ich wach, meine Gedanken bombardierten mich unermüdlich, liefen kreuz und quer, gewährten mir keine Sekunde für eine Erholung. Die Vorführung beim Haftrichter überstand ich folglich im tranceartigen Halbschlafzustand und dementsprechend ziemlich friedlich. Sogar, als er meinen Verbleib in der Untersuchungshaft anordnete und die Bitte meines Anwalts auf Aussetzung bis zur Verhandlung unter Kautionshinterlegung mit dem Hinweis auf Fluchtgefahr rigoros abschlug.

Also ergab ich mich meinem Schicksal und harrte auf baldige Erlösung. Tag um Tag. Die Zeit rann dahin, und mir wurde klar, dass der Drahtzieher dieses Dramas womöglich einen großen Erfolg in seinen Bemühungen, mich aus dem Weg zu räumen, verbuchen konnte.

Nachdem auch die letzte Hoffnung meines Anwalts auf die Überwachungskameras sowie den unbekannten Franzosen wie eine Supernova zerplatzt war, blieb mir tatsächlich nur noch die Aussicht auf eine klärende Gerichtsverhandlung. Lohmann predigte bei jeder nun folgenden Vernehmung, meinen Mund zu halten, also schwieg ich letztendlich stur vor mich hin. Mir hörte ohnehin keiner zu. Weder Kriminalbeamte noch Staatsanwalt.

Das heißt, zugehört hatten sie, es wurde ja alles protokolliert, gedruckt, gespeichert, nur fruchteten meine Aussagen nicht. Sie fristeten ihr unnötiges Dasein in etlichen Ordnern oder verschwanden in den unergründlichen Tiefen irgendwelcher Festplatten.

In den Wochen der Untersuchungshaft zerbrach etwas in mir, ich kann nicht einmal genau definieren, was es war. Vielleicht mein Glaube an Gerechtigkeit, an Gesetz und Wahrheit. Die stichhaltigsten Indizien, die sie gegen mich verwendeten, waren diese Scheißhaare und Hautschuppen, die angeblich und bewiesenermaßen von mir stammten. Und wie sollten sie in den Mietwagen gekommen sein, wenn nicht höchstpersönlich durch mich? Larissa hatte sie garantiert nicht an mehreren schwerzugänglichen Stellen versteckt, sich anschließend selbst die Tüte über den Kopf gezogen und sich erstickt, dann sich in aller Gemütsruhe auf die *MARNIE* begeben, sich dort sämtliche Adern aufgeschlitzt und letztlich eine fotogene Pose eingenommen, um die Gerichtsmediziner aufzuheitern.

Ach ja, das Messer, das sie verwendet haben dürfte, war selbstredend mit meinen Fingerabdrücken bestückt sowie auch mit ihrem Blut. Man hatte es bei einer gründlichen Durchsuchung des Hafengeländes im Gestrüpp hinter den Bootshäusern gefunden. Das müsste sie dann auch noch dorthin drapiert haben. Schön regengeschützt in einer Kunststofftüte, damit keine Spuren verlorengingen.

Die Tüte, oder besser, der Müllsack wurde auch zu einem Problem. Denn genau dieser war nachweislich über den Kopf des Opfers gestülpt gewesen, als es starb. Und das Highlight: Wir besaßen die gleichen Mülltüten, schön aufbewahrt in unserem Vorratskeller.

Die Indizienkette war geschlossen, der Fall war klar, der erste Prozesstag wurde angesetzt. Alle waren glücklich, dass es so zügig vonstattenging.

6 | SEPTEMBER 2019

Das Messer, das sie mir am ersten Verhandlungstag im Schwurgerichtssaal des Landgerichts Karlsruhe Mitte September präsentierten, so ein extra scharfes Allerweltssteakmesser mit Holzgriff, stammte nachweislich aus der Vereinsküche. Ich habe schon etliche Messer in der Hand gehalten für vielerlei Tätigkeiten – aber mit Sicherheit habe ich noch keine Adern aufgeschlitzt oder sonst irgendetwas an einem menschlichen Körper. Ich habe Seile und Taue durchschnitten sowie auch Steaks, und ja, auch Fischleiber genüsslich tranchiert, das gebe ich zu.

Und wenn ich Adern damit aufgeschlitzt hätte, hätte ich das Messer garantiert im Rhein entsorgt. Und nicht im Plastiksack, mit dem ich zuvor mein Opfer erstickt hatte. Die Vorhaltungen waren einfach nur lächerlich.

Aber die Staatsanwältin hatte auch hierfür eine geistreiche Erklärung. Ich sei in Panik geraten, hätte zu spät ans Entsorgen gedacht und Tüte mitsamt Messer achtlos ins Gestrüpp geschmissen. Na toll! Für wie naiv hielt die mich eigentlich?

Als weiterer und ziemlich heftiger Schlag gegen meine Unschuld wurde der Autovermieter präsentiert. Die Staatsanwältin legte ihm ihre Fragen derart wohldosiert in den Mund, dass er letztendlich ohne mit der Wimper zu zucken behauptete, er hätte mir persönlich die Schlüssel für den Vitara übergeben. Aufgrund des zuvor erhaltenen Faxes mit dem in Topqualität abgelichteten Führerschein, den er für die Reservierung benötigt hatte, hätte er mich bei der Abholung erkannt, weshalb er auf das Vorzeigen des Personalausweises verzichtete. Folglich hätte er mich eindeutig bei der Gegenüberstellung auf dem Polizeirevier auch gleich wiedererkannt.

Alles, was ich jemals zu Protokoll gegeben hatte, wurde verbogen. Es gab nichts mehr, was mich entlastete. Aber auf ein nachvollziehbares Motiv konnten sie sich auch nicht einigen.

Es nutzte nichts, dass mich meine Eltern, Onkel Rainer, Tante

Lydia und Lars am zweiten Verhandlungstag als zuverlässig und gesetzestreu beschrieben und mir niemals *so etwas* zutrauen würden.

Es brachte auch keinen Vorteil, Severin und Arlena am dritten Verhandlungstag vorzuladen, denn in besagter Nacht war ja niemand bei mir. Im Gegenteil, mir stand der Panikschweiß auf der Stirn, als sie über ihre Beziehungen zu mir ausgequetscht wurden und ich knapp daran vorbeischlitterte, von ihnen als egoistischer Schnösel bestätigt zu werden, da mochten sich die anklagenden Gesetzesverdreher noch so anstrengen, die beiden gegen mich aufzuhetzen. Severin und Arlena blieben distanziert, gelassen und sagten kein Wort zu viel. Sie hatten meine Hochachtung redlich verdient.

Und der Zeuge François H. aus Straßburg – nun wurde wenigstens das über ihn öffentlich gemacht – musste nicht antanzen, um seine Aussage über sein Wachwerden nach dem Start des Geländewagens und das Auffinden des Opfers vor Gericht zu wiederholen, er war aus wichtigen Gründen entschuldigt und hätte angeblich ohnehin nichts Belastendes oder Entlastendes beitragen können. Es genügte, dass aufgrund seiner Hellhörigkeit überhaupt dieses Auto in den Fokus der Ermittlungen geraten war und somit auf meine Spur führte.

Ich wollte wissen, wer dieser ominöse Mann war. Aber mein Einwurf wurde abgewiesen, der Nachname des Zeugen totgeschwiegen. Und mein werter Anwalt bohrte in diese Richtung auch nicht weiter. Viel zu schnell gab er sich geschlagen, vermutlich glaubte er selbst auch nicht mehr an meine Unschuld.

Im Gegenteil.

»Sie hätten von Anfang an schweigen müssen!«, zischte er mich an, bevor man mich aus dem Saal führte.

Am liebsten hätte ich ihm eine Tüte über den Kopf gezogen, sie mit Klebeband eng um seinen Hals geschnürt und – den Rest kann man sich ja denken.

7 | OKTOBER 2019

Montag, 07.10.

Das Ergebnis aller juristischen Bemühungen waren fünfzehn Jahre Haft, die am vierten Verhandlungstag im Oktober von der Vorsitzenden Richterin ausgesprochen wurden.

In der Urteilsbegründung hieß es, ich hätte mich aus Geltungssucht einer »Verehrerin entledigen wollen«, die ich als zu aufsässig empfunden und ihr Umwerben als Hindernis für andere Frauenfreundschaften gesehen hätte. Dabei hätte ich mich als für besonders schlau gehalten, weil ich unsere Yacht als Ablage für das Opfer ausgewählt hatte, im Glauben, die Ermittler fielen darauf herein, dass doch ein Verbrecher niemals den eigenen Besitz mit seiner Tat beflecken würde.

Hinzu kam, dass der entscheidende Belastungszeuge, also der Autovermieter, als höchst glaubwürdig eingestuft wurde, und die Indizienkette – sehr zur Freude der Anklagevertreter – lückenlos passte.

Immerhin wurde keine Weitervollstreckung wegen besonderer Schwere der Schuld angeordnet, wie von der Staatsanwältin gefordert, die mich gerne über das Höchstmaß hinaus wegsperren wollte, weil ich »aus niedersten Beweggründen brutal und mit Vorsatz« einen Mord durchgeführt hätte und dabei »äußerst planvoll« vorgegangen sei. Außerdem zeige ich keinerlei Reue, sondern spekuliere aufgrund meiner familiären Hintergründe auf einen Freispruch, indem ich ständig meine Unschuld beteuere.

Die Option auf Freilassung nach der verbüßten Haft ohne Prüfung meiner dann vorherrschenden Verfassung war eine famose Leistung meines nach Alkohol stinkenden Anwalts, den die Sache mittlerweile gehörig stresste, ihn aber nicht daran hinderte, leierkastenartig auf ein fehlendes »richtiges« Mordmotiv hinzuweisen. In seinem Plädoyer walzte er vehement die vorgebrachten fadenscheinigen Gründe nieder und versuchte mit neu erweckter Tatkraft, mich bei meinem verzweifelten Ruf nach Unschuld zu unterstützen.

Dennoch hatte sich wohl niemand die Mühe gemacht, nach dem wahren Mörder zu suchen. Zumindest erhielt ich dahingehend keine Kenntnis.

Und während der ganzen vier Verhandlungssitzungen hatte ich in die versteinerten Gesichter von Larissas Eltern und ihrer besten Freundin Mona Kessler geblickt. Die Verachtung, die mich aus diesen verzagten Augen traf, schnitt mir tief ins Herz. Wie gern hätte ich mich vor ihnen auf die Knie geschmissen und um Glauben an meine Unschuld gebettelt.

Dienstag, 08.10., bis Donnerstag, 31.10.

Nach der unfassbaren Urteilsverkündung wurde ich in die Justizvollzugsanstalt nach Bruchsal transportiert. Das dortige Schloss kannte ich bereits, jetzt verfrachtete man mich ins altehrwürdige Gebäude schräg gegenüber, das einer Festung gleicht. In den sogenannten »Stern von Bruchsal«, auch von vielen Leuten spöttisch als »Café Achteck« bezeichnet. Ein mit Zinnen bekrönter Komplex, dessen Zellentrakte strahlenförmig einen Zentralbau umschließen, nach dem Vorbild einer berühmten Strafanstalt in Philadelphia, in der auch Al Capone einst eingesessen hatte. Eröffnet im Jahr der badischen Revolution vor über einhundertsiebzig Jahren, nahm man als Erstes Gefangene des niedergeschlagenen Aufstands auf.

Dass ich diese mittlerweile auf den neuesten sicherheitstechnischen Stand gebrachten Mauern für viele Jahre von innen betrachten durfte, wäre mir niemals in den Sinn gekommen. Nun war ich hier. Bei den ganz harten Burschen. Zumindest taten die meisten so.

Obwohl es hauptsächlich Einzelzellen gab, wurde mir übergangsweise eine Doppelzelle zugewiesen. Was mir als kommunikationsfreudiger Mensch nicht ungelegen kam, zumal mein Zellengenosse Alvin einer harmloseren Knastbrudersorte angehörte. Er war zwei Jahre älter als ich, hatte aufgrund eines leichtsinnig herbeigeführten Autounfalls mehrere Todesopfer auf dem Gewissen und musste drei Jahre absitzen. Ein Jahr hatte er schon hinter sich. Er war ein gebrochener Mensch und ließ sich leicht herumdirigieren. Das fiel mir gleich nach wenigen Sätzen auf, die ich nach meiner Einquartierung zu ihm gesagt hatte.

Dennoch musste ich eine Woche lang auf ihn einreden, bis er plötzlich kurz vorm Abendessen den Mund aufmachte und folgende Worte an mich richtete:

»Du brauchst einundzwanzig Tage, um dich an einen neuen Umstand zu gewöhnen. Dann wird er zur Routine.«

Zuerst völlig überrascht von seiner Feststellung, bäumte sich sogleich Trotz in mir auf. »Und wenn ich nicht zulasse, dass er zur Routine wird?«

»Dann hast du Pech!« Er schlug seine glanzlosen Augen nieder und wandte sich von mir ab.

Ich musste schlucken, konnte meine Wut nicht mehr unterdrücken. »Danke für das aufbauende Gespräch!«, fuhr ich ihn an.

Doch er sagte an jenem Abend nichts mehr. Behandelte mich wie Luft.

Ich war weder kampferprobt noch gewalttätig und befürchtete, irgendwann von Schlägern und Lüstlingen angegangen zu werden. Mit Geldversprechungen und Geschenkverlockungen versuchte ich von Anfang an, dem Schlimmsten vorzubeugen, mich durchzumogeln und Verbündete zu erkaufen. Wo Geld fließt, gibt es ausreichend Beschützer, gierig nach einem heimlichen Hinzuverdienst. Man muss halt wissen, wie es geht. Und ich hatte ja ausreichend theoretische Erfahrung gesammelt aufgrund des immensen Thriller-Konsums, worin sich so manche Helden tapfer ihren Aufenthalten hinter Schloss und Riegel gestellt hatten. Nun ja, vorrangig handelte es sich um amerikanische Filme, und ich hoffte, dass ein deutsches Gefängnis damit nicht zu vergleichen war.

Auf den Mund gefallen war ich noch nie, und mit Bargeld versorgt wurde ich ohnehin besser als die meisten anderen. Wenn auch die Gefängnisstatuten verlangten, dass finanziell alle gleich ausgestattet waren, fand ich Schlupflöcher zum Umgehen.

Meine Familie hielt zu mir, das rechnete ich ihr hoch an. Ihre Besuche, auch die von Onkel und Tante, waren eine Wohltat, die zugesteckten zwanzig Euro jedes Mal ein kleiner Lichtblick und durchaus im Rahmen des Erlaubten. Ich sah meine Eltern jetzt öfter als in meinem Leben zuvor. Nahezu jedes Wochenende. Manchmal kamen sie zwischendurch auch getrennt, je nachdem, wie sie denn gerade in Karlsruhe weilten.

Mein Vater versprach, hartnäckig zu bleiben und das Verfahren neu aufrollen sowie nach Verfahrensfehlern suchen zu lassen. Und das Wichtigste, er sorgte dafür, dass nicht mehr der Versager Andreas Lohmann, sondern der Kanzleiinhaber Dr. jur. Clemens Lohmann mein Mandat übernahm unter Mitwirkung seines Sohnes Dr. jur. Lukas Lohmann.

Na, ging doch. Warum nicht gleich? Womöglich hätte mir das vieles erspart.

Nichtstun verpönt man im Knast. Das war ein Vorteil, sonst hätte ich mich meiner Schwermut hingegeben und mich mit dem Bettlaken erdrosselt. Die anstaltsleitende Herrschaft und ihre ausführenden Untergebenen achteten sehr darauf, dass jeder Insasse durchgängig beschäftigt war. Alles hatte seine Ordnung, vor allem, wenn so viele Halunken auf engem Raum leben mussten.

Das Angebot, etwas zu lernen, war breit gefächert. Von der Buchbinderei über die Schlosserei bis hin zur Elektroabteilung weckten etliche Bereiche mein Interesse. Die Lust auf mein Studium, mit dem ich hier drinnen nichts mehr anfangen konnte, war erloschen. Ich will aber gar nicht näher darauf eingehen, sonst könnte man noch glauben, ich befände mich in Urlaub.

Das war es keineswegs.

Auf die regelmäßige Frage, weshalb ich einsaß, antwortete ich anfänglich: »Weil jemand meine Ex beseitigt hat.«

Das war dann doch zu verfänglich, nicht, dass man auf die Idee gekommen wäre, ich hätte einen Auftragsmörder bestellt, also wechselte ich in ein »weil's mir hier so gut gefällt«, »weil ich versorgt sein will« und auf lauter andere dumme Sprüche. Als ich dann klipp und klar darzulegen begann, dass ich unschuldig eingebuchtet wurde, glaubte mir ohnehin keiner mehr.

»Das sagt doch jeder«, warf mir ein Knacki nach dem anderen an den Kopf.

Bis ich schließlich meinen aufgeputschten Übermut drosselte und kaum noch mit den anderen redete.

Alvin hingegen wurde von Tag zu Tag zugänglicher und wir führten tiefgreifende Gespräche. Er begann, private Dinge von sich preiszugeben, über die ich selbstverständlich keine Angaben mache, und zeigte zunehmend Interesse an meinem Schicksal.

Das führte eines Abends letztlich so weit, dass ich meine Tränen in den Augen spürte und mein Selbstmitleid nur mit heftigem Abwürgen in den Griff bekam.

Da sagte Alvin zu mir: »Benni, ich glaube dir. Du bist kein Mörder. Schau, dass das Gerichtsverfahren neu aufgerollt wird. Gib nicht auf.« Aber was er nachsetzte, brachte mich ins Grübeln. »Du hast doch deinen Freund, weshalb solltest du dir wegen irgendeiner Ex das Leben versauen?«

So richtig wusste ich nichts mit seiner Aussage anzufangen. Aber vermutlich hatte ich wirklich zu viel von Severin erzählt, und er hatte das falsch interpretiert.

8 | NOVEMBER 2019

Freitag, 01.11.

Den ersten Besuch von außerhalb der Familie erhielt ich tatsächlich von meinem Freund. Ich war überrascht, als sie mich ins Besuchszimmer brachten und ich erkannte, wer an einem der Tische auf mich wartete. Ich hatte ihn lange nicht gesehen, während der Untersuchungshaft durfte er anscheinend nicht kommen.

Automatisch ging ich schnurstracks auf ihn zu. Er sprang von seinem Stuhl auf, und wir fielen uns in die Arme. Der Aufpasser scheuchte uns barsch auseinander und wies mir den gegenüberliegenden Platz zu.

»Mensch, Benni, wie geht's denn? Du schaust schlecht aus. Kriegst du nichts zu essen?«

Das sagte ausgerechnet Severin, der halbverhungert wirkte.

Ich hob die Schultern, ließ sie fallen. »Essen gibt's, hab aber kaum Appetit. Du siehst aber auch aus, als hättest du eine Abmagerungskur hinter dir. Kaust du jetzt nur noch Löwenzahnblätter?« Ich schickte ihm ein Grinsen über den Tisch.

»He, werde nicht frech. Bei mir ist alles okay, doch ich vermisse dich.« Er fuhr sich über die Augen.

»Tja, wirst dich damit abfinden müssen. Fünfzehn Jahre.« Ich atmete durch. »Kannst mich ja immerhin besuchen und mir erzählen, was ich draußen verpasse. Bringst mir nächstes Mal was zu lesen mit.« Es war mir nicht möglich, meine Resignation auszublenden.

»Das mach ich gern, Benni. Ich bin für dich da, wenn du was brauchst. Bücher oder Zeitschriften oder was auch immer ich bringen darf. Lass mir einfach eine Nachricht zukommen, und ich stehe parat. Deine Eltern sind ja jetzt wieder ziemlich unterwegs, und deine Verwandten vom Hotel werden auch nicht ständig Zeit erübrigen können.«

Ich war gerührt. Ja, auf Severin war Verlass. Ein wahrer Freund, heutzutage eine Rarität.

»Danke, ich weiß das zu schätzen. Du fehlst mir auch. Unsere gemeinsamen Unternehmungen, das Beieinanderhocken und Quatschen. Das Mixen immer neuer Cocktails.«

Ich musste aufpassen, damit ich nicht zu schwülstig auftrug und mich seiner Lächerlichkeit preisgab. Aber ich hatte das Gefühl, dass es ihm gar nichts ausmachte, im Gegenteil, er lächelte mich so sonderbar an.

Ach was, er besaß schon immer die Gabe, sonderbar aus der Wäsche zu gucken, ich hatte es nur vergraben, es gehörte zu einem anderen Leben.

Wir redeten noch eine ganze Weile über wahrlich unwichtige Dinge, bis ich etwas Entscheidendes von ihm wissen wollte.

»Sev, eine Frage: Glaubst du an meine Unschuld?«

Ein befremdliches Funkeln schwang über seine Augen. »Benni, du bist mein Freund, ich halte zu dir. Egal, was kommt.«

Das war nun nicht die erwartete Antwort, aber ein Nachhaken wurde mir verwehrt, weil der Aufpasser neben mich trat und das Ende der Besuchszeit verkündete.

Deprimiert kehrte ich in meine Zelle zurück. Musste doch tatsächlich Tränen aus meinen Augen wischen, als die Tür hinter mir verschlossen wurde.

Severin hatte versprochen, von nun an regelmäßig kommen zu wollen. Doch diese Frage würde ich ihm nie mehr stellen.

Mittwoch, 13.11.

Meine Verwunderung war kaum zu toppen, als ich ins Besucherzimmer gebracht wurde und Arlena dort auf mich wartete. Überrumpelungsbesuche waren zwar nicht üblich, eigentlich wusste ich immer vorab, wer kommen wollte, aber hin und wieder gab es wohl die Ausnahme von der Regel. Vielleicht hatte auch Arlena darauf bestanden, mich zu überraschen.

Ich jedenfalls, hatte sie völlig vergessen gehabt.

»Oh, Bennilein!«, säuselte sie verzückt, blieb aber artig sitzen.

»Leni?« Ich setzte mich ebenfalls ganz brav ihr gegenüber.

Jetzt war ich über die Knastregel, enge Berührungen mit den Besuchern nur im Ausnahmefall zuzulassen, allerhöchst erfreut.

»Ich habe gar nicht mit dir gerechnet. Was führt dich denn an diesen Ort geballter Verbrechensbestrafung?«

»Och, Benni, ich hatte echt Sehnsucht. Hab mich aber lang nicht getraut, zu fragen, ob ich kommen darf.«

»Gefragt? Wen denn?«

»Na ja, erst deine Eltern, die dann gemeint hatten, ich solle direkt bei der Anstaltsleitung eine Besuchserlaubnis einholen.«

»Ach, du hast meine Eltern erreicht?« Das erstaunte mich mehr als die Tatsache, dass Arlena sich hierher getraut hatte.

Sie nickte bescheiden und zeigte auf das Geschenk, das vor ihr lag. Dass es schon mal geöffnet worden war, sah man.

Und auch, was es war.

»Danke, Leni.« Ich langte danach, riss das Papier ab. Ein Buch. Von einem amerikanischen Profiler, der seine Fälle schilderte.

»Du wolltest doch mal irgendwie zur Polizei gehen – oder? Da dachte ich, na ja, vielleicht gefällt es dir.«

Mir fehlte die Erinnerung, ihr von meinem Vorhaben erzählt zu haben. »Sicher, eine gute Idee. Vielen Dank, Leni. Meinen Berufswunsch kann ich allerdings knicken.«

»Nicht, wenn du unschuldig bist. Das bist du doch, oder?«

»Hegst du daran Zweifel?«

»Nun, ich meine … Na ja, die Indizien waren schon heftig.« Sie hüstelte, ich wartete. Bis sie endlich weiterredete. »Also, ich glaube an deine Unschuld. Obwohl du ja schon manchmal noch deiner Ex hinterhergeguckt hast. Vor allem, wenn sie mit ihrem neuen Freund so offen herumgeknutscht hat.«

»Was meinst du mit ›hinterhergeguckt‹? Ich habe Larissa garantiert nicht beim Zärtlichkeitsaustausch mit ihrem neuen Lover beobachtet. Und wenn ich ihr über den Weg gelaufen bin, dann nur noch per Zufall im Campus.«

»Ach, das hab ich jetzt nicht so gemeint, wie es sich angehört hat, tut mir leid.« Sie kniff ihre Augen zusammen. »Aber miteinander geredet habt ihr schon noch oft?«

»Natürlich. Warum denn nicht?«

»Aber nicht verabredet?«

»Nein!« Ich wurde ärgerlich. Von Verhören jeglicher Art hatte ich die Schnauze voll. »Was soll die Fragerei? Bist du gekommen, um mich auszuquetschen? Dann kannst du gerne wieder gehen.«

Ein Hauch von Entsetzen flog über ihr Gesicht. »Oh nein, entschuldige!« Ihre Mimik entspannte sich. »Ach, Benni, du tust mir so leid.«

Ich gab ihr keine Antwort.

»Macht denn dein Anwalt gar nichts?«, bohrte sie weiter.

»Doch, aber die Mühlen der Justiz mahlen langsam.«

»Und was ist mit der Kriminalpolizistin?«

»Keine Ahnung. Ich habe sie seit der Verhandlung nicht mehr gesehen. Für die ist der Fall abgeschlossen.«

Selbstbedauern löste meinen Frust ab. Ich hatte keine Lust mehr auf Arlenas Geschwätz, wollte sie bitten, zu gehen. Doch dann fiel mir etwas auf. Ihr Gesicht, ihr Hals.

»Sag mal, hast du abgenommen?«

Ein Leuchten breitete sich auf ihrem Antlitz aus. Vielleicht waren es auch die Sonnenstrahlen, die sich durchs Gitterfenster hereinzwängten, weil sich im fernen Draußen die Wolken lichteten.

»Ja, ein wenig. Aber nur zehn Kilo. Ich krieg kaum was gegessen, muss immer an dich denken. Und an das wunderbare Wochenende auf eurer Yacht.«

Mein Blick wanderte unter lautem Seufzen zum Fenster hinaus. In den blauen Himmel mit den wabernden Wolken. Was gäbe ich dafür, jetzt auf dem Boot sein zu können. Wenn es sein müsste, auch mit Arlena. Alles besser, als hier drin zu verrecken.

»Ja, Leni, es war schön.«

»Obwohl es ein Experiment für dich war?«

»Vielleicht gerade deshalb. Schade, dass alles so anders gekommen ist. Meine Abschlussprüfungen kann ich knicken.«

»Aber du konntest doch noch die Klausuren schreiben und deine Arbeiten abgeben. Hast du keine Ergebnisse erhalten?«

Ich winkte ab. »Ja, schon, alles bestens, aber was nützt es, wenn mir das letzte Jahr fehlt und mir ein halbes Leben in einer Zelle beschieden ist?«

Vertiefen musste ich Gott sei Dank dieses Gespräch nicht mehr, die Besuchszeit war zu Ende. Ich wurde weggebracht.

Ihr »ich komme bald wieder« hallte mir noch lange nach. Doch eine Sehnsucht nach ihrer Gesellschaft wollte nicht aufkommen.

In mir war alles tot.

9 | DEZEMBER 2019

Dienstag, 10.12.

Irgendwann verdrängte ich, dass es ein Draußen gab. Je weniger ich wusste und erfuhr, umso mehr war es mir möglich, mich auf die neue Realität einzustellen.

Ich war froh, wenn Besuchstermine abgesagt wurden. Die Gründe ließen mich kalt. Es brauchte sich niemand zu entschuldigen. Jeder da draußen hatte sein Leben. Ich gehörte nicht mehr dazu. Ich musste mich mit dem Leben hier drinnen arrangieren. Ob ich wollte oder nicht. Es stand keine Alternative zur Verfügung. Jegliches Verweigern, das hin und wieder durchbrach, schadete mir mehr, als es denn Nutzen brachte.

Langzeitinhaftierte machten sich lustig über durchdrehende Neuankömmlinge, vermutlich erinnert an ihre eigenen schlimmen Phasen nach der Einlieferung. Hinzu kam, dass Weihnachten vor der Tür stand und manchem Häftling, der familienintensiv verschmolzen war, die Angst vor dem Getrenntsein von seinen Liebsten den Hals zuschnürte.

Nun, ich hatte schon einige Weihnachtsabende allein verbracht, wenn ich keine Lust gehabt hatte, mich mit Severin zu treffen, bei seiner Familie mitzufeiern oder meine Verwandten zu besuchen. Meine Eltern waren durchaus nicht immer bestrebt, pünktlich nach Hause zu kommen, um bei ihrem Sohn herumzuhocken, wenn wichtige und lukrative Aufträge anstanden. Unsere langjährige italienische Haushaltshilfe hatte sich stets erbarmt, Weihnachtsdekoration zu verteilen, damit ein wenig Wärme ins Haus käme, wie sie meinte. Einmal hatte sie mir sogar durch ihren Mann Essen bringen lassen, nur damit ich am Heiligabend kein Fertigessen in die Mikrowelle schmeißen musste. Ich glaube, das war ein oder zwei Jahre nach der Ankündigung meiner Eltern, dass ich mit fünfzehn erwachsen genug sei, und keine Gouvernante mehr bräuchte. Ja, bis dahin hatten sich Kindermädchen in regelmäßigem Wechsel die Ehre bei mir gegeben.

Ich hatte schon lange aufgehört, zu hinterfragen, weshalb bei uns so viel Gefühlskälte herrschte, im Gegensatz zur Familie von Lars und Niklas, obwohl doch unsere Eltern aus denselben Familien stammten und die Großeltern den Erzählungen nach immer herzliche Verbundenheit zu ihrem Nachwuchs offerierten. Ob es wirklich nur daran lag, dass unsere Großeltern väterlicherseits um die Weihnachtszeit mit dem eigenen Flugzeug tödlich verunglückt waren und mein Vater im Unterschied zu meinem Onkel womöglich nie darüber hinwegkam? Ich wusste, dass meine Eltern damals schon verheiratet gewesen waren, aber von meiner Wenigkeit noch lange keine Rede war. Immerhin hatten mein Vater und mein Onkel finanziell profitiert, die Kanzlei verkauft und sich ihre eigenen Unternehmungen aufgebaut.

Aus diesen Überlegungen heraus kam es mir hinter Gittern beinah weihnachtlicher vor als bei mir zuhause. Die Anstaltsleitung gab sich Mühe, ein wenig Wohligkeit zu vermitteln, und ich glaubte schon nicht mehr an ein Entrinnen durch plötzlich praktizierte Gerechtigkeit, als ich unerwarteter Weise angewiesen wurde, mich im Besucherraum einzufinden.

Ich war regelrecht schockiert, Frau Hauptkommissarin Steiner dort anzutreffen.

»Oh, Herr von Barneck. Es freut mich, dass Sie mich empfangen.«

Das sagte sie zu mir. Als ob ich eine königliche Hoheit wäre.

»Jetzt bin ich doch ziemlich überrascht, Frau Steiner.«

»Ja, das glaub ich. Es ist nicht üblich, ohne Grund Verurteile aufzusuchen. Ich bin eher als Privatperson hier, denn Ihr Fall gilt ja vorerst als abgeschlossen, wenn auch ein Revisionsverfahren angestrebt wird. Aber das zu besprechen, ist Sache Ihres Anwaltsbüros.«

Wir sahen uns an. Sie lächelte freundlich. Ihre Tasche hatte sie nicht dabei.

»Und was wollen Sie von mir?«

»Oh, einfach nur reden.«

»Aha. Bei mir gibt es nichts Neues. Ich plädiere immer noch auf nicht schuldig. Außerdem bin ich gut versorgt und brauche mich um nichts zu kümmern. Ab und zu gibt's Streitigkeiten mit schrägen Typen, hab auch schon mal was aufs Maul bekommen, aber gut weggesteckt. Ich mache jetzt wieder Krafttraining, um mich fitzuhalten, und nutze jede Möglichkeit, um in der Halle oder auf dem Freigelände sportlich aktiv zu sein. Ach ja, und natürlich arbeite ich fleißig, damit es keine Beschwerden gibt. Hab noch nie so viel Nützliches getan, als seit ich hier gelandet bin.«

Sie sah mich an, und ich merkte, wie sie nach einer Entgegnung suchte.

»Freut mich, dass es Ihnen körperlich gut geht«, sagte sie schließlich. »Und hier drinnen?« Sie deutete auf ihr Herz.

Ich zuckte die Schultern.

»Herr von Barneck, offiziell darf ich natürlich nicht ermitteln. Aber ich verspreche, dass ich alles in meiner Macht Stehende unternehme, um zu hinterfragen, was wirklich geschah. Es ist nicht einfach, denn Ihr Urteil erfolgte ja aus einer überzeugenden Indizienlage heraus.«

Ich zuckte wieder mit den Schultern. »Und nicht zu vergessen, der prima Zeuge, der mir den Autoschlüssel gegeben haben will.«

Sie atmete hörbar durch. »Sie kriegen regelmäßig Besuch?«

Ich nickte.

»Das freut mich. Familie und Freunde in so einer schweren Zeit zu haben, ist das Wertvollste.«

»Ich kann ihnen ja nicht davonlaufen.« Ich grinste sie an.

Doch ihr Blick gefror. Zwischen ihren Brauen richtete sich eine steile Falte auf. »Wie meinen Sie das?«

Ich verstand ihre Frage nicht. »Na, sie können kommen und gehen, wie es ihnen passt, können mich mit ihren Erlebnissen volllabern und ich muss brav dasitzen, darf nichts Böses sagen und muss zuhören. Es sei denn, ich bräche die Besuche ab, dann wirft das vermutlich auch kein gutes Licht auf mich.«

»Sie reden jetzt aber explizit über Ihren Freund Severin Suttor und Ihre Bekannte Arlena Reimer, richtig?«

»Ja.«

»Sollen sie Sie nicht mehr besuchen?«

»Ist mir absolut scheißegal.« Ich wollte einfach nur ehrlich sein. »Wissen Sie, wie das ist? Da latschen Menschen herein, mit denen Sie schöne Stunden in Freiheit verbracht haben, und quasseln Sie voll, wie schön sie es immer noch haben, was sie alles unternehmen, und was Ihnen alles entgeht, weil Sie ja eingesperrt sind, und dann knallen sie Ihnen – ob gewollt oder nicht – den unterschwelligen Vorwurf an den Schädel, hätten Sie sich anders benommen oder anders gehandelt, wären Sie immer noch in Freiheit und könnten mit Ihren Freunden die tollsten Dinge unternehmen. Und das, Frau Hauptkommissarin, kotzt mich übelst an.«

Ich lehnte mich zurück, kreuzte die Arme und hoffte auf eine große Portion Mitleid.

Die mir diese ausgefuchste Beamtin nicht gewährte.

»Ich wette, etliche andere Häftlinge beneiden Sie darum, dass Ihre Freunde kommen. Das ist keine Selbstverständlichkeit. Jeder Besuch ist ja mit einem hohen Aufwand verbunden. Und Menschen, die zu einem Häftling halten, bekommen es oft auch mit Anfeindungen aus dem Familien- oder Freundeskreis zu tun.«

»Möglich, ist mir aber trotzdem scheißegal. Ich habe ihr Geschwätz so satt. Das dumme Grinsen und aufgesetzte Lachen und das bemutternde Getue. Ja, am liebsten würde ich sie zum Teufel wünschen. Aber das sage ich nur Ihnen im Vertrauen. Ich möchte den beiden nicht wehtun, wenn sie sich schon solche Mühe geben.«

»Kennen sich Arlena und Severin?«

Ich war perplex, überlegte. »Nein. Es sei denn, sie sind sich zufällig über den Weg gelaufen. Etwa bei der Zeugenbefragung vor Gericht. Normalerweise haben sie nichts miteinander zu tun. Ich rede auch nicht über Arlena, wenn Severin da ist, oder umgekehrt. Aber beide wissen von den gegnerischen Besuchen.«

»Gegnerisch?« Die Kommissarin runzelte die Stirn.

»Sorry, war nicht so gemeint.«

»Nein, nein, ich habe es schon richtig verstanden. Machen Sie sich keine Gedanken.«

Sie nahm ihren Blick nicht von mir. Ich fühlte, dass sie noch mehr auf Lager hatte, spürte den Schweiß auf meiner Stirn. Wischte rasch darüber. Wartete ab.

Sie räusperte sich, als müsse sie ihren Kehlkopf schmieren. »Haben Sie und Ihr Freund eigentlich immer *alles* zusammen unternommen? Ich meine, auf Partys gehen, Ausflüge im Beisein von Freundinnen, vielleicht auch mal mit der Yacht. Discobesuche und so weiter. Oder bei Ihnen zu Hause abhängen, Musik hören, Filme anschauen. Was man halt so als junger Mensch macht.«

»Spielt das jetzt noch eine Rolle?« Ich begriff nicht, worauf sie hinauswollte.

»Sie müssen mir darauf auch keine Antwort geben. Aber betrachten Sie es mal als Denkanstoß.« Sie erhob sich. »Ich muss jetzt gehen. Bleiben Sie stark.«

Weihnachten, 24. bis 28.12.

Verzweiflung. Ein Wort, dem ich nie Bedeutung beigemessen hatte. Jetzt war es im Begriff, sich in mir wie ein organfressender Wurm zu verbohren.

An den Weihnachtstagen konnte ich mich vor Besuchen nicht retten. Eltern, Onkel, Tante, Lars, Arlena, Severin. Beinah beneidete ich die Jungs, die sich keinerlei geheuchelten Emotionen stellen mussten.

Aber nur beinahe. In so manchen Augen erkannte ich neiderfüllte Trauer, die sie zu unterdrücken versuchten, wollten ja nicht als Schwächlinge dastehen.

Auch Alvin gehörte zu den Bemitleidenswerten, die besuchslos vor sich hin vegetierten. Nicht mal seine Mutter ließ sich blicken, auf die er so gehofft hatte.

Dienstag, 31.12.

Schon wieder erwartete mich Severin im Besuchszimmer. Wir hatten lediglich eine Viertelstunde genehmigt bekommen, denn für andere Häftlinge standen auch Termine an, und es durfte nur eine begrenzte Anzahl von Insassen gleichzeitig Besucher empfangen.

Severin war erst vergangenen Freitag dagewesen, direkt nach den Feiertagen, deshalb wunderte ich mich über sein erneutes Auftauchen.

»Hi, Kumpel«, grüßte ich ihn. »Was führt dich so schnell wieder hierher? Sehnsucht nach dem Knast?«

»Quatsch!«, fuhr er mich an. Doch sein Gesichtsausdruck wirkte ziemlich fröhlich. »Ich wollte das alte Jahr mit dir beenden, Benni. So wie früher, wie jedes Jahr. Champagner hab ich allerdings keinen dabei.« Er grinste. »Hab aber eine alkoholfreie Prickelbrühe abgegeben, die kannst du mit deinem Zellengenossen genießen.«

Seine aufgesetzte Unbeschwertheit machte mich zornig.

»Ach ja? Und du glaubst, du bereitest mir damit eine Freude?«

»Wie meinst du das? Ich konnte wohl schlecht einen echten Champagner für euch mitbringen.«

»Von dem rede ich nicht«, fuhr ich ihn an. »Denkst du wirklich, es ginge mir besser, wenn du ständig auftauchst, mich mit deinem beschissenen Fröhlichkeitsgetue bedrängst, mich wie ein Kleinkind mit Spielsachen versorgst und dann wie einen ausgesetzten Sklaven zurücklässt? Was machst du heute Abend, he? Feierst mit Kollegen oder deiner Familie? Schießt ein paar Raketen in den Himmel und wünscht allen ein gutes neues Jahr? Kannst dir nicht vorstellen, wie das ist, durchs Gitter gucken zu müssen, wenn draußen alles in Frohsinn versinkt?«

Meine Augen wurden feucht, ich war nicht in der Lage, es zu verhindern. Fuhr rasch mit dem Handrücken darüber.

Mein Aufbrausen bewirkte, dass auch die anderen im Besuchszimmer ihre Aufmerksamkeit auf mich legten, und einer der Wachbeamten zu uns an den Tisch trat.

»Sie haben noch sechs Minuten. Nutzen Sie die Zeit sinnvoll, Herr von Barneck. Oder soll ich Sie gleich wegbringen?«

Ich hob meinen Kopf, suchte Blickkontakt zu ihm. Ließ eine weitere wertvolle halbe Minute verstreichen, bis ich den Kopf schüttelte. »Entschuldigung, ich beherrsche mich jetzt.«

Er nickte und nahm seinen Platz wieder ein.

»Benni, soll ich dich etwa nicht mehr besuchen?« In Severins Blick legte sich ein undefinierbares Lauern.

»Doch, Sev«, sagte ich schnell. »Aber vielleicht genügt es ja, wenn du nur ein- oder zweimal im Monat kommst. Ich krieg das zurzeit echt nicht auf die Reihe.«

Er zog die Stirn in Falten. »Es ist wegen Arlena, oder?«

Verständnislos sah ich ihn an. »Wieso wegen Arlena?«

»Na, die kommt ja auch jede Woche, stimmt's? Hab ich von deinen Eltern erfahren.«

»Ja. Aber auch sie werde ich bitten, ihre Besuche zu reduzieren.«

»Liebst du Arlena? War sie schon mal hier, um mit dir Sex zu haben? Das ist doch erlaubt, soviel ich weiß.«

Mir blieb die Luft weg. »Sag mal, spinnst du jetzt völlig?«

»Ganz und gar nicht, Benni. Ich kann mir halt nicht vorstellen, dass du so ohne Weiberkontakt existieren kannst. Oder hast du bei diesem Überangebot von knackigen Jungs etwa die Seiten gewechselt?«

Ich starrte ihn an. Suchte nach einer Regung, die auf einen Scherz schließen ließ. Wir hatten uns früher öfter mit derben Sprüchen überschüttet. Damals war es echter Spaß gewesen, den wir trieben. Und wir kannten unsere Grenzen.

Doch sein Minenspiel glich einer ausdruckslosen Maske. Kein Grinsen, kein Schmunzeln. War das noch mein Freund?

»Ich glaube, Severin, du gehst jetzt besser. Und wenn du weiterhin kommen möchtest, solltest du dich auf der Stelle entschuldigen.«

»Mann, bist du eine Memme geworden. Sorry, wenn ich dich beleidigt habe.«

Ich sah zu dem Wachbeamten hin, nickte ihm zu. Er wusste, was ich meinte, und brachte mich unverzüglich in meine Zelle zurück.

Alvin lag faul auf seinem Bett, dem unteren.

»Na, war dein Freund schon wieder da? Der ist auch ziemlich einsam, oder?«

Allmählich wuchs mir das ganze Getue über den Kopf. »Mein Freund ist ein Arschloch geworden, und ich möchte vorerst nicht mehr über ihn reden. Kapiert?«

Alvin grinste leicht vor sich hin. Ich holte tief Luft, um nicht auszurasten.

10 | JANUAR 2020

Donnerstag, 09.01.

Der Jahresanfang brachte Hoffnung mit sich.

Dr. Clemens Lohmann und sein Sohn Lukas, ebenfalls mit Doktortitel ausgestattet, erwarteten mich in einer Besucherzelle.

»Wir haben einen Termin für die Revisionsverhandlung«, sagte der Senior mit ausgeprägten Lachfalten um seine hellblauen Augen. »Aber leider erst im April.«

Ich atmete hart durch. »Na, besser als gar keiner.«

»Das liegt daran, dass wir für ein Aufrollen der Ermittlungen neue Fakten vorlegen müssen, um einen Freispruch zu erreichen«, erklärte der Junior.

»Dann suchen Sie halt den wahren Täter«, brauste ich auf. »Vielleicht war's ja der Franzose, der die Leiche gefunden hat.«

»Herr von Barneck, ob Sie's glauben oder nicht, die Kripo hat tatsächlich in diese Richtung ermittelt. Aber es gab keine Hinweise, dass er etwas mit der Tat zu tun hat. Er kam gegen einundzwanzig Uhr in den Hafen, steuerte mit seinem Motorboot die Gastliegestelle an und schlief bis in den frühen Morgen. Bis er von einem Motorgeräusch geweckt wurde, er von Bord ging und einen dunklen SUV davonfahren gesehen hat.«

»Warum wird sein voller Name nicht genannt? Warum brauchte er nicht als Zeuge zu erscheinen? Vielleicht hatte er ja die Kameras beschädigt, um nicht erkannt zu werden, wenn er schon so geheimnisvoll untertaucht. Und warum inspizierte er die anderen Boote? Unter normalen Umständen hätte er die Leiche gar nicht sehen können. Sein Liegeplatz befand sich ganz woanders.« Mir stand plötzlich alles so klar vor Augen. Ja, der Franzose hatte mit dem Mord zu tun. Irgendwie.

Die Anwälte warfen sich einen kurzen Blick zu. »Ich bin mir sicher«, meinte der Senior, »dass alle Perspektiven des Falles beleuchtet wurden.«

»Womöglich war es einfache Neugier, sich Ihr Boot näher anzuschauen. Ihre Yacht ist ja nicht gerade unauffällig«, fügte der Junior hinzu.

»Bitte«, flehte ich, »prüfen Sie nach, wer er ist, was er in dieser Nacht getan hat und warum er bei uns angelegt hat.«

»Herr von Barneck«, sagte der Senioranwalt, »wir tun alles in unserer Macht Stehende, um Sie da herauszuholen.«

»Versprochen«, ergänzte sein Sohn. »Haben Sie noch etwas Geduld.«

Sonntag, 26.01.

Willkommene Abwechslung stand an. Lars und sein älterer Bruder Niklas erwarteten mich. Wir durften uns mit innigen Umarmungen begrüßen, bevor wir unsere zugewiesenen Plätze einnahmen, was vermutlich an der Gleichheit unserer Nachnamen lag.

»Schön, dass ihr vorbeischaut. Leider konnte ich nichts vorbereiten.« Ich gewährte ihnen ein Lachen, in das sie einstimmten.

»Ich wusste auch nicht, was ich dir mitbringen sollte«, sagte Niklas. »Also haben wir beschlossen, für dich ein schönes Bild von der *MARNIE* rahmen zu lassen. Es liegt noch bei der Gefängnisleitung und wird geprüft. Ich hoffe, es gefällt dir. Es soll dir Mut machen, damit du die Hoffnung nicht aufgibst, sie bald wieder fahren zu können.«

Ich war gerührt. »Danke, das freut mich. Dann machen wir wieder mal eine richtige Tour in den Süden. Nur wir drei.«

»Aber klar, Benni, das tun wir«, sagte Lars. »Du weißt schon, dass unsere und deine Eltern im Oktober zwischen den Verhandlungsterminen gemeinsam ein paar Tage mit der Yacht unterwegs waren, oder?«

Enttäuschung suchte Zugang zu meinem Herzen. Enttäuschung darüber, wieder einmal außen vor gelassen worden zu sein. Ich war es nicht einmal wert, nachträglich von ihnen über ihre Unternehmungen informiert zu werden.

»Nein, wusste ich nicht. Aber meine Eltern haben ja schon immer getan, wozu sie gerade Lust hatten.«

»Na ja, vielleicht wollten sie dich schonen, deine Sehnsucht nach einer Tour nicht befeuern, weil du ja ...« Lars hielt inne, holte Luft und setzte neu an. »Sie haben Häuser an der niederländischen Küste besichtigt.«

»Also das Geschäftliche mit dem Genüsslichen verbunden?«, meinte ich angesäuert.

»Unsere Eltern wollen sich ein Ferienhaus kaufen«, sagte Niklas. »Idealerweise mit Bootssteg.«

»Schön. Dann werden meine Eltern es ihnen bald nachtun. Damit sie noch öfter flüchten können, wenn es ihnen hier zu unangenehm wird. Der Sohn ein verurteilter Mörder. Das ist bestimmt keine ideale Werbung.« Ich klang verbittert, das wollte ich nicht.

Niklas beugte sich leicht vor. »Es wird doch ein Wiederaufnahmeverfahren angestrebt, oder?«

»Ja, aber das dauert noch.«

»Wir drücken dir jedenfalls die Daumen. Keiner von uns glaubt an deine Täterschaft«, sagte Lars. »Ich habe doch Larissa kennengelernt und mitbekommen, wie ihr euch einander gegenüber verhalten habt. Liebe war das eh nicht. Weshalb hättest du sie also umbringen sollen?«

Ich zuckte mit den Schultern. Schauderte. »Wer hätte sie überhaupt töten sollen? Sie hat keinem was getan, und sie hatte ja einen neuen Freund.«

»Na ja, lassen wir das«, sagte Niklas. »Sobald du hier raus bist, besuchst du mich in Hamburg, klar?«

»In fünfzehn Jahren?« Die Verbitterung erstickte mich beinah.

»Hey, nein, ich meine nach dem Aufrollverfahren.« Er warf mir ein zuversichtliches Grinsen zu.

»Okay«, lenkte ich ein. »Bist du jetzt wirklich Mitinhaber der Janssen-Werft?«

Niklas nickte. »Seit einem halben Jahr. Vorher konnte ich mich ja zwei Jahre einarbeiten und durfte Ideen einbringen, um die Werft wieder hochzubringen. Hat doch ein bisschen auf der Kippe gestanden, nachdem unsere beiden Cousinen keine technische Ausbildung anstreben wollten und unser Onkel verzweifelt nach einem versierten Nachfolger gesucht hatte.«

»Ich kann mir vorstellen, dass du dann nicht nur mit deinem abgeschlossenen Maschinenbaustudium punkten konntest, sondern auch noch als Familienmitglied gerade recht kamst. Und du hast gar keine Sehnsucht mehr, als Marinetaucher die Welt zu beschützen?«

Niklas lachte. »Nein, nein, diese wilde Zeit ist endgültig vorbei. Es waren tolle und spannende Erfahrungen, aber ich habe neue Ziele. Davon erzähl ich dir ein anderes Mal.«

Zwei Stunden später stellte ich das Bild mit der weißen Yacht inmitten des tiefblauen Meers unter einem azurnen Himmelszelt auf das kleine Regal an der trübgrauen Wand neben meinem Bett. Ich konnte mich gut erinnern, wie diese Aufnahme zustande kam. Lars und Niklas hatten eine neu erworbene Drohne getestet, während unseres Urlaubs vor wenigen Jahren, als wir entlang der europäischen Atlantikküste in Richtung Lissabon unterwegs gewesen waren.

Die Sehnsucht nach der grenzenlosen Weite zerriss mich, und der Hunger nach Freiheit brachte mich fast um den Verstand.

Versunken in erbärmlichem Schluchzen bemerkte ich kaum die Hand, die über meinen Rücken streifte.

»Dein Schiff sieht toll aus«, sagte Alvin, »wenn wir hier raus sind, nimmst du mich mal mit auf eine Fahrt. Versprochen?«

Mit dem Zipfel des Kopfkissens wischte ich mir die Feuchte aus dem Gesicht und wandte mich um. Alvin sprang die Leiter hinab, aber sein Blick blieb auf mir kleben.

»Versprochen«, gab ich leise zurück.

Wir beide waren uns im Klaren, dass dieses Versprechen vielleicht niemals eingelöst werden konnte. Aber die Hoffnung stirbt bekanntermaßen zuletzt. Und daran glaubte ich. Irgendwie.

11 | FEBRUAR 2020

Freitag, 14.02.

Bis gestern waren etliche Gespräche und zermürbende Überlegungen erfolgt, mit welchen neuen Erkenntnissen in der Revisionsverhandlung aufgewartet werden könnte. Meine Anwälte wälzten unzählige Akten, manche in meiner Gegenwart, die meisten wohl ohne mich, und sie versicherten mir, auch wenn sie sich jetzt etwas zurückziehen mussten, nichts unversucht zu lassen, um neue Aspekte zu finden.

Und heute, beim Frühstück, überbrachte mir ein Justizangestellter die Nachricht, dass sich Severin zu einem Besuch angemeldet hatte.

»Nein«, sagte ich mit bitterer Bestimmtheit, »ich will ihn nicht sehen. Canceln Sie den Termin bitte.«

Der Beamte blickte mich mit erhobenen Brauen an. »Soll ich einen Grund angeben?«

»Brauch ich einen Grund für eine Ablehnung?«

»Natürlich nicht«, meinte er. »Ich gebe im Sekretariat Bescheid.«

»Da wäre noch etwas«, hielt ich ihn auf. »Könnten Sie ein Telefonat mit meinen Eltern in die Wege leiten? Ich habe schon lang nichts mehr von ihnen gehört.«

»Aber klar, machen wir.«

Als ich das Tablett zum Sammelwagen brachte, baute sich ein Mithäftling hinter mir auf. Etwa meine Größe, aber ziemlich stämmig. »Was hab ich vorhin gehört? Söhnchen will mit Mama und Papa reden?« Er zischte es mir ins rechte Ohr. Ich roch seinen üblen Atem.

»Halt die Fresse«, schnarrte ich ihn an. Was ich hätte bleiben lassen sollen.

Ehe ich mich's versah, spürte ich den Schlag seiner Faust im Rücken. Presste ein hartes Keuchen aus mir heraus, und ich wankte. Hielt mich am Rahmen des Wagens fest, der meiner unvermittelten Gewichtsverlagerung nicht standhielt. Ich kippte um. Mitsamt dem metallenen Geschirrwagen und allem, was darauf deponiert worden war.

Das Geschepper war meine Rettung, denn die Wachbeamten standen in den nächsten Sekunden zur Stelle.

Der Rüpel wollte mich nötigen, eine Falschaussage zu tätigen, doch ich verlangte, zum Arzt gebracht zu werden. Mein Handgelenk schmerzte, und das mit Sicherheit bald entstehende Hämatom am Rücken wollte ich auch dokumentiert wissen. Ich hatte die Schnauze gestrichen voll von diesen asozialen Typen um mich herum.

Der Kerl, der mich angepöbelt hatte, wurde von den Kerlen, die ich mit Geldgeschenken unter meiner Fuchtel hatte, auf Distanz zu mir gebracht, somit konnte ich aufatmen.

Nach ein paar Tagen beachtete er mich nicht mehr, und mit Genugtuung bemerkte ich die blaugrau schimmernde Korona um eines seiner Augen.

Mittwoch, 19.02.

Im Besuchszimmer erwartete mich Arlena. Ihr Haar war offen und glänzte pechschwarz, als sei es frisch lackiert. Ihr Gesicht war perfekt geschminkt, und sie trug eine außergewöhnliche Halskette. Sie hatte noch nie eine Halskette getragen, weshalb ich lange hinsah.

»Das sind jetzt aber keine normalen Perlen, oder?«

Ich hatte nicht viel Ahnung von Schmuck. Obwohl sich meine Mutter überaus gerne mit juwelenbestückten Colliers und Ringen dekorierte. Regelmäßig fuhren meine Eltern zu Pforzheimer Herstellern, um dort die neuesten Kollektionen zu bewundern und gleich zuzuschlagen, wenn etwas Besonderes ins Auge stach. Aber auch das Geschäft von Severins Eltern suchten sie hin und wieder auf. Nun ja, und Severin selbst geizte auch nicht mit schicken Herrenarmbändern oder Halsketten aus massivem Gold. Einmal wollte er mir tatsächlich eine sogenannte *Königskette* aufdrehen. Aber dagegen hatte ich mich strikt zur Wehr gesetzt. Ich trug keinerlei Schmuck, verwöhnte niemanden mit Schmuck, und basta. Ich konnte nicht einmal eine Armbanduhr leiden, zog aber schon manchmal eine an, wenn es nötig war.

Arlena hüstelte. »Schön, nicht?«, brachte sie sich in Erinnerung. »Das sind Choco-Mondsteinkugeln in verschiedenen Farbverläufen. Habe ich von meinen Eltern vorletztes Jahr zu Weihnachten bekommen. Jetzt passt sie endlich richtig.«

»Du hast wieder etwas abgenommen?«

Überschäumende Freude vereinnahmte ihr Gesicht. Ihre leuchtenden Augen stellten sogar die Frühlingssonne in den Schatten.

»Ja, endlich habe ich einen schönen Hals. Ich gehe auch regelmäßig zur Kosmetikerin.«

»Toll! Das merkt man. Du siehst gut aus.«

Ein wenig Lob musste sein. Immerhin strengte sie sich an, etwas für ihren Körper zu tun.

»Es ist eine Wohltat, diese Worte aus deinem Mund zu hören, Benni. Immerhin bist du ja schon immer ziemlich anspruchsvoll gewesen. Oder hat das damit zu tun, dass du nur noch Männer um dich herum hast?«

Jetzt musste ich lachen. »Nein, ganz sicher nicht. Ich weiß schon noch, wann eine Frau schön ist und wann nicht.«

»Trägt nicht jede Frau eine gewisse Schönheit in sich?«

Ich verharrte einen Moment. »Gewiss. Aber nicht jedem Mann gefällt jede Schönheit. Umgekehrt ist es doch auch so. Nicht jeder Frau gefällt, was ein Mann ihr bieten kann.«

»Also kann ich stolz darauf sein, dass ich dir jetzt besser gefalle?«

Ich griff nach ihrer Hand, gab ihr einen Kuss auf die Innenfläche, und zog mich schnell zurück.

Sie starrte mich an, schloss ihre Hand, legte sie auf den Schoß, als müsse sie auf etwas Wertvolles achtgeben.

»Kommt eigentlich dein Freund noch?«, fragte sie nach einer Schweigeminute.

»Er war schon lange nicht mehr hier«, sagte ich mit Bedacht. Sie hatte sich noch nie über ihn erkundigt, und ich wusste nicht, worauf sie abzielte. »Soviel ich weiß, ist er im Schi-Urlaub. Aber er will nächste oder übernächste Woche wieder kommen.«

»Ich kann ihn nicht leiden. Er hat etwas an sich, das mich abstößt. Tut mir leid.«

Ihr Tonfall war ruhig geblieben, das irritierte mich.

»Bist du ihm schon begegnet? Bei der Verhandlung zum Beispiel?«

»Dort habe ich ihn nur ganz kurz aus der Ferne gesehen. Ich hatte nicht den Eindruck, dass er mich beachtet hat. Aber kürzlich war er mal bei uns in der Apotheke.«

»Und – hat er dich erkannt? Mit dir geredet?«

»Nein. Meine Mutter hat ihn bedient. Ich saß weiter hinten und habe Schriftkram erledigt. Er dürfte mich nicht gesehen haben. Ich ihn allerdings schon. Hatte aber keine Lust, ihn anzuquatschen. Wie gesagt, er ist mir nicht sympathisch.«

»Und das kannst du so aus der Ferne beurteilen?«

Sie zuckte mit den Achseln. »Ja, das kann ich. Aber was anderes: Habt ihr hier drinnen schon von dem Virus gehört, das sich überall breitmacht?«

Ich sah sie verständnislos an. »Welches Virus? Meinst du ein Computervirus? Davon sind wir verschont. Wir Häftlinge haben keinen Internetzugang.«

Sie lachte kurz auf. »Nein, ich meine ein echtes Virus. Stammt angeblich aus China und soll aus einem Labor ausgebüxt sein. Aber, na ja, vermutlich wird das Thema künstlich aufgebauscht.«

Auch nachdem Arlena gegangen war, machte ich mir darüber keine Gedanken. Was interessierte mich ein blödes Virus, wenn doch bald über meine Freiheit verhandelt werden sollte.

12 | MÄRZ 2020

Mittwoch, 11.03.

Auf Arlenas Drängen hin schaute ich mir nun regelmäßig die Nachrichten an. Zusammen mit Alvin, der ein kleines TV-Gerät aufstellen gedurft hatte.

Unterstützt wurde dieses neu aufgekommene Interesse durch die Entscheidung der Gefängnisleitung, vorerst die Besuche auszusetzen, bis die Lage überschaubar war.

Was die Medien von sich gaben, hörte sich höchst besorgniserregend an. Oder war alles übertrieben? Erste Messeveranstaltungen wurden abgesagt und weitere wollten folgen.

Alvin glotzte in jeder freien Minute ins Fernsehgerät, kaute nervös an den Nägeln und versank in depressivem Gejammer über das Ende der Menschheit.

Montag, 23.03., und die folgenden Tage

Was sich draußen nach und nach angebahnt hatte, endete in einem unfassbaren Höhepunkt, einem unbegreiflichen Eingriff in unsere Gefängnisidylle.

Alle noch unter Vorbehalt genehmigten Besuche wurden rigoros abgesagt, keine internen Veranstaltungen mehr durchgeführt, das Vollzugliche Arbeitswesen vorübergehend eingestellt, und wir kamen uns vor, als wären wir über Nacht auf einer abgeschirmten Insel ausgesetzt worden. Mir fiel passenderweise Alcatraz ein.

Dabei war es nur Corona. Oder SARS-CoV-2. Oder COVID-was-weiß-ich. Ob schlimmer als die berüchtigte Gefängnisinsel oder nicht, konnten wir nicht einschätzen. Nicht mal Fachleute waren sich einig über das Ausmaß der Bedrohungslage.

Keine Arlena, kein Severin, nicht mal meine Eltern durften mir mehr die Ehre geben. Von meinen Anwälten hatte ich auch schon eine Weile nichts mehr gehört.

Nun war mir zwar der insgeheime Wunsch erfüllt worden, in Ruhe gelassen zu werden, dennoch hätte ich mich jetzt am liebsten aufhängen mögen. Aber da war Alvin, dem es seelisch noch schlimmer als mir ging. Geächtet von Familie und Freunden hatte ich für ihn immer einen kleinen Zuspruch parat. Wer würde mir Zuspruch gewähren, wenn Alvin wieder in Freiheit frönen dürfte und ich immer noch dreizehn unendliche Jahre vor mir hatte?

Nein, diese Vorstellung war abwegig. Ich war unschuldig. Und wenn schon die Gerichte in puncto Gerechtigkeit versagten, gab es ja noch die göttliche Gerechtigkeit. Auf die baute ich, obgleich ich mich einer strengen Religiosität strikt verweigerte.

13 | APRIL 2020

Dienstag, 07.04.

Zwei Wochen waren vergangen, und keine Besserung in Sicht. Irgendein Mithäftling hatte sich dem Anschein nach durch einen infizierten Justizangestellten das Virus eingefangen und wurde in eine Quarantänezelle verlegt. Den Rest versuchte die Anstaltsleitung, mit strengen Maßnahmen unter Kontrolle zu behalten.

Ich klinkte mich geistig aus.

Wie Alvin.

Es hatte keinen Sinn mehr. So abgeschottet wie wir waren.

Dr. Lohmann senior erhielt die Erlaubnis auf einen überraschenden Zehn-Minuten-Kurzbesuch. Aber er brachte keine gute Nachricht.

Der Gerichtstermin wurde von Mitte April auf Anfang Mai verschoben, eine Frechheit sondergleichen. Den vagen Versuch, den Grund auf das verdammte Virus zu schieben, hätten sie sich sparen können. Sie wollten mir keine Chance auf Freiheit geben, ja, das glaubte ich fest.

Auch Dr. Lohmann machte einen deprimierten Eindruck.

»Wir bleiben dran, Benedict. Du schaffst das. Wir glauben fest an dich. Ach, noch etwas. Über Ostern dürfen deine Familie und Freunde telefonisch mit dir in Kontakt treten. Die Anstaltsleitung muss aber die erwarteten Anrufe koordinieren. Deshalb nicht ungeduldig werden, okay?«

Er duzte mich. Erst als er gegangen war, rückte mir dies ins Bewusstsein und erfüllte mich mit latenter Heiterkeit.

Karfreitag, 10.04.

Nicht meine Eltern, sondern Arlena rief mich als Erstes an. Es war später Nachmittag, als man mich in ein kleines Büro holte und mir ein Telefon in die Hand drückte. Vorher musste ich Wegwerfhandschuhe überziehen, und der Hörer wurde desinfiziert.

Der Wachbeamte blieb an der Tür stehen, die junge Anstaltsmitarbeiterin hatte einen Mund-Nasen-Schutz um, was mir äußerst befremdlich erschien.

»Nur zur Sicherheit«, meinte sie.

Bevor ich witzeln konnte »ich tue Ihnen schon nichts«, hatte ich Arlena im Ohr.

»Benni?«, rief sie viel zu laut.

»Hi, Leni«, sagte ich betont lässig.

»Wie geht es dir denn? Ich würde dich so gerne sehen, aber zurzeit herrscht überall ein Ausnahmezustand. Erzähl. Was machst du? Sag was.«

»Arlena«, setzte ich behutsam an, »bitte ruf vorerst nicht mehr an. Ich kann das nicht.«

»Benni, aber was ist denn? Deine Eltern sagten, dass das Verfahren verlegt wurde. Und ich hatte mich schon so gefreut, dass du wieder heimkannst.«

»Wenn nicht ein Wunder geschieht, Leni, bleibe ich die nächsten Jahre hier drin. Ruf nicht mehr an. Ciao.«

Ich legte auf. Meine Augen brannten.

Die junge Justizangestellte reichte mir einen Abfallkorb herüber. »Für die Handschuhe.«

Ich zog sie aus und warf sie hinein. Stand auf und ging zur Tür. Der Wachbeamte öffnete.

»Alles Gute!«, warf die junge Frau mir hinterher, und ich strebte in Richtung meiner Zelle.

Nahm keine Anrufe mehr entgegen.

Montag, 20.04.

Eine Woche nach Ostern riss mich ein unverhoffter Besuchstermin aus meiner Lethargie.

Zwei Beamte schleusten mich durch die ungewohnt leeren Gänge, hielten Abstand und brachten mich in einen kleinen Raum mit einem großen rechteckigen Tisch und zwei Stühlen an den jeweiligen Kopfseiten. Einer der Beamten wies mir den Stuhl an der hinteren Seite zu. Am liebsten hätte ich nach einem Megafon verlangt.

Sie ließen mich warten, ein Vollzugsbediensteter stand geduldig an der Tür und verzog keine Miene.

Es klopfte, und wer kam herein? Frau Hauptkommissarin Steiner und ein männlicher Begleiter in etwa ihrem Alter. Ich hatte ihn einmal kurz im Gerichtssaal gesehen.

Der Vollzugsbeamte verschwand und tauchte mit einem weiteren Stuhl auf. Stellte ihn mit Abstand neben den anderen.

»Herr von Barneck«, sagte Frau Steiner, »ich möchte Ihnen meinen Kollegen, Herrn Hauptkommissar Edel, vorstellen.«

Besagter Vorgestellter nickte mir zu, und die beiden Kripobeamten setzten sich.

Nun war ich aber gespannt.

»Was verschafft mir die Ehre Ihres Besuchs? Zwei Hauptkommissare? Wow! Also, ich habe nichts angestellt. Ich sitze brav in meiner Zelle und sinniere vor mich hin.«

Frau Steiner lächelte mich an. »Ich weiß.«

Ach ja?, hätte ich beinahe laut ausgestoßen, aber mir rechtzeitig verkniffen.

»Nun, Herr von Barneck, momentan ist es auch für die Menschen da draußen«, Frau Steiner deutete zum vergitterten Fenster, »nicht leicht. Die Pandemie – Sie wissen ja. Man verliert sich aus den Augen, sieht kein Lächeln mehr. Man muss tapfer sein, darf die Zuversicht nicht auch noch verspielen und sollte, so oft es möglich ist, mit den Liebsten telefonischen Kontakt halten.«

Sie legte den Kopf schräg, und ich wusste nicht, was ich entgegnen sollte. Mein Mitleid mit mir unbekannten oder gar bekannten Leidenden hielt sich in Grenzen.

»Herr von Barneck«, sagte nun dieser Edel mit klangvoller Baritonstimme, »es hat sich eine neue Situation ergeben.«

»Schön für Sie«, schnappte ich zurück. Der Rest des mir anerzogenen Respekts, den ich einstmals für gewisse Obrigkeiten übrig gehabt hatte, war ins Nirwana abgewandert.

»Nein, eher nicht«, schmunzelte der Kripomann.

Was sollte das?

Die beiden Beamten warfen sich einen verstohlenen Blick zu.

»Was mein Kollege meint«, sagte Frau Steiner, »wir haben Arbeit bekommen. Einen neuen Mordfall.«

»Na, klasse! Ich war's nicht!«

»Davon gehen wir aus«, sagte Edel. »Aber weshalb wir überhaupt hier sind: Wir befürchten, dass Sie das Opfer kannten.«

Mir sackte das Blut bis weit unter die Gürtellinie, und Edel holte in aller Gemütsruhe eine Fotografie aus seiner Jackentasche. Legte sie auf die Tischplatte, schob sie mir zu.

Das Portrait einer Frau, eines hübschen Girls. Braunhaarig, helle Bernsteinaugen. Ich beugte mich vor. Betrachtete es genauer.

Der Schock versetzte mir einen Boxhieb ins Gehirn.

»Das – das …«, stammelte ich, riss mich aber gleich zusammen. »Das ist Mariella, oder nicht? Ich habe sie schon Jahre nicht gesehen.«

»Mariella Schubert«, sagte Frau Steiner. »Dreißig Jahre, geschieden, keine Kinder, Bankangestellte.«

»Geschieden und Bankangestellte? Das wusste ich nicht. Was ist mit ihr passiert?«

»Wann haben Sie sie zuletzt gesehen?«, fragte Frau Steiner zurück.

»Keine Ahnung.«

»Ungefähr?«, bedrängte mich Edel.

Ich strengte meinen Grips an. »Wir haben uns Anfang 2016 getrennt. Seither habe ich sie nicht mehr gesehen.«

»Da waren Sie aber noch sehr jung«, stellte die Steiner fest.

»Ich habe sie mit achtzehn kennengelernt. Da war sie vierundzwanzig. Haben gut zusammengepasst und viel unternommen.«

»Wie lang?«, fragte Edel.

»Wie – wie lang? Wie lang wir zusammen waren? Eineinhalb Jahre.«

»Sie hat noch im selben Jahr geheiratet«, sagte Steiner. »Wussten Sie das?«

»Nein. Auch nichts von einer Scheidung oder sonst was.«

»Auch nicht, was sie gearbeitet hat?«

»Nö, sie hatte damals gerade ein Studium beendet.« Ich überlegte. »Irgendwas mit Finanzen, stimmt.«

»Waren Sie nicht nach Ihrem Abi ein Jahr in Australien?«

»Ja, genau.«

»Aber das wäre ja das Jahr gewesen, wo Sie auch mit Frau Schubert zusammen waren.«

»Wow! Sie sind gut. Ich habe sie im Flugzeug kennengelernt, und wir haben tolle Trips quer durch die Outback-Regionen unternommen. Jobs brauchten wir keine annehmen, ich hatte ausreichend Geld zur Verfügung, um uns durchzubringen. Und ein paar Wochen vorm Rückflug hielten wir uns noch an tollen Badestränden zwischen Melbourne und Sydney auf, haben Boote gechartert, sind zwischendurch schnorcheln gegangen und haben uns auf Surfbrettern ausgetobt.«

Ja, das war ein abenteuerliches Jahr gewesen. Plötzlichen standen mir die Eindrücke deutlich vor Augen, und die Sehnsucht nach dieser bilderbuchidyllischen Freiheit raubte mir die Luft zum Weiteratmen.

»Hört sich ja prima an«, holte mich Edel in den tristen Gefängnisraum zurück. »Von wann genau bis wann waren Sie dort und wie lang sind Sie noch zusammengeblieben?«

»Geflogen sind wir im August 2014, im Juli 2015 kamen wir zurück. Im Oktober habe ich mein Studium begonnen, und getrennt haben wir uns im Januar 2016. Ist jetzt alles geklärt?«

»Mit wem waren Sie anschließend zusammen?«, bohrte Edel weiter.

»Herrgott, ist das so wichtig?« Ich musste wahrlich überlegen. »So richtig mit keiner. War hin und wieder mit einer im Bett – ja, gucken Sie nicht so, das darf man ja – und habe welche ins Kino oder zum Essen ausgeführt, aber als Freundin habe ich eigentlich erst wieder Larissa bezeichnet. Im Oktober 2018.«

»War mit Arlena wirklich nicht mehr als das, was Sie damals zu Protokoll gegeben haben?«, fragte die Steiner wieder.

»Ich schwöre, da war nicht mehr. Warum sie mich ständig besucht, weiß ich auch nicht. Sie hat wohl niemand anderes, den sie beglücken kann.«

»So wie auch Ihr Freund Severin Suttor«, sagte Edel.

Meine Irritation verdrängte ich rasch. »Darf ich jetzt auch mal was fragen?« Ich war echt genervt.

Frau Steiner und Herr Edel nickten.

»Wie ist Mariella gestorben?«

»Ähnlich wie Larissa, Herr von Barneck«, sagte Frau Steiner mit gnadenloser Härte.

»Wie – ähnlich? Auf unserem Boot? Verschleppt in einem geliehenen Vitara? Mit meiner Führerscheinkopie?«

Dass es damals tatsächlich die Kopie meines Führerscheins gewesen war, konnte nachgewiesen werden. Und auch das Faxgerät, von dem es versandt worden war. Das hatte mir vor Gericht letztlich das Genick gebrochen. Es war das Gerät aus dem Büro unserer Villa. Und ich konnte für den Tag des Versandes mal wieder kein Alibi vorweisen. Ich wusste ja selbst nicht mehr, was ich da getrieben hatte. Jedenfalls keine Faxe versandt. Severin war zwar regelmäßig bei uns zu Hause gewesen, aber auch er konnte nicht mehr genau sagen, wann. Ein schlechtes Alibi taugte so viel wie gar keins.

Edels Blick verbohrte sich in mir. »Nicht ganz!«

»Leider waren die Umstände noch gewalttätiger«, sagte Frau Steiner. »Der Mörder hat das Eingangstor zum Bootshafen mit einer Eisenschere gewaltsam geöffnet, Mariella Schubert bewusstlos geschlagen, ihr eine Tüte über den Kopf gezogen, sie erstickt und beim Schleppen zum Boot post mortem zusätzlich lädiert. Die Schutzplane des Hecks wurde laienhaft entfernt und dabei beschädigt, das Opfer hernach über die Reling an Bord geworfen. Der Täter ist wohl drübergeklettert, worauf Schmierspuren von Gummisohlen hinweisen. Das Aufschlitzen der Adern des Opfers klappte nicht so gut. Ergo gab es weniger Blut auf dem Deck. Aber dafür mehr unter der Tüte, die nicht entfernt wurde, denn ihr wurde auch noch der Schädel eingeschlagen.«

»Hä?« Ich verstand gar nichts mehr. Die brutale Schilderung ließ mich seltsamerweise kalt.

Edels Blick war immer noch auf mich gerichtet. »Entweder müssen wir uns auf einen Nachahmungstäter gefasst machen, Herr von Barneck, sofern Ihre Täterschaft im ersten Mordfall durch das Aufrollverfahren bestätigt wird. Oder aber, der wahre Mörder hat ein zweites Mal zugeschlagen. Aus welchen Motiven heraus auch immer. Dieses Mal wurde kein fremdes Fahrzeug verwendet, das Opfer kam im eigenen.«

»Freilich gibt es noch eine dritte Option, doch über diese zu spekulieren, wäre zu früh. Genaueres erfahren wir sicher nach der Obduktion«, meinte Frau Steiner.

»Noch genauer? Und was wäre die dritte Option? Vielleicht zwei bisher unbekannte Mörder? Oder eine ganze Bande?« Ich streifte mir über die Stirn, fuhr mir durchs Haar. Ich verstand das alles nicht mehr.

Ich schaute dem Kripobeamten in die gefühlsbefreiten Augen, versuchte eine Regung bei seiner Kollegin zu erhaschen – nichts. »Und was heißt das jetzt für mich?«

»In den nächsten Tagen wissen wir hoffentlich mehr«, sagte Edel.

Hauptkommissarin Steiner lächelte mich an. »Meinem Gefühl nach, das ich eigentlich nicht preisgeben dürfte, ich es aber dennoch tue, können Sie schon mal ans Kofferpacken denken, Herr von Barneck.«

14 | MAI 2020

Montag, 11.05.

Die Ereignisse überschlugen sich. Meine Anwälte besuchten mich jetzt täglich und versorgten mich mit ständig neuen Informationen.

Die Obduktionsergebnisse wiesen eindeutig auf ein imitiertes Vorgehen wie bei Larissa hin. Nur dass zusätzlich mit dem Eisenschneider dieser brachiale Schlag auf den Kopf durchgeführt worden war, bevor der Täter ihr die Plastiktüte überzog, und sie wohl ursächlich daran starb, und nicht durch Ersticken oder Erwürgen.

Die dilettantischen Schnitte an den Handgelenken und dem Hals der Toten bewirkten keine starken Blutaustritte, was auf ein weniger scharfes Messer hinwies. Das finale Zertrümmern des Schädels mit sichtlich demselben Eisenschneider verursachte hingegen stark nachblutende Stellen.

Der Täter war mit erheblicher Vorsicht vorgegangen und hatte mit ziemlicher Sicherheit Ganzkörperschutzkleidung getragen. An der Leiche selbst fanden sich ersten Erkenntnissen nach keine verwertbaren Spuren und auch nicht auf dem Bootsdeck.

Gekommen war Mariella Schubert mit dem eigenen PKW, worin sich auch ihre Papiere befanden. Ersten Ermittlungsergebnissen nach wurde sie herbeigelockt und unmittelbar nach dem Aussteigen von hinten attackiert.

In der Rastatter Wohnung des Opfers fanden die Ermittler einen ausgeschnittenen Anzeigentext, der sie nachweislich dazu brachte, per Chiffre Kontakt mit jemandem aufzunehmen, der sich als mich ausgab.

Dr. Lohmann senior reichte mir eine Kopie des Abschnitts, und ich las:

»Hallo Mariella! Weißt du noch – ein Jahr Australien? Melde dich. B.«

»Da ist jemand ganz gezielt vorgegangen, Benedict«, sagte der Anwalt.

»So ein Scheiß. Wer sollte so etwas tun?«

»Jemand, der über deine Vergangenheit Bescheid weiß. Ich möchte nicht behaupten, dass derjenige aus Hass handelte, vielleicht sogar aus Liebe?«

»Hä? Aus Liebe? Erst mich in den Knast bringen und dann weitermorden? Sich an meinen Ex-Freundinnen rächen?«

»Schwierig, das jetzt schon zu beurteilen. Wenn der Mörder weiß, dass du wegen des anderen Verbrechens einsitzt, was bezweckt er mit dem weiteren Mord?« Dr. Lohmann sah mich an, doch auch ich wusste keine Antwort.

»Noch etwas, Benedict«, setzte der Anwalt nach. »Ich habe beantragt, dass das gefundene und von dir stammende Material aus dem Vitara nochmals genauestens untersucht wird.«

»Soll das was bringen?«

»Ich hoffe, ja. Denn damals wurden lediglich DNA-Bestimmungen vorgenommen, um zu beweisen, dass es von dir stammt. Aber man kann aus solchem Material noch vieles mehr herauslesen. Zum Beispiel, wie alt es ist, ob es selben Ursprungs ist und so weiter. Also, die Proben untereinander vergleichen.«

Ich staunte gehörig. »Hey, Sie sind gut. Warum kamen die Bullen damals nicht auf diese Idee?«

Dr. Lohmann zuckte mit den Schultern.

»Und wann ist es soweit?«

Vor Aufregung verschluckte ich mich an meinem Speichel, hustete mehrmals.

Dr. Lohmann wartete, bis ich mich wieder im Griff hatte. »Mir wurde versichert, dass heute noch die Untersuchungen eingeleitet werden.«

Ich schloss die Augen und atmete tief durch.

»Benedict?«

»Hm?«

»Vermutlich wirst du nochmals befragt werden. Natürlich in unserem Beisein. Aber überlege dir schon mal, wer alles über deine Beziehung zu Mariella Schubert Bescheid wusste. Auch gehe ich davon aus, dass in deinem Familien- und Bekanntenkreis schon bald die Befragungen anlaufen werden.«

Freitag, 15.05.

Via Telefon wurde ich von Dr. Lohmann junior über die aktuellen Geschehnisse unterrichtet.

Die Ermittlungen liefen auf Hochtouren, sogar Taucher waren eingesetzt worden. Mit Erfolg. Im Bereich unserer Yachtliegestelle entdeckte man auf dem Grund des Hafenbeckens das zu den Hauteinschnitten passende Gemüsemesser mit Wellenschliff. Natürlich gab es darauf keine Spuren mehr. Seine Herkunft konnte auch nicht bestimmt werden.

Parallel zu den Verhören fanden auch die gentechnischen Analysen statt. Dem Ergebnis entgegenfiebernd, war ich mir sicher, dass meine Unschuld bald bewiesen werden konnte.

Das Aufrollverfahren sollte in drei Tagen eröffnet werden, und ich betete, dass meine Anwälte bis dahin mit verwertbarem Entlastungsmaterial aufwarten konnten, damit keine weiteren Prozesssitzungen mehr nötig waren.

Das Leben im Knast wurde zusehends unerträglicher, je mehr ich meiner Freiheit entgegenschmachtete. Ohne Vorwarnung verlegten sie mich in eine Einzelzelle, Alvin hatte schwere Hustenattacken und Fieber bekommen. Blutproben wurden von allen Gefangenen genommen. Die Nerven lagen blank.

Gereizt eckte ich mit jedem an, meine unter schwersten Bedingungen aufgebauten »Freundschaften« vermasselte ich mir innerhalb weniger Stunden, obwohl unsere Kontakte stark eingeschränkt waren.

Montag, 18.05.

Wenige Stunden vor der Verhandlung erhielten die Lohmanns auch die Ergebnisse aus dem Speziallabor des Baden-Württembergischen Landeskriminalamts. Es wurde dargelegt, dass die Haare sowie auch die Hautparzellen aus einem Kamm stammen mussten und wohl auch einzeln gesammelt worden waren, denn sie wiesen ein unterschiedliches Alter auf und konnten keinesfalls frisch gewesen sein, als sie in den Vitara gelangten. Ergo konnte nicht vorbehaltlos belegt werden, dass ich tatsächlich in dem Auto zugegen war.

Der zweite Hammer war, dass bei der erneuten Zeugenvernehmung, diesmal zusätzlich durch meinen Senioranwalt, der Autovermieter unverhofft einknickte und zugab, aus versicherungstechnischen Gründen gelogen zu haben, als er behauptete, mir persönlich den Schlüssel gegeben zu haben. Den Schlüssel habe er im Aufbewahrungsfach der Hecktür hinterlegt, das Auto war folglich nicht verschlossen, als der Mieter es übernahm. Ihm drohte nun ein Verfahren wegen Meineids.

Ich stieß einen Freudenschrei aus. Die eingehandelte Verwarnung des Vorsitzenden Richters ging mir am Arsch vorbei. Aber nicht sein Spruch, den er Minuten später von sich geben musste:

»Benedict von Barneck, die Beweislast gegen Sie kann mit Wegfall des Hauptindizes sowie des Hauptbelastungszeugen nicht mehr in vollem Umfang aufrechterhalten werden, die Ermittlungen werden wieder aufgenommen. Bis zu einem eventuell neu anzusetzenden Verfahren wird mit sofortiger Wirkung Ihre Inhaftierung ausgesetzt. Sie können nach der Verhandlung direkt nach Hause gehen.«

Während meine Anwälte und ich um meine Freiheit kämpften, spielten sich auf der Kriminalpolizeidirektion ganz andere Szenen ab.

Ich war ja nun nicht zugegen, wurde aber noch am selben

Abend von Lukas Lohmann aufgeklärt, der mich in unserer Villa aufsuchte, um sich nach meinem Wohlbefinden zu erkundigen.

Der Anzeigentext, mit dem Mariella nach Maxau gelockt worden war, wurde in sämtlichen Zeitungen im Karlsruher Umland geschaltet. Eine Kontaktaufnahme war unter Angabe einer Chiffre-Nummer gewünscht und sollte per E-Mail weitergeleitet werden. Als Absender wurde in allen Redaktionen ein Severin Suttor mit E-Mail-Adresse bei einem Schweizer Dienstanbieter verzeichnet, der Anonymisierungen zulässt, was ja erstmal nichts heißen mochte, aber die weiteren Nachforschungen auf ihn fokussierten. Weil er hartnäckig abstritt, die Anzeigenveröffentlichungen in die Wege geleitet zu haben, und die Experten der Kripo nicht weiterkamen, übergab man die Nachforschungen an die IT-Spezialisten des LKA. Doch alles, was der Dienstleister diesen bestätigte, war, dass der E-Mail-Account frisch angelegt worden war und Severin Suttor als Inhaber registriert ist. Weitere Informationen verweigerte die Firma.

»Vermutlich muss das LKA ein Amtshilfeersuchen an die Schweizer Bundespolizei richten«, meinte Lukas Lohmann. »Die könnten eine Aufhebung von gesetzlich geschützten Dienstgeheimnissen erzwingen. Aber das wird wohl eine Weile dauern.«

Folglich wurde Severin, wie der Junioranwalt mir weiter erklärte, ziemlich in die Mangel genommen. Offenbar waren sich die Beamten ihrer Sache sicher.

Dem Verhör hielt mein ohnehin nervenschwacher Freund nicht stand. Weil er sich strikt der Anschuldigung verweigerte, Mariella etwas angetan zu haben, verstrickte er sich in Ungereimtheiten, brach zusammen und beichtete den Mord an Larissa.

Ein wahrer Schock für die ermittelnden Beamten. Als sich für mich die Gefängnistore öffneten, schlossen sie sich hinter Severin.

Erschüttert über dieses Geständnis und noch mehr über das unbegreifliche Motiv, verkroch ich mich nach dem Gespräch in meinem Zimmer. Alles war so unwirklich, wie geträumt. Severin sollte auf meine Freundinnen eifersüchtig gewesen sein? Und dann sorgte er mit einem ausgetüftelten Plan dafür, dass ich in den Knast kam? Nur damit keine Frau mehr an mich rankam? Dazu sollte ich noch glauben, dass mein steter Freund aus Kindheitstagen in mich verknallt war? Nie und nimmer.

Das war unfassbar. Vielleicht würde ich ihn eines Tages zur Rede stellen, seine Tat begreifen lernen.

Dienstag, 19.05., und die folgenden Tage

Meine Eltern hatten eine berufliche Auszeit genommen, ihnen blieb während dieser bescheuerten Pandemieeinschränkungen auch nicht viel anderes übrig, und umhegten mich in nie gekannter Weise.

Ich führte etliche Gespräche mit unseren Anwälten, mit den Beamten der Kriminalpolizei und der Staatsanwaltschaft. Mir stand eine hohe Entschädigung zu, die es sofort einzuklagen galt. Ich gelobte, zur Abwechslung etwas Gutes zu tun und das Geld dem Zoo zu spenden, dem seit etlichen Wochen wegen des Lockdowns die Einnahmen fehlten.

Trotz allem war ich wie ausgeknockt, konnte keine klaren Gedanken fassen und mich schon gar nicht damit abfinden, dass mein allerbester Freund meine Ex Larissa getötet haben sollte.

Die Haare von mir hatte er wohl mit Leichtigkeit sammeln können, wir waren ja oft genug beisammen. Und an meinen Führerschein sowie das immer noch herumstehende und funktionierende Faxgerät gelangte er auch. Immerhin bewegte er sich in unserer Villa, als sei er zuhause.

Leider gab es keine Spuren, die auf Mariellas Mörder hingewiesen hätten, deshalb verstärkte sich der Verdacht, auch Severin hätte diese Tat begangen. Die Spekulationen über das Motiv klafften allerdings weit auseinander.

Einerseits hätte er mir auch noch im Knast kräftig einheizen wollen, mir seine Macht beweisen, indem er möglicherweise vorgehabt hätte, nach und nach meine Liebhaberinnen auszuschalten, vielleicht in der Hoffnung, mich damit tief zu treffen. Andererseits hätte es möglich sein können, dass er von einem gänzlichen neuen Eifersuchtsverlangen heimgesucht worden war, nämlich, dass sich andere Männer im Knast an mich ranmachten, und er mit dem zweiten Mord meine Unschuld am ersten beweisen wollte, um mich rauszuholen. In meinen Ohren klang eine Überlegung so hirnrissig wie die andere.

Und mein Freund wies jegliche Schuld von sich, Mariella etwas angetan zu haben. Nun ja, einen Vorteil hatte er. Im Gegensatz zu mir verfügte er bereits über ausreichend Informationen, wie sich das Knastleben so gestaltete.

Und auch, wie es sich anfühlte, wenn einem keiner glaubt.

15 | JUNI 2020

Montag, 01.06.

Nach einem weiteren Wochenende in lähmender Freiheit unter den Argusaugen meiner bevormundenden Eltern hielt ich es zuhause nicht mehr aus. Zu groß, zu leer, keine Geborgenheit. Und dann die vielen Erinnerungen an das Vorher. Nicht einmal unser beschaulicher Garten, das schöne Wetter und der Swimmingpool brachten mir innere Glückseligkeit.

Mir kam Alvin in den Sinn. Der Ärmste musste noch eineinhalb Jahre auf Staatskosten leben ohne Hoffnung auf eine vorzeitige Entlassung in die Freiheit. Und verabschieden hatte ich mich auch nicht von ihm dürfen. Ich gelobte, ihm zu schreiben, ihm Mut zu machen und ihn auf jeden Fall zu einer Bootsfahrt einzuladen, sobald er seine Haftstrafe abgesessen hatte.

Doch jetzt stand meine eigene Rückkehr ins Leben im Vordergrund inklusive der Überlegung, wie ich sie bewerkstelligen sollte. Ganz klar: Ich brauchte Abstand und Raum für einen Neustart.

Das sagte ich meinen Eltern.

»Zieh doch in das Neureuter Häuschen. Es ist noch nicht verkauft. Und ideal für dich, ein paar Wochen unterzutauchen und wieder Kraft zu schöpfen für einen Neuanfang.« Mein Vater öffnete sein Handy und zeigte mir Bilder.

Häuschen. Prima. Ein vollsanierter Flachdach-Winkelbungalow aus den Siebzigern mit hundertdreizehn Quadratmetern Wohnfläche und vier Ar Grundstück. Unterkellert mitsamt kleinem Schwimmbad. Hoher Baum- und Strauchbewuchs, kaum einsichtig. Über eine enge Straße mit der Endsilbe »Weg« in ihrer Namensbezeichnung erreichte man ihn in einem abzweigenden Anliegerweg nach etwa zweihundert Metern. Eine Doppelgarage war vorhanden, mit direkter Verbindungstür in den Hauswirtschaftsraum rechts vom Eingang. Dort führte auch eine Treppe ins Untergeschoss. Dahinter gab es ein Badezimmer. Links vom Eingang war ein WC und geradeaus der Gang, an dessen Ende sich rechts ein Arbeitszimmer und links das Schlafzimmer befand. Mittig links führte eine große Schiebetür in den offenen Winkelbereich von Küche, Esszimmer und Wohnzimmer. Die Einbauküche war keine fünf Jahre alt und die wichtigsten Möbel waren vorhanden.

Entlang der Grundstücksgrenze hinter den Garagen führte ein Feldweg vorbei, woran sich Grünflächen mit lockerer Baumbepflanzung anschlossen. In südwestlicher Nachbarschaft zum Bungalow standen ein paar wenige, sichtlich noch ältere Wohnbauten, versteckt in zugewachsenen Grundstücken. In unmittelbarer Nähe gab es einen kleinen See.

»Der Heidesee ist ein ehemaliger Baggersee mit jetzt zwei geschützten Biotopen«, erklärte mein Vater. »Und aus der Welt bist du auch nicht. Ein paar Meter entfernt gibt's einen Supermarkt und eine Stadtbahnhaltestelle.«

Klang gut. Ich akzeptierte.

Freitag, 05.06., und die folgenden Wochen

Erneut wechselte ich meine Wohnadresse. Doch das Alleinsein irritierte mich zutiefst. Das, was früher Gewohnheit gewesen war, beängstigte mich. Aus dem Alleinsein hatte sich Einsamkeit entwickelt.

Mit Wehmut dachte ich an Severin, der mir stets zur Seite gestanden hatte. Für ernste Gespräche. Kinobesuche. Kneipentouren. Als Wegbegleiter, Beichtvater, Tröstender. Wenn ich nach ihm rief, war er zur Stelle. Immer. Nun war er weggerissen worden, hatte sich selbst ins Abseits manövriert, sein Platz war leer. Blieb leer.

Und ich war umgeben von Stille, wenn ich sie nicht unterbrach. Keiner da, der herumkommandierte oder dumm herumquatschte. Einen betatschte oder bedrohte. Oder bedrängte, etwas von einem wollte. Der Tag nicht mehr fremdbestimmt. Ich konnte essen oder es bleiben lassen. Ich konnte fernsehglotzen oder radiohören. Ich konnte schwimmen oder faul herumliegen. Wie es mir genehm war.

Ich joggte um den See herum, setzte mich ans Ufer oder auch auf eine Bank. Beobachtete die Vögel, Enten, ab und zu hoppelte ein Hase durchs Dickicht, vielleicht waren es auch Wildkaninchen. Ruhesuchende Mitmenschen und Gassigänger blendete ich aus oder vermied, ihnen zu begegnen, indem ich frühmorgens oder spätabends meine Touren unternahm.

Nach drei Wochen hatte ich mich wieder an die Freiheit gewöhnt. Das war der positive Aspekt.

Ich legte mich in den Garten, mitten ins wildwuchernde Gras. Umrankt von hohem Gestrüpp. Starrte in den blassblauen Himmel. Ein Rasenmäher stand in der Garage. Ich hatte noch nie einen benutzt.

Ein Käfer krabbelte über mein T-Shirt, ich schubste ihn weg. Vögel kreischten in den grundstücksnahen Baumwipfeln, das nervte nach einigen Minuten. Okay, ich könnte mich mal im Rasenmähen üben.

Es klappte sogar. Ein bisschen Stolz kam auf. Na ja, Millionen Menschen machen das regelmäßig, da hatte ich auch von mir nichts anderes erwartet.

Danach kriegte ich Heißhunger und warf mir eine Tiefkühlpizza in den Backofen. Öffnete einen Wein. Aß gemütlich auf der kleinen Terrasse.

Himmlisch.

Das neue Alleinsein.

16 | JULI 2020

Mittwoch, 01.07.

Per E-Mail hatte ich von der Universität die Nachricht erhalten, dass ich ab Herbst das verlorene Semesterjahr nachholen durfte, weshalb ich zwecks eines persönlichen Gesprächs einen Termin vereinbaren sollte. Möglichst vor Beginn der allgemeinen Sommerferien.

Positive Nachrichten durften nicht ignoriert werden, also meldete ich mich gleich am Morgen telefonisch an und wurde noch am Vormittag in ein kleines Büro gebracht. Ein Dozent, den ich nicht kannte, und eine Sekretariatsmitarbeiterin stellten mir anfänglich peinliche Fragen, wollten ganz genau wissen, was sich im vorigen Jahr abgespielt und wie ich die Zeit im Gefängnis überstanden hätte.

Meine Antworten überlegte ich mir gut und verhielt mich äußerst wortkarg. Was zur Folge hatte, dass meine Gesprächspartner den Raum verließen, um über meine Zukunft zu diskutieren. Das sagten sie mir zwar nicht, aber ich war mir dessen sicher.

Die Sekretärin kam bald zurück, brachte mehrere Papiere und ein Kuvert mit. Meine Unterschriften waren gewünscht. Kopien davon sowie das mit Infomaterial vollgestopfte Kuvert durfte ich mitnehmen. Weiteres würde ich per E-Mail erhalten.

»Gut, Herr von Barneck, dann sehen wir uns im Oktober. Sofern uns nicht wieder die Pandemie einen Strich durch die Rechnung macht und wir zeitweise auf digitale Kommunikation umsteigen müssen.«

Zuhause angekommen, machte ich mich über die Dokumente her, kramte meine alten hervor und studierte alles genau durch. Mein Ziel war, schnellstmöglich den Master of Science abzuschließen, damit ich im nächsten Jahr praxisbezogen durchstarten konnte.

Freitag, 03.07.

Noch vor dem Mittagessen suchte ich die Unibibliothek auf, mir fehlten aktuelles Zahlenmaterial für statistische Auswertungen sowie ein paar Bücher, die meine Eltern letztes Jahr nach meiner Verurteilung zurückgegeben hatten.

Vertieft forschte ich zwischen den Regalreihen nach ganz bestimmten Werken. Alles andere um mich herum hatte ich ausgeblendet, wollte jeglichem Kontakt aus dem Weg gehen. Ich entdeckte die gewünschten Ausgaben ganz unten und bückte mich.

»Das gibt's doch nicht!«, rief eine Frauenstimme.

Eine Gegenreaktion unterließ ich, hoffte, dass nicht ich gemeint war. Doch die Hoffnung erfüllte sich nicht.

»Benedict! Mensch, was machst *du* denn hier?«

Vorsichtig blickte ich auf und direkt in das blaue Augenpaar von Mona Kessler. Auf jemanden zu treffen, der mich zutiefst hassen musste, hätte ich gerne verzichtet.

»Hallo«, würgte ich hervor. Wusste definitiv nicht, wie ich mich ihr gegenüber verhalten sollte.

Sie kam näher, boxte mich leicht in die Seite, und lächelte mich an. Dennoch konnte ich mich nicht erinnern, jemals eine derartige Verlegenheit gespürt zu haben, wie in diesem Augenblick.

Sie machte auch gleich einen Schritt zurück. »Ich habe über deine Entlassung gelesen. Konnte es kaum fassen.«

Nicht fassen?, hätte ich beinahe gefragt. Unterließ es jedoch und wartete ab.

»Hast du dich wieder eingeschrieben?«, fragte Mona, und ich bemerkte einen Hauch von Argwohn, der über ihr Gesicht huschte.

»Ähm, …«, begann ich und brauchte viel zu lang für eine Entgegnung.

»Tut mir leid, dass ich dich einfach so überfallen habe«, setzte sie sofort nach und fuhr sich durchs rotbraune Haar, das ihr geschmeidig auf die Schultern fiel. Jetzt weniger geschminkt als früher, sah sie richtig nett aus.

»Nein, nein, das braucht es nicht, Mona«, sagte ich rasch und versuchte, meinen Blick aus dem Peinlich-überraschten-Modus herauszuholen und in einen Freut-mich-dich-zu-sehen-Modus umzupolen. »Ja, ich will das Studium schnellstens beenden.«

»Prima. Das ist prima. Dass du nicht kapitulierst.« Sie gab ein Räuspern von sich, und ihre Augen wurden schmal. »Bist du jetzt tatsächlich mit der dicken Arlena zusammen?«

Mir wurde der Hals eng. »Was? Aber nein, wie kommst du darauf?«

»Irgendjemand aus ihrem Semesterkreis hat es kürzlich erst verlauten lassen. Danach kam das Gespräch auf dich und was du jetzt wohl so treibst, nachdem du … na ja … wieder frei bist.«

»Soso, man redet über mich.« Im Prinzip keine Überraschung. Man hatte früher schon über mich geredet, dann tat man es heute erst recht.

»Nimm's dir nicht zu Herzen. Alles halb so schlimm. Hast du Lust auf einen Kaffee? Dann können wir uns ungestört unterhalten.«

Ungestört unterhalten? Über was?

»Ich weiß nicht …«

»Ach, Benni, gib dir einen Schubs. Immerhin kam eine gemeinsame Freundin gewaltsam zu Tode, du hast schwere Zeiten hinter dir, und ich – ich vermisse Larissa so arg.«

Sie tupfte sich über die Augen. Das erweichte mich.

»Okay. Warum nicht?«

Die zwei Stunden in einem Café, versunken in banaler Plauderei über gegenwärtige Gegebenheiten und tiefsinnigerem Austausch über vergangene Tragik, bauten mich auf, und ich bereute nicht, nachgegeben zu haben.

Mona fuhr ich selbstverständlich nach Hause, wir versprachen einander, den Kontakt aufrechtzuerhalten und tauschten die Handynummern aus.

Sonntag, 05.07.

Meine Eltern hatten die Gelegenheit genutzt, wieder in den Urlaub fahren zu dürfen, und waren mit der *MARNIE* auf dem Weg zur Nordsee. Gerne hätten sie mich mitgenommen, mich rausgeholt aus allem und mir einen wundervollen Geburtstag beschert, wie sie mir vorschwärmten.

Aber ich blieb zuhause. Ich weiß nicht, weshalb. Unsere Bootstouren waren schon seit jeher der Höhepunkt des Jahres und mit nichts zu vergleichen. Mindestens drei Wochen durch die Welt schippern war das Schönste, das man sich vorstellen konnte. Und dennoch. Ich weigerte mich und beschloss, meinen Geburtstag allein zu feiern.

Aber wie ging das? Allein feiern.

Folglich rief ich Lars an und fragte ihn, ob er zu mir kommen wolle. Tante Lydia tat ganz traurig, als sie mir sagte, dass Lars nach Hamburg gefahren sei. Aber, meinte sie, ich könne gerne ins Hotel kommen und mit ihnen feiern. Das Angebot war gut gemeint, doch ich lehnte ab.

Sollte ich Mona anrufen? Es war Sonntagvormittag und vermutlich viel zu knapp für eine Einladung.

Also joggte ich erst einmal um den See herum, dann weit hinaus entlang der Drachenwiese. Es kamen mir viele Spaziergänger entgegen, und ich drehte wieder um.

Zum Mittagessen fuhr ich in ein Lokal mit Biergarten, genoss die ausgelassene Stimmung um mich herum. Den Nachmittag verbrachte ich im Audi und kurvte sinnlos in der Gegend umher.

Am Abend vesperte ich auf der Terrasse, trank drei Flaschen Bier dazu. Solch einen einsamen, ruhigen, in mich gekehrten Geburtstag hatte ich noch nie erlebt.

Nun war ich vierundzwanzig, und ich wünschte mir, dass mein Leben in eine vernünftige Bahn gelangte.

Dienstag, 07.07.

Nach einer trockenen Hitzephase regnete es endlich einmal wieder. Es stürmte, ein wahres Sauwetter. Ich hatte es gemütlich in meinem Haus. Halt, das war nicht *mein* Haus. Vater hatte mir lediglich versprochen, ein paar Monate dort wohnen zu dürfen.

Es klingelte an der Haustür. Ich ging an den Sprechapparat. Vermutete den Postboten, denn ich erwartete mehrere Pakete mit neuen Klamotten.

Doch der Blitz traf mich auf der Stelle, ohne tödliche Nachwirkungen. Arlena. Vor der Kameralinse.

Woher hatte sie die Adresse?

Es klingelte Sturm. Und draußen wütete der Orkan. Ich konnte sie unmöglich dort stehen lassen. Also erbarmte ich mich und betätigte den Toröffner.

»Hallo, Benni«, rief sie schon von weitem und watschelte zur Haustür her. Schloss unter dem Vordach den Schirm, schüttelte ihn aus, lehnte ihn an die Wand.

Ich ließ sie herein, schlug schnell die Tür zu. Bot ihr an, auf dem Gästeklo sich abzutrocknen und die Haare zu föhnen. Ihr dankbarer Blick schien mich bezirzen zu wollen.

Bis sie sich zu mir an den Esstisch gesellte, hatte ich grünen Tee aufgebrüht und zwei Tassen bereitgestellt.

Nein, ich war kein Tee-Freak geworden. Meine Tante hatte mir welchen gebracht, falls ich mal schnell was Warmes zu mir nehmen wollte. Und Arlena konnte jetzt sicherlich was Warmes gebrauchen.

»Du bist süß«, sagte sie, und ich fühlte mich geschmeichelt.

»Woher hast du diese Adresse?«

Meine Frage verjagte ihr liebliches Schmunzeln.

»Ich habe vor einer Weile bei euch zuhause angerufen. Deine Mutter hat sie mir gegeben.«

»Ohne mich zu fragen?«

»Äh, soll ich gehen?«

Ihre aufgerissenen Augen erweckten Gnade in mir. Draußen tobte immer noch der Gewittersturm.

»Wie bist du hergekommen?«

»Mein Vater hat mich gefahren. Mit dem Fahrrad war's mir wettermäßig zu unsicher.«

»Oh, dann weiß jetzt noch jemand mehr, wo ich wohne.«

Sie legte den Kopf schräg. »Wenn es geheim ist, hätte deine Mutter mir nichts sagen dürfen.«

»Genau. Ich werde sie zur Rechenschaft ziehen.«

Sie kniff die Brauen zusammen. »Jetzt sei doch nicht so. Sie macht sich halt Sorgen um dich. Wie ich auch.«

Ich lachte auf. »Meine Mutter? Sorgen machen? Nie und nimmer.«

Wir schwiegen.

»Sorry«, sagte ich. »Ist mir so rausgerutscht.«

»Du hast Schlimmes durchgestanden. Deine Mutter hat es gut gemeint, als sie mir deine Adresse gab.« Sie blickte gekünstelt umher. »Ein wirklich schönes Haus. Passt gut zu dir. Kann ich dir etwas helfen? Obwohl, den Haushalt hast du ja offenbar im Griff.« Sie lachte.

Ihre natürliche Heiterkeit steckte mich an.

»Ist ja auch nicht viel. Aber das Alleinsein …«

Ich redete nicht weiter. Wusste nicht, was ich sagen sollte.

»Soll ich bleiben? Nur heute, klar. Hab zwar nichts dabei, aber für eine Nacht wäre es egal.«

Ich betrachtete sie. Ihre geschminkten Augen, ihren zartgebräunten Teint, ihr schwarzglänzendes Haar mit einem Touch von rötlichem Schimmer.

Na, und ihren fülligen Körper, wenn jetzt auch etwas weniger füllig, kannte ich ja bereits. Obwohl – ich musterte sie von oben bis unten – hatte sie wieder ein bisschen abgenommen? In mir regten sich Gefühle, von denen ich schon lange geglaubt hatte, ich besäße sie nicht mehr.

Wir verbrachten eine richtig gute Nacht – ich war ausgehungert und gierig nach körperlicher Nähe. Und Arlena wohl auch. Aber aus einem anderen Grund als ich.

Wir trieben es stundenlang, Arlena war locker und überhaupt nicht mehr so verschämt wie – ja, meine Güte, war das erst über ein Jahr her? Mir kam es vor, als lägen zehn Jahre dazwischen.

Mittwoch, 08.07.

Das gemeinsame Frühstück brachte einen zusätzlichen Wohlfühleffekt in mein Herz, der mir nicht ideal erschien. Monas schöne blaue Augen tauchten vor mir auf. Ihr geschmeidiger Körper. Nein, ich hatte nicht mit ihr geschlafen, wollte es mir auf später aufheben, nicht gleich mit der Tür ins Haus fallen. Hoffentlich hatte ich mir jetzt nicht meine Chancen bei ihr verbaut. Und überhaupt wollte ich mein Gewissen nicht mit unschönen Gedanken belasten.

Arlena räumte den Tisch ab und den Geschirrspüler ein, machte die Küche sauber und überzog mein Bett, überbreit, modern und im asiatischen Stil, was ihr einiges an Geschicklichkeit und Beweglichkeit abverlangte. Sie schaltete die Waschmaschine ein, und ich befürchtete, sie suchte mit aller Mühe nach Arbeit, nur um nicht gehen zu müssen.

»Ähm«, leitete ich eine Bitte ein, »setz dich doch wieder. Du bist nicht meine Putzfrau. Du musst das nicht machen.«

Sie baute sich vor mir auf, ich atmete durch.

»Ich tu das gern für dich, Benni.«

Was sollte ich antworten?

»Danke, das ist schön. Aber wenn ich jemanden brauche, dann zahle ich auch dafür.«

Sie neigte ihren Kopf. Ich hatte mich dumm ausgedrückt.

»Ich meine zum Putzen.«

»Ach so.«

»Soll ich dich heimfahren? Du willst dich sicherlich umziehen.«

»Oh ja, klar. Gern, Benni.«

Ich holte den A8 aus der Garage, meinen Golf hatte ich gleich nach der Entlassung verkauft. Was brauchte ich zwei Autos? Und überhaupt, was brauchte ich so eine überdimensionierte Limousine? Aber diesen Gedanken schob ich rasch beiseite. Mir gefiel der Audi, also würde ich ihn noch nicht gegen ein kleineres Auto eintauschen. Nun ja, und Arlena aalte sich in dem saubequemen Beifahrersitz wie eine stolze Prinzessin auf dem Thron. Das war nicht zu übersehen.

Auf einem der Parkplätze vor der Apotheke stellte ich den Motor ab. Arlena wandte sich mir zu.

»Benni, ich muss dir was sagen, sei aber bitte nicht bös.«

Oh ja, dachte ich, endlich gesteht sie mir, dass sie nicht mit mir zusammen sein möchte, dass sie einen Freund hat, lesbisch ist oder irgendwas in der Art.

»Was denn, Leni?«

Das hätte ich nicht so sagen dürfen. Nicht diese Abkürzung.

»Benni, ich liebe dich. Von ganzem Herzen. Ich habe so darauf gehofft, dass du wieder freikommst, ich ...«

Der Knast muss Gehirnwäsche mit mir betrieben haben, denn ich nahm ihren Kopf zwischen meine Hände und verabreichte ihr einen Kuss.

Den sie erwiderte.

Und ich war nicht mehr in der Lage, einen Rückzieher einzuleiten. Mona musste ich wohl oder übel vorerst abschreiben.

Freitag, 10.07., bis Freitag, 31.07.

Das kulturelle Leben kam allmählich wieder in die Gänge, und Arlena schleppte mich mit ins Theater, ins Kino und zu Autorenlesungen. Wir schlenderten durch den Zoo, durch Einkaufszentren und durch den Schlosspark.

Drei Wochen lang holte ich sie morgens ab, wir verbrachten den Tag miteinander, ich lieferte sie vor ihrem Zuhause ab. Ihren Eltern stellte sie mich seltsamerweise nicht vor.

Ihren Vater traf ich einmal an der Haustür, die er öffnete, nachdem ich geklingelt hatte.

Meinem erstaunten Blick begegnete er mit einem verhaltenen Lächeln.

»Ach, Sie sind der reiche Kerl, in den unsere Tochter so vernarrt ist?«

»Nun ja«, bestätigte ich vorsichtig, »ich bin Benedict.«

»Sie waren im Gefängnis, nicht wahr?«

Ich atmete durch. »Unschuldig, Herr Reimer.«

»Ja, ja, unsere Tochter hat uns von dem Drama mit Ihrem Freund erzählt. Wissen Sie, wir haben keine Geheimnisse.«

»Das ist schön.« Was hätte ich sonst sagen sollen?

Herr Reimer musterte mich unverhohlen, sein Blick strömte Kälte aus. »Arlena kommt gleich. Warten Sie bitte hier draußen. Ich muss jetzt hinüber ins Geschäft.« Er zögerte. »Ich erwarte von Ihnen, dass Sie ihr niemals wehtun. Verstanden?«

Bevor ich reagieren konnte, knallte er mir die Tür vor der Nase zu, und gleich darauf ging nebenan in der Apotheke das Licht an.

An diesem Tag wurde ich nicht nur mit der Zurechtweisung von Arlenas Vater konfrontiert, sondern auch mit Arlenas verzehrendem Verlangen, endlich bei mir einziehen zu wollen.

Das sagte sie mir, als wir im Garten eines renommierten Ettlinger Cafés unser Eis schlurften.

»Aber, Leni, der Bungalow gehört mir nicht.«

»Dann frag doch Mami und Papi«, parierte sie schnippisch. »Mensch, willst du denn ewig den Eremiten spielen?« Ihr Tonfall war versöhnlicher geworden.

»Nein, natürlich nicht. Aber ...« Ich wusste ihrer Feststellung nichts entgegenzusetzen.

»Aber was? Entweder du magst mich und fühlst dich wohl in meiner Gegenwart oder nicht. Dann sag es jetzt, und wir machen der Sache ein Ende. Wie meintest du damals: Wir sind ja erwachsen.«

Derart vor vollendete Tatsachen gestellt zu werden, verunsicherte mich gehörig. Meinetwegen hätten wir noch ewig diese lockere Beziehung weiterführen können. Ohne Verpflichtungen, ohne allzu tiefe Bindungen. Aber klar, Frauen waren da oftmals anderer Meinung als so manche Männer. Wie beispielsweise ich.

Sie löffelte unbeirrt weiter. Schaute zwischendurch kurz auf, sagte nichts.

Tief im Innern sträubte sich alles gegen eine Beziehungsvertiefung. Aber irgendetwas in meinem offenkundig triebgesteuerten, entzugsgeschädigten Hirn lief schief.

»Wann würdest du einziehen wollen?«

Diese bescheuerte Frage entfleuchte meinem Mund, ohne dass ich in der Lage war, sie aufzuhalten.

Arlenas Augen leuchteten auf, und einmal mehr überlegte ich, wie hübsch sie doch sein könnte, wenn ihr Gewicht im mittleren zweistelligen Kilobereich liegen würde.

»Nächste Woche?«

Ich verschluckte mich an einer blöden Erdbeere, und Arlena setzte all ihr Wissen ein, um mich vor dem Erstickungstod zu bewahren.

»So, jetzt sind wir quitt«, sagte sie zehn Minuten später und streichelte mir über die Wange.

Ich wusste nicht, was ich davon halten sollte.

17 | AUGUST 2020

Samstag, 01.08.

Fünf Tage. Mehr standen mir nicht mehr zur Verfügung, meine Freiheit auszukosten. Der erste August war ein Samstag, und ich wollte ihn ganz nach meinen Vorstellungen gestalten. Arlena vertröstete ich mit der Ausrede, dass ich meinem Vater auf dem Boot helfen müsse. Meine Eltern waren vor drei Tagen aus ihrem Urlaub zurückgekehrt, und nach solch einer langen Fahrt gab es tatsächlich viel zu tun. Was ich ihr nicht verriet, war der Fakt, dass mein Vater üblicherweise eine Firma mit der Reinigung betraute und den Rest anscheinend selbst erledigt hatte, sonst hätte er sich bei mir gemeldet.

Also nutzte ich den Vormittag für einen Kurzbesuch bei den Eltern. Ihre überraschten Gesichter gefielen mir und sonderbarerweise auch die Umarmungen, die folgten.

»He, Junge«, rief mein Vater. »Gut siehst du aus. Bist wieder im Leben angekommen, was?«

Wie er das genau meinte, hinterfragte ich nicht. Ob er von Arlena und mir wusste?

»Benni-Schatz, ich bin ja so froh«, sülzte meine Mutter.

»Über was?«

»Na, dass du jetzt eine Freundin hast.«

»Hä? Woher wisst ihr das denn schon wieder?«

»Also, Benni«, gab sich Mutter beleidigt, »glaubst du wirklich, du kannst in ganz Karlsruhe herumflanieren, ohne dass dich irgendein Bekannter von uns sieht? Noch dazu mit dieser voluminösen Frau?«

Nein, das glaubte ich nicht und gab mich geschlagen.

»Okay, Arlena zieht nächste Woche bei mir ein. Und heute mach ich noch einen drauf.«

Über die Gesichter meiner bestürzten Eltern hätte ich beinah gelacht. Ich verkniff es mir.

»Allein?«, versicherte sich Vater.

»Einen Freund hab ich ja nun nicht mehr«, umging ich eine Antwort, die meine Eltern garantiert nicht hören wollten. »Ist die *MARNIE* fahrbereit?«

Vater nickte und setzte an, etwas zu sagen.

Doch Mutter war schneller. »Aber«, stieß sie in einem Jammerton aus, »sie muss doch nicht gleich bei dir einziehen. Was soll das, Benni? Wenn du eine eigene Haushaltshilfe möchtest, vermitteln wir dir eine. Bitte, überleg es dir gut.«

»Mam, wir heiraten doch nicht. Wenn es nicht klappt, zieht sie wieder aus.«

Mein Vater zog die Stirn kraus. »Hoffentlich verkalkulierst du dich da nicht.«

Am frühen Nachmittag trafen Mona und ich uns vorm *Ettlinger Tor,* mein Auto hatte ich im nahegelegenen Parkhaus abgestellt. Eine Shoppingtour durchs Einkaufszentrum war geplant. Nicht nur Mona stöberte sich erfolgreich durch etliche Modeläden, auch mich brachte sie dazu, mir eine Jeans, ein sportliches Hemd und bequeme Schuhe zu kaufen.

Hernach schlenderten wir über den Marktplatz. Natürlich innerhalb des markierten Fußgängerbereichs. Nach der jahrelangen Umbauphase stand er kurz vor der Fertigstellung, doch Baufahrzeuge und Absperrungen prägten immer noch das Gesamtbild.

»Mitte Oktober ist die Einweihung geplant«, meinte Mona. Sie fasste meine Hand, wir blieben stehen, sie wies mit einem Nicken in Richtung der Pyramide. »Das sollten wir uns nicht entgehen lassen.«

Ich schluckte, verdrängte die aufkommende Verlegenheit und blickte auf meine Uhr. »Und jetzt sollten wir was Essen gehen.«

»Wohin?« Sie sah mich mit großen Augen an.

»Warst du schon mal auf dem Restaurantschiff im Maxauer Hafen?«

Sie verneinte. »Wurde dort nicht Larissa …« Sie hielt inne.

»Wenn du nicht dorthin willst, such ich uns was anderes.«

Hektisch schüttelte sie den Kopf. »Nee, okay. Liegt eure Yacht noch dort?«

»Ich zeig sie dir.«

Händehaltend, ich dachte mir gar nichts dabei, gingen wir zum Auto, luden unsere Tüten ein.

Auf der Fahrt nach Maxau wollte mich ein schlechtes Gewissen bezwingen, ich schlug es in die Flucht. Nein, nichts und niemand durfte mich mehr in meiner Freiheit beschneiden. Wenn ich Lust auf einen Ausflug mit einer Bekannten hatte, dann tat ich das. Es war nichts dabei. Auch Arlena durfte tun und lassen, was sie wollte. Ich würde ihr niemals Zwänge auferlegen.

Außerdem war es mir wichtig, die Freundin des Mordopfers bei mir zu haben, wenn ich das erste Mal seit meiner Entlassung das Gelände des Bootsclubs betrat und auch unsere *MARNIE.* Und vermutlich würde dieser Gang ebenso für Mona ein wichtiger Moment werden, um ein Trauma zu überwinden.

Es hatte sich nichts verändert. Nun, ein paar Kleinigkeiten vielleicht. Ich parkte den Audi, stieg aus.

Mona zauderte einen Augenblick, weshalb ich ihr die Tür öffnete. Die Hand reichte. Sie zog sich regelrecht daran heraus, klammerte sich an mich.

»Ich war nie hier. Weder vorher noch seither«, sagte sie leise.

Die Sonne brachte noch reichlich Wärme, es herrschte verhaltener Betrieb. Einige Bootseigner kamen von ihren Tagesausflügen zurück, ein paar Besucher eilten in Richtung Restaurantschiff.

»Warte einen Moment«, sagte ich zu Mona und trat hinein. Suchte nach dem Wirt, die Bedienung fing mich ab.

»Ja, sowas. Gibt's dich auch noch? Wie geht's denn?«

»Gut. Ich will einen Platz für zwei Personen reservieren. In etwa einer Stunde.«

»Oje, da muss ich nachschauen.« Sie nahm mich mit an die

Theke, blätterte in ihrem Terminkalender herum. Nickte. »Ja, geht. Weil du es bist. Benedict. Für dich hat der Chef früher eh immer ein Auge zugedrückt. Wir haben seit diesem Jahr eine neue Chefin.«

»Oh, okay! Danke, bis dann«, rief ich ihr zu und eilte nach draußen.

Packte Monas Hand, sie war kalt.

»He, komm, wir machen eine kleine Rundfahrt. Ich war selbst schon lang nicht mehr unterwegs.«

Ich zog sie hinter mir her, half ihr aufs Boot. Außen- wie Innenbereich des Hauptdecks waren sauber, etwas anderes hatte ich auch nicht erwartet. Ein schneller Blick auf die Tankuhr beruhigte mich. Einer kleinen Rheintour stand nichts im Weg.

Wir blieben innen, im Cockpit wies ich ihr den Platz neben mir zu. Sie machte große Augen, blickte sich betrachtend um.

»Es ist schön«, meinte sie. »Und Larissa war nie hier? Außer ...«

»Ja«, bestätigte ich.

»Was war eigentlich mit der zweiten Frau, die hier gefunden wurde?«

»Darüber möchte ich jetzt nicht reden.« Mein Tonfall war entschieden zu hart geworden. »Bitte, versteh das«, setzte ich bemüht sanft nach.

Sie nickte und sah zum Fenster hinaus. »Tut mir leid.«

Ich startete die Maschinen, der Sound war Balsam für meine Seele. Ich gab Gas und der letzte Rest Normalität war zurückgekehrt. Ich tuckerte an der kleinen Insel im Hafenbecken vorbei und lenkte hinaus auf den Fluss, legte den Gashebel um, jagte die Geschwindigkeit in die Höhe. Alleine hätte ich niemals diesen befreienden Schritt gewagt.

»Danke«, sagte ich zu Mona.

Sie zog die Augenbrauen hoch. »Für was?«

»Dass du hier bist.«

»Ich habe zu danken, Benedict, dass du mich über diese

Schwelle gebracht hast. Ich hätte noch ewig diesen Ort, diese Yacht in aller Schlechtigkeit vor Augen gehabt, obwohl ich niemals hier gewesen bin.«

Es war ein Uhr in der Nacht, als ich vor Monas Zuhause in Rüppurr anhielt. Ein paar Sekunden regten wir uns beide nicht.

Dann beugte sie sich zu mir herüber, fiel mir um den Hals. Drückte mir einen Kuss auf die Wange.

»Es war ein wunderschöner Tag, Benni. Schade, dass er einmalig bleiben wird.«

»Wir könnten uns mal wieder treffen.«

Sie schüttelte den Kopf. »Das geht nicht.«

Ich nickte. Sah ihr in die Augen, suchte nach Worten. Um ihre Meinung zu ändern. Um die Umstände zu ändern. Vergebens.

»Benni, du hast eine Freundin. Hatte nicht wegen deiner Treulosigkeit und der vielen Frauengeschichten deine Glaubwürdigkeit gelitten, weshalb du letztlich im Gefängnis gelandet bist? Lass es gut sein und kümmere dich um Arlena. Sie hat lange auf dich gewartet.«

Ich sagte nichts. Brachte keine Silbe hervor. Konnte nicht einmal richtigstellen, dass ich niemals *treulos* gewesen war.

»He, Benni, und wenn es schiefläuft, darfst du dich gerne mal bei mir melden. Aber bis dahin, mein Ratschlag: Bleib treu.«

Sie stieg aus, warf mir ein letztes Lächeln her, schlug die Tür zu und verschwand aus meinem Sichtfeld.

Ich kurvte noch eine Zeitlang durch die Nacht. Hielt irgendwo am Rheinufer, starrte ins schwarzglitzernde Wasser. Am liebsten wäre ich reingesprungen.

Mittwoch, 05.08.

Einen Umzugswagen brauchte ich nicht zu mieten. Unser Rover und ein geliehener Anhänger reichten völlig aus. Dreimal gefahren, und wir hatten ihre persönlichen Dinge sowie zwei neue Schränke in den Bungalow transportiert.

Ich schleppte die Kartons, Tüten und Taschen, sie räumte ein.

Handwerklich stellte sie sich zu meinem Erstaunen recht geschickt an. Sie konnte mit Hammer und Nagel, Zangen und Schraubschlüssel umgehen, weshalb wir uns beim Aufstellen der Schränke, Anbringen von Regalen, Aufhängen von Bildern wie ein eingespieltes Team ergänzten.

Im Keller gab es einen ungenutzten Raum, den sie begeistert als Labor in Beschlag nahm. Von ihrem Vater ließ sie sich Tische und suspekte Utensilien bringen, und mir wurde klar, dass sie womöglich Experimente durchführen würde. Sie studierte ja Chemie.

»Ganz harmlos«, meinte sie auf meine besorgte Nachfrage. »Aber wenn ich später den Schülern etwas vorführen muss, sollte ich wissen, was ich tue. Oder?«

»Klar«, gab ich ihr Recht. »Aber jage das Haus nicht in die Luft.«

Erst erntete ich einen mokierten Blick, dann lachten wir beide.

Nach dem späten Abendessen saßen wir erschöpft bei einer Flasche Rotwein auf der Terrasse. Arlena hatte eine Kerze angezündet, und es war sehr romantisch. Sie hatte dazu Salzstangen und Erdnüsse auf das Tischchen gestellt und knabberte in abwechselnder Reihenfolge. Ziemlich müde betrachtete ich sie schweigend.

»Morgen«, unterbrach sie die andächtige Stimmung, »beginnst du endlich, einen Trainingsplan für mich auszuarbeiten. Ich will dein Ergometer benutzen, damit ich noch mehr Kilos abnehme. Und denke auch an einen Ernährungsplan.«

Nach diesem Verlangen steckte sie sich das nächste Salzstängelchen in den Mund, zerbiss Stück um Stück das knusprige Gebäck und lächelte mich an.

Montag, 17.08.

Dem Einzug war der Alltag gefolgt. Schneller als erwartet.

Arlena übernahm den Haushalt, ich kümmerte mich um den Garten. Sie schrieb Einkaufszettel, ich holte, was immer sie wünschte. Sie bestimmte, wie wir den Tag verbrachten, ich gehorchte.

Was war nur los mit mir?

Hin und wieder konnte ich sie zu einem Spaziergang überreden, doch hatte ich das Gefühl, als zeige sie sich nicht allzu gern der Nachbarschaft.

Meinen schwachen Hinweis, ich müsse mich auch um die Fortführung meines Studiums kümmern, es gebe eine Menge nachzuholen, fegte sie mit einer rigorosen Handbewegung beiseite.

»Was musst du schon groß lernen? Ist ja eh bloß Sport.«

Ich unterließ es, ihre Ansicht zu widerlegen.

Dieses Thema hatte sie wohl überdacht, denn sie weckte mich am frühen Montagmorgen mit den Worten:

»Ich mach mich ab heute in der Apotheke meiner Eltern nützlich. Da geht zurzeit echt die Post ab. Dann kannst du ja währenddessen deine Sachen durcharbeiten.«

Obwohl völlig überraschend mir an den Kopf geworfen, war das der beste Vorschlag seit langem. Ich konnte kaum erwarten, dass Arlena sich aufs elektromotorbetriebene Rad schwang – wobei »schwingen« vielleicht nicht der ideale Begriff war – und losfuhr, schon stürzte ich mich in meine Welt. Nebenher arbeitete ich für Arlena ein abwechslungsreiches Fitnessprogramm aus, was ich ihr am Abend stolz präsentierte.

Mit sichtbar verhaltener Freude ergriff sie die Ausdrucke, überflog sie und legte sie kommentarlos zur Seite, was ich auf einen anstrengenden Tag zurückführte, den sie durchlebt haben mochte. Folglich unterdrückte ich meine Enttäuschung und half ihr, das Abendessen zu richten.

Wir setzten uns auf die Terrasse, aßen gemächlich, unterhielten uns – und es schien, als wäre die Zeit zurückgedreht worden und hätte einen neuen Anlauf genommen.

Sie erzählte mir von ungehörigen Kunden inmitten der überfüllten Apotheke, von Medikamenten, die endlich wieder geliefert werden konnten, von Mund-Nasen-Schutzmasken aller Art, von verärgerten Patienten, die ihr Herz ausschütteten, weil sie sich von Ärzten und Krankenhäusern im Stich gelassen fühlten.

Ich lenkte nach einer Weile das Gespräch auf den für sie ausgetüftelten Trainingsplan und gab ihr Ratschläge, wie wir das Essen umstellen konnten.

Die Skepsis, die sie mir entgegenbrachte, traf mich trotz der Vorzeichen unvorbereitet.

»Also, wenn ich in nächster Zeit so im Stress stehe, kann ich nicht bloß von Obst und Gemüse leben.«

»Musst du auch nicht. Das Umstellen geht sukzessive.«

»Na ja, und das Fitnesstraining kann ich momentan nur am Wochenende machen. Nach solch anstrengenden Tagen werde ich abends wie erschlagen sein.«

Letztendlich war mir das egal, Hauptsache, ich hatte tagsüber meine Ruhe.

Donnerstag, 27.08.

Unsere Tagesrituale verliefen in neu geordneten Bahnen, die Abende romantisch mit ungezügeltem Finale, die Nächte erholsam. Wir sprühten vor lustvoller Energie und eifrigem Tatendrang. Nach von mir zusammengestellten Frühstücksmenüs gingen wir mit Schwung an unsere Arbeit.

Und auch an diesem Morgen zeigte sich Arlena ungebrochen vor Elan, als sie fröhlich vor sich hinsingend das Haus verließ.

Mir allerdings kam der Elan blitzartig abhanden. Von einer Sekunde zur andern. Ich saß vorm PC, die Augen fielen mir zu.

Ich zwang mich, wachzubleiben. Ging in die Küche, trank kohlesäurefreies Mineralwasser aus der angebrochenen Flasche, die im Kühlschrank stand. Musste mich an die Ablage lehnen. Wartete, bis der Schwindel nachließ.

Auf dem unendlich scheinenden Weg zurück in mein Büro torkelte ich gegen die Wand. Hatte ich einen Gehirnschlag? Vor meinen Augen blitzte es. Ich sank in die Knie. Wachte auf, lag im Flur auf dem Boden.

Verflucht, was war los?

Ich rappelte mich empor, schwankte ins Schlafzimmer, suchte nach meinem Handy. Und nach dem Festnetzapparat.

Zum Teufel! Nichts.

Ich fiel ins Bett. Schlief ein.

»He! Hast du etwa den ganzen Tag gepennt?« Arlena schüttelte mich.

In meinem Kopf tobte ein Wespenschwarm.

»Ich glaub, ich bin krank.«

Sie lachte. »Das kommt vom kalorienarmen Essen. Steh auf. Ich habe was Herzhaftes mitgebracht.«

Nachdem sie mich mit frischem Brot, deftigem Schinken und badischem Bier vollgestopft hatte, ging es mir wieder besser.

»War wohl tatsächlich ein Schwächeanfall«, stimmte ich ihr kleinlaut zu.

»Na ja, Liebling, wer schläft, sündigt wenigstens nicht.« Mit schräggelegtem Kopf lächelte sie mich an.

Ich glaubte, mit glühender Lava begossen worden zu sein. »Wie meinst du das? Ich hocke doch den ganzen Tag vorm Bildschirm und arbeite.«

»Das will ich hoffen. Erfolg stellt sich schließlich nicht von alleine ein.«

Sie erhob sich und begann, den Tisch abzuräumen.

Mein Blick folgte ihr, schwenkte an ihr vorbei und fiel auf eines der Küchenregale. Inmitten der Gewürzdosen entdeckte ich unser Telefon sowie mein iPhone.

»Seit wann legst du die Telefone dort ab?«, fragte ich verblüfft.

Arlena wandte sich um, dann wieder mir zu. »Ich? Wieso ich? Das warst wohl du. Was geht mich dein Handy an?«

Freitag, 28.08.

Ich hatte bestens geschlafen. Nach dem Frühstück gab ich Arlena gutgelaunt einen Abschiedskuss, sie kletterte auf ihr Rad und fuhr los.

Ich ging in mein Arbeitszimmer, blieb vorm Schreibtisch stehen. Mein Finger zuckte in Richtung des Ein-Schalters meines Laptops. Verharrte. Meine Atemfrequenz steigerte sich. Mein Herz pulsierte schneller.

Getrieben von einer abrupt einsetzenden Rastlosigkeit verließ ich das Zimmer, schnappte den Schlüssel, rannte aus dem Haus und setzte ich mich ins Auto. Machte mich auf den Weg in Richtung Dettenheim. Wollte ins Hotel meiner Verwandten. Wollte unbedingt mal wieder mit Lars reden, einfach mal Männer um mich herumhaben. Über gänzlich andere Themen quatschen.

Nach ein paar Kilometern auf der B 36, etwa in der Gegend von Eggenstein, überfiel mich aufs Neue der suspekte Schwindel. Gepaart mit heftiger Übelkeit. Ich hielt auf dem nächstliegenden Waldweg an. Kotzte das Frühstück aus. Aber daran konnte es nicht liegen. Ich aß morgens gesundes, nahrhaftes Müsli mit Früchten und Joghurt. Trank Kaffee dazu und auch qualitativ hochwertigen Orangensaft.

Nein, in mir wütete garantiert eine schlimme Krankheit. Vielleicht dieses neuartige Virus. Oder fiese Bakterien. Oder ein Hirntumor.

Ans Auto gelehnt, wartete ich, bis ich mich wieder unter Kontrolle hatte. Sollte ich zurückfahren? Nur etwa fünf Kilometer. Oder weiterfahren? Knapp fünfzehn Kilometer.

Ich entschied, weiterzufahren.

Bis mich die zweite Welle überrollte und ich erneut einen Seitenweg anpeilte. Das Fenster ganz öffnete und den Motor abstellte. Alles drehte sich, ich legte meinen Kopf aufs Lenkrad.

Energisches Klopfen gegen die Windschutzscheibe schreckte mich auf. War ich eingeschlafen?

»Ist alles in Ordnung?«

Ein Mann mit Gewehr. Was sollte das?

Ich glotzte ihn wohl ziemlich verdattert an, denn er legte sein Gewehr auf dem Boden ab.

»Sorry. Ich bin Wildhüter und soll nach einem verwundeten Reh suchen.«

»Aha!«, stieß ich aus, streckte meinen Rücken durch. Streifte meine Haare aus dem Gesicht.

»Kann ich Ihnen helfen?«

Ich überlegte. Wie wollte der Wildhüter mir helfen? Ich gewährte ihm ein Kopfschütteln. »Es geht schon wieder. Danke! War übermüdet.«

»Nun dann. Einen schönen Tag noch.«

Er hob sein Gewehr auf, winkte mir zu und zog mit Riesenschritten davon. Den Weg entlang, in Richtung Wald. Ein mittelgroßer brauner Hund zottelte hinter ihm her.

Meine Blase drückte. Also stieg ich aus, suchte Schutz hinter Bäumen und erledigte, was erledigt werden musste.

Zurück hinterm Steuer, nahm ich mein iPhone in die Hand. Suchte nach der Nummer von Lars. Wählte. Wartete.

»Hi, Benni. Hey, lebst du auch noch?« Seine Stimme hörte sich erregt an.

»Hi, Lars. Bist du daheim? Ich bin auf dem Weg zu dir.«

Ich hörte lautes Durchatmen. »Sag mal, du bist wohl gar nicht mehr auf dem Laufenden, was? Wir sind in Hamburg.«

»Oh! Schon wieder?« Mir fiel sonst nichts ein.

»Was ist los?«

»Ach nix.«

»Hey, rede schon. Wie geht's dir?«

»Super. Wenn ich gewusst hätte, dass ihr nach Hamburg fahrt, wäre ich mitgekommen.«

Stille. »Echt jetzt? Dann komm doch einfach nach. Wir bleiben noch eine ganze Woche hier. Mein Bruder würde sich auch freuen.«

Ich schloss die Augen. Sah die stolze hanseatische Villa vor mir. Und die Werft. Den Hafen. Die Schiffe. Das pralle Leben, das dort herrschte. Zum ersten Mal packte mich die Sehnsucht, alles liegen und stehen zu lassen und mir dort einen Job zu suchen. Mein Onkel würde mir garantiert etwas anbieten. Und wenn es auch nur Bootputzen wäre.

»Danke für die Einladung. Aber das geht nicht. Ich melde mich wieder.«

Ich unterbrach das Gespräch. Spürte meine Augen feucht werden. Allmählich mutierte ich wahrlich zur verweichlichten Mimose. Zum orientierungslosen Loser. Zum untauglichen Was-weiß-ich.

Ich startete den Motor und fuhr nach Hause.

Erst viel später fiel mir ein, dass ich auch bei meinen Eltern hätte vorbeifahren können.

Aber da lag ich schon im Bett und war kurz vorm Einpennen.

Das Rütteln an meiner Schulter schmerzte. Ich schlug nach der störenden Hand, erhielt dafür einen Boxhieb in den Magen und war hellwach. Stierte in Arlenas zusammengepresste Augen.

»Spinnst du?«, stieß ich aus.

»Sag mal, hast du die Schlafkrankheit?«

Ich quälte mich auf, wälzte mich aus dem Bett. Stützte mich an der Wand ab. Wartete, bis der Schwindel verflog.

»Morgen mach ich einen Termin beim Arzt aus«, brummte ich.

Sogleich zeigte sich Arlena versöhnlicher. »Du brauchst keinen Arzt, ich hab was Gutes zum Essen mitgebracht. Du hast garantiert noch nichts gegessen, oder?«

Ich gewährte ihr ein zustimmendes Nicken, eilte ins Bad. Pinkelte, duschte, zog mir ein frisches Shirt sowie eine kurze Freizeithose an und schlüpfte in meine Laufschuhe. Fühlte mich gleich viel lebendiger und energiegeladener.

»Ich muss erst an die frische Luft, Leni. Brauche Bewegung.«

Schneller als sie mir widersprechen konnte, war ich draußen. Atmete kräftig durch. Sprintete hinunter zum See. Musste anhalten. Wieder Durchatmen. Das war ich nicht von mir gewohnt. Es wurde allmählich Zeit, wieder intensiv Sport zu betreiben. Ausdauersport. Nicht nur Krafttraining und Kurzsprints, wie im Knast exerziert und seit der Entlassung nur mäßig durchgeführt.

Ein anderer Jogger zog an mir vorbei. Garantiert dreißig Jahre älter als ich. Sein fieses Schmunzeln traf mich tief. Ich riss mich zusammen und trabte langsam an. Schritt um Schritt. Hielt meine verhaltene Geschwindigkeit bis zum Schluss durch.

Folglich schnappte ich wie ein Fisch auf dem Trockenen nach Sauerstoff, als ich mich vor der Haustür aufs Podest niedersinken ließ. Gnadenlos enttäuscht von meiner Kondition.

Arlena öffnete die Tür. »Was hockst du da herum? Jetzt komm endlich.«

Ich stemmte mich auf, ging hinein, zog mir die Schuhe aus. Wusch mir die Hände, schlurfte ins Esszimmer, ließ mich auf einen Stuhl fallen. Ausgepowert. Von dem bisschen Laufen. Meine Aufmerksamkeit wurde auf den Tisch gelenkt. Arlena hatte ihn noch nicht gedeckt.

»Wo warst du?«, fragte sie und lehnte sich an den Küchentresen. Verschränkte ihre Arme.

Verwirrt begegnete ich ihrem gestrengen Blick. »Unten am See.«

»Ich meine heute Morgen.«

»Wie kommst du darauf, dass ich heute Morgen wo war?«

»Dein Auto steht anders, und die Schlüssel liegen auf deinem Nachttisch.«

»Hä?« Ich war nicht in der Lage, ihr zu folgen.

»Wenn du mir nicht sagst, wo du warst, gibt's auch nichts zu essen.«

Mir wurde es heiß. Hatte das wirklich Arlena gesagt? Oder träumte ich?

»Ich habe das Auto getankt.« Ein schwacher Erklärungsversuch war besser als gar keiner.

»Es ist halbleer.«

»Dann hab ich's halbleer getankt.« Trotz stieg in mir hoch.

Konnte weder nachvollziehen, worauf Arlena hinauswollte, noch mir vorstellen, wie sie es fertiggebracht hatte, den Tank des Autos zu überprüfen. Sie besaß keinen Führerschein und dürfte folglich auch noch kein Auto gestartet haben.

Sie kam näher, sah auf mich herab. In ihren Augen war jegliches Liebliche verschwunden.

»Du lügst.« Sie stemmte die Arme in die Hüften.

»Spinnst du jetzt? Ich hab 'ne Runde gedreht, na und?«

»Mit wem?«

»*Mit wem?* Wieso mit wem? Ich war alleine.«

»Pah! Du und alleine. Ich merk doch schon die ganze Zeit, wie du dich nach andern Weibern umsiehst, wenn wir zusammen unterwegs sind. Und womöglich ziehst du dir noch heimlich Pornos rein?«

»Du bist übergeschnappt!«, sagte ich beherrscht und stand auf. Ging zum Kühlschrank, wollte ihn öffnen.

Arlena war schon hinter mir, schlug auf meinen Arm. »Nein!«

Ich starrte sie an. »Weshalb glaubst du mir nicht?«

Von einer Sekunde zur anderen wurde ihr Blick weich.

»Bitte entschuldige, ich bin etwas überarbeitet. In der Apotheke geht es drunter und drüber. Eine Angestellte hat sich jetzt auch wohl noch angesteckt und ist in Quarantäne, bis das Testergebnis kommt. Bitte, verzeih. Ich mach uns was zu essen. Setz dich.«

An diesem Abend redete ich kein Wort mehr mit Arlena und legte mich erst ins Bett, nachdem sie eingeschlafen war.

18 | SEPTEMBER 2020

Dienstag, 08.09.

Seit Tagen schon wachte ich morgens nicht mehr von alleine auf, hörte nicht einmal Arlena aufstehen und sich fürs Geschäft herrichten. Bevor sie das Haus verließ, rüttelte sie mich so lange, bis ich mich regte und missmutig vor mich hin brummte. Und erst, wenn die Tür ins Schloss schnappte, wälzte ich mich aus dem Bett, duschte, zog mich bequem an. Das heißt, geduscht hatte ich mich schon zwei Tage nicht. Bin einfach in meine Klamotten geschlüpft, was brauchte ich schon ständig duschen.

Kopfschmerzen waren zu meinem Dauerbegleiter geworden. Das Pochen hinter Stirn und Schläfen stand in regelmäßigem Wechsel mit einem messerscharfen Stechen im Genick. Arlena hatte mir zwar Tabletten bereitgelegt, doch Linderung verspürte ich nur solange, bis ihre Wirkung nachließ. Die Intervalle reduzierten sich zunehmend.

Wenn ich gut drauf war, schlenderte ich zum See – an ein sportliches Tempo war gar nicht zu denken –, betrachtete ihn eine Weile und spazierte zurück. Versuchte hin und wieder, alte Kontakte via Facebook, WhatsApp oder direkt per Telefon aufleben zu lassen, was mir nur sporadisch gelang. Meist kassierte ich Absagen unter merklich verzweifelt gesuchten Ausreden.

Wenn ich weniger Aktivitäten bevorzugte, setzte ich mich in den Garten und döste vor mich hin, hörte dem Gezeter der Vögel zu, spielte auf meinem Handy herum.

Wenn ich schlecht drauf war, lümmelte ich mich auf eine Gartenliege oder das Sofa und ging nicht mal ans Telefon. Arlena prüfte ohnehin abends die wenigen Anrufe, was sollte ich mich also noch darum kümmern.

So war ich ziemlich überrascht, als es nach mehrmaligem Telefongeklingel auch an der Haustür läutete, gerade als ich mich überwunden hatte, meinen Joghurt hinunterzuwürgen. Aufs erste Klingeln reagierte ich nicht. Auch das zweite, schon energischere Klingeln ließ ich unbeachtet.

Beim dritten unaufhörlichen Geläute stemmte ich mich empor und wankte an die Sprechanlage.

»Wer stört?«, brummte ich. »Die Hausherrin ist erst ab neunzehn Uhr zugegen.«

Ich hoffte, dass mein Sarkasmus ankam.

»Herr von Barneck?« Eine weibliche Stimme.

Ich aktivierte die Kamera. Sah niemanden. »Ja?«

Schlagartig erschien ein Gesicht. Und gleich darauf ein Ausweis. Ich mochte nicht glauben, wen ich erblickte.

Ich drückte den Öffner. Die Frau schob die Tür auf, lugte herein.

»Sowas! Die Frau Hauptkommissarin. Was verschafft mir denn die Ehre?«

Frau Steiner betrat den Windfang, steckte ihren Ausweis in ihre Tasche. Blickte mich an.

»Sie sehen aber nicht gut aus. Sind Sie krank?« Sie zog einen Mund-Nasen-Schutz aus der Tasche.

»Lassen Sie das Ding weg«, sagte ich. »Mir geht's gut.«

»Oh, danke.«

Ich führte sie zum noch nicht abgeräumten Esstisch, ließ sie Platz nehmen und setzte mich auf einen Stuhl ihr gegenüber.

»Oh, störe ich beim Frühstück? Dabei bin ich extra nicht so zeitig gekommen.«

»Warum sind Sie überhaupt gekommen?«

»Wo waren Sie vorgestern gegen Abend? Etwa ab neunzehn Uhr?«

»Warum?«

Sie legte ihren Kopf schräg, lächelte mich an.

»Haben Sie wieder eine Leiche gefunden?«, flachste ich.

»Sollten wir?« Die Hauptkommissarin beugte sich vor und stierte mir in die Augen, als wolle sie mich hypnotisieren. »Was nehmen Sie für Drogen?«

»Hä? Keine.« Ich begriff nicht, was sie wollte, konnte ihr nicht folgen und drückte mich tiefer in den Stuhl, gewann ein paar Zentimeter Abstand.

»Dürfen wir das prüfen?«

»Nein!«, entrüstete ich mich.

Frau Steiners Blick wurde lauernd. »Herr von Barneck, gegen Sie wurde Anzeige erstattet.«

Bestürzt schnappte ich nach Luft. »Von wem? Weshalb?«

»Oh, das ist etwas suspekt. Die Anzeigende, offenbar eine Bewohnerin aus dieser Gegend, hat sich anonym gemeldet. Nun, auf anonyme Anzeigen reagieren wir nur äußerst vorsichtig.«

»Aber diesmal nicht? Und gleich mit der Mordkommission?«

»Wissen Sie, es war mir ein Bedürfnis, persönlich nach Ihnen zu sehen. Und irgendwie mag ich nicht glauben, was Ihnen zur Last gelegt wird.«

In mir zog sich alles zusammen. »Was wird mir denn zur Last gelegt?«

»Sie hätten unten am See eine Frau angegangen, und wenn nicht deren Hund dazwischengefahren wäre, hätten Sie sie womöglich vergewaltigt.«

Ich lachte auf. War vielleicht falsch, aber diese Verleumdung war der Gipfel.

»Nun«, sagte die Steiner weiter, »wir glauben, dass sich in Ihrer Nachbarschaft allmählich herumgesprochen hat, wer Sie sind, und auch, dass Sie wegen einer Mordanklage im Gefängnis saßen. Da spielt es keine Rolle, dass Ihre Unschuld im Nachhinein bewiesen wurde. Manche Menschen kommen mit solchen Dingen nicht zurecht.«

Ich schwieg.

»Herr von Barneck, wir sind uns im Klaren, dass es sich auch um eine üble Diffamierung handeln könnte. Dennoch müssen wir der Anzeige nachgehen. Da stimmen Sie mir doch zu? Auch in Ihrem Sinn.«

»Ich war vorgestern nicht am See.« Eigentlich war ich mir dessen nicht so sicher. Denn eigentlich wusste ich nicht mal mehr, was ich gestern alles getrieben beziehungsweise nicht getrieben hatte. Da lag das Vorgestern längst in einem tiefen schwarzen Loch.

»Gut. Das nehme ich zur Kenntnis und gebe es weiter. Sind Sie überhaupt jemals einer Frau mit Hund begegnet? Angeblich einen mittelgroßen, weißen mit schwarzen Punkten. Offenbar ein Dalmatiner.«

»Frauen mit Hund, ja. Aber keiner mit solch einem Hund. Und ich habe mich weder um diese Frauen gekümmert noch haben sie mir einen Blick zugeworfen.«

»Nun, Herr von Barneck, das war's auch schon.«

Sie erhob sich. Warf ein gütiges Lächeln zu mir herab. »Was ist mit Ihnen? Ich sehe doch, dass Sie nicht auf dem Damm sind.«

»Ich nehme keine Drogen.«

»Oh, das wollte ich damit nicht ausdrücken. Ich glaube Ihnen ja.«

Sie ging ein paar Schritte zur Tür hin, wandte sich um. »Sie brauchen mich nicht nach draußen zu begleiten. Ruhen Sie sich aus. Sie haben es hier wirklich schön. Wenn noch etwas ist, melde ich mich wieder.«

Ich hörte die Haustür zuschlagen.

Rührte mich nicht.

Den ganzen Tag wagte ich mich nicht ins Freie. Nicht einmal in den Garten. Ich fühlte mich von allen Seiten beobachtet. Befürchtete, noch mehr denunziert zu werden. Dabei hatte ich doch mit niemandem aus der Siedlung Kontakt gehabt, nur ab und zu ein kurzes Grüßen hingeworfen und entgegengenommen. Aber keine Gespräche geführt, nichts.

Arlena merkte sofort, dass etwas nicht stimmte, als sie nach Hause kam und mich gedankenversunken am Tisch sitzen sah. Die Kaffeekanne und mein Frühstücksteller standen immer noch herum.

»He, was ist?« Sie stieß mich in die Seite.

»Die Polizei war da.«

»Wie bitte? Was hast du getan?«

»Ich? Was soll ich denn getan haben? Nichts. Die Kommissarin ist auch gleich wieder gegangen.«

In knappen Worten erzählte ich Arlena von dem anonymen Vorwurf. Zu meiner Verblüffung ging sie nicht weiter darauf ein und kümmerte sich ums Essen.

»Am besten«, sagte sie wenig später und schenkte uns einen Wein ein, »du meidest vorerst jegliche Nähe zu anderen Menschen und bleibst im Haus. Bis richtig Gras über die Sache gewachsen ist.«

Ihr Tonfall war ruhig, beinahe gelassen. Weshalb ich mich davor hütete, nachzufragen, welche »Sache« sie meinte.

Freitag, 18.09.

Wir saßen beim Abendessen, Arlena plapperte in einer Tour. Ich hörte nur halbherzig hin, kämpfte mit einem Heringsbrötchen. Das Brötchen war frisch vom Bäcker, der Fisch frisch vom Metzger. Und doch war mein Hals wie zugeschnürt.

Ich würgte Bissen um Bissen die Speiseröhre hinab. Trank eine Weinschorle nach, weiß und eiskalt. Doch es wurde nicht besser.

»He, Schatz, hörst du mir überhaupt zu?« Arlena beugte sich herüber und schlug auf meinen Unterarm.

»Ähm, ja.«

»Und – über was habe ich grad geredet?«

Ich überlegte. »Sorry, ich habe wirklich einen Moment abgeschaltet. Sag's nochmal, Leni.«

Sie schnaufte hart durch. »Merkst du eigentlich was an mir?«

Jetzt war ich doch über alle Maßen erstaunt. Und völlig verunsichert. »Hast du eine neue Bluse an?«

Ja, wenn ich es richtig betrachtete, könnte die himbeerrote Halbarmbluse neu sein.

»Wenn das Ding neu wäre, hätte ich es nicht zum Essen an.«

Okay, ein Fehlschlag.

Ich betrachtete ihr Haar. Lockig, glänzend und pechschwarz.

»Du warst beim Friseur?« Ich freute mich über diese Einschätzung.

Doch weit gefehlt.

»Du bist so ein Egoist«, schimpfte sie los. »Immer zählst nur du. Du und nochmals du. Dir geht es nicht so gut, dir geht es besser oder dir geht es schlechter. Du willst dies und du willst das.«

Das war unfair. Keine Sekunde lang war ich mir bewusst, etwas gefordert zu haben, das nur mich betraf.

»Leni, das stimmt aber so nicht. Lass mich bitte nochmals raten.«

»Genau!«, schrie sie mich an. »Raten. Dann rate mal. Jetzt sitzen wir täglich beieinander, und du musst raten, was sich bei mir geändert hat. Ausgerechnet du. Wo du doch so auf körperliche Perfektion Wert legst.«

Jetzt kam mir die Erleuchtung.

»Dann zieh doch mal die Bluse aus, Leni. Vielleicht verdeckt sie etwas nicht mehr Vorhandenes.«

Das klang frivol, das war mir klar. Aber Arlena schmunzelte süffisant und knöpfte mit sichtlichem Genuss Knopf um Knopf auf.

Na ja, mit viel Phantasie konnte man meinen …

»Heute Morgen hat die Waage den vierten Tag in Folge fünfzehn Kilo weniger angezeigt. Dein Ernährungsprogramm zeigt wahrlich Erfolg. Na, und ab und zu habe ich ja auch deinen Ergometer benutzt.«

»Okay. Super, Leni. Gratuliere.«

Sie sprang auf – soweit man ihr unerwartetes Emporgleiten als Springen nennen konnte –, kam herüber und umarmte mich. Knutschte mich ab. Drückte mich.

»Danke, mein liebster Benni. Wenn ich dich nicht hätte.«

»Oh, Leni, das ist hauptsächlich dein Verdienst. Und dein eisernes Durchstehvermögen.«

»Ich liebe dich, Benedict, und ich lasse dich nie mehr los. Du wirst sehen, ich werde es schaffen und einmal deinem Schönheitsideal entsprechen. Ich tue alles, damit ich dir gefalle. Und in ein wunderbares Hochzeitskleid passe.«

Dieses Eingeständnis, dieser Wunschtraum überforderte mich gewaltig.

Dennoch überraschte mich die Hochstimmung, die mich im Anschluss an das Abendessen überfiel. Arlena präsentierte sich liebreizend, ein wenig aufdringlich, erweckte erloschene Begierden in mir. Sie zog mich ins Schlafzimmer, spielte die Gefügige und brachte mich zum fordernden Agieren.

Wir liebten uns in einer Intensität, die ich so noch nie empfunden hatte. Mit ihr.

19 | OKTOBER 2020

Donnerstag, 01.10.

Es war ein Donnerstag, an dem das neue Semester begann. Mein Kopf war einigermaßen frei, mir schmeckte wundersamerweise das Frühstück, und ich freute mich auf die anderen Kommilitonen, die Dozenten und überhaupt auf das Leben inmitten von Menschen, wenn auch derzeit etwas weniger umtriebig.

Arlena saß mir gegenüber, auch sie wirkte aufgeregt und sogar etwas aufgedreht. Wir hatten vor, gemeinsam zur Uni zu fahren.

Unsere Smartphones lagen neben den Tellern, wir tippten darauf herum; ich suchte nach Neuigkeiten, Arlena schrieb WhatsApp-Nachrichten. Ich wusste immer noch nicht, in welchen Gruppen sie vertreten war, hakte aber nicht nach.

Ich öffnete die App der BNN. Ein Artikel schlug mir ins Gesicht. Der erste Verhandlungstag des Prozesses gegen Severin stand an. Offenbar sollte nur der Mord an Larissa verhandelt werden, die Ermittlungen zum zweiten Mord liefen noch.

»Ausgerechnet heute«, murmelte ich vor mich hin.

»Was ist?« Arlena schaute auf. Schielte auf mein Handy.

»Severins Verhandlung beginnt heute Vormittag.«

»Ja, und? Du wolltest doch etwa nicht dorthin, oder?«

»Nein, natürlich nicht«, sagte ich, obwohl es nicht der Wahrheit entsprach.

Arlenas scharfer Blick traf mich hart. »Du kannst mir nichts vormachen. Garantiert wärst du hingegangen, um deinen ach so tollen Freund mal wieder zu sehen. Pah! Dieser widerwärtige Mörder. Schlachtet einfach ein braves Mädchen ab. Und sowas hast du als Freund gehabt.«

Pikiert sah ich ihr nach, als sie ihr Geschirr packte und zur Spüle hineilte. Ich verzichtete auf den Hinweis, dass ich unter

Umständen damit rechnen musste, einmal als Zeuge geladen zu werden.

»Auf geht's«, rief sie. »Sonst kommen wir noch zu spät.«

Der Tag verflog rascher als erwartet. Im Auto, geparkt auf einem der Stellplätze nahe der KIT-Chemie-Gebäude, wartete ich am späten Nachmittag auf Arlena. Suchte auf dem Handy nach aktuellen Infos und fand den knappen Hinweis, dass wegen Erkrankung eines Anwalts Severins Verhandlung auf kommende Woche verschoben wurde.

Tief versunken in meine Gedanken schreckte mich ein Klopfen ans Seitenfenster auf. Ich ließ es herab und blinzelte gegen die Sonne in Monas Augen.

»Hallo«, sagte sie.

»Hallo«, gab ich zurück.

Die Freude, die mein Herz bei ihrem Anblick schneller schlagen ließ, versuchte ich zu verbergen.

»Wartest du auf Arlena?«

»Ja. Sie müsste jeden Augenblick kommen.«

Mona nickte. »Ich will dich auch nicht aufhalten oder kompromittieren. Wollte nur mal wissen, wie es dir geht.«

»Wieder besser«, rutschte es mir über die Lippen. »Ich meine, mir geht es gut.«

»Warst du krank?«

»Nein, alles okay. Wirklich.«

»Der Prozess gegen Larissas Mörder sollte heute beginnen.«

»Ist auf nächste Woche verschoben worden.«

»Ich weiß. Gehst du hin? Er ist ja schließlich dein Freund.«

»Er ist nicht mehr mein Freund.«

Wieder nickte sie. »Das Leben ist schon manchmal grausam. Wenn man sich nicht mal mehr auf Freunde verlassen kann.«

»He, Mona!«, rief eine laute Stimme. Arlena kam hinter dem Auto hervor. »Was willst du von Benni?«

Mona hob beschwichtigend ihre Arme. »Wir haben uns nur begrüßt.« Sie blickte zu mir her. »Ciao, Benedict. Mach's gut.«

»Du auch, Mona.« Ich warf ihr einen Abschiedsgruß hin. Sah ihr nach.

Viel zu lang. Kassierte einen harten Boxhieb in die rechte Seite, Arlena war inzwischen eingestiegen.

»Fahr endlich.«

Dienstag, 06.10.

Um der Verhandlung beiwohnen zu können, ließ ich mich registrieren. Ich wollte Gewissheit haben, auch eingelassen zu werden, immerhin stand nur eine begrenzte Anzahl von Plätzen zur Verfügung.

Ich begnügte mich mit einem Platz in der letzten Reihe, und beinahe wäre ich vor Anspannung aus dem Saal geflüchtet, als sie Severin hereinführten. In Handschellen. Er hielt einen aufgeklappten, leeren Ordner vors Gesicht, bis die Journalisten aufgefordert wurden, das Fotografieren einzustellen.

Dann legte er den Sichtschutz beiseite, redete mit seinem Anwalt. Hinter ihm bauten sich zwei Justizangestellte auf. Durch die Plexiglasscheibe konnte ich nur schwer Einzelheiten erkennen, Licht spiegelte sich darin. Dennoch lag mein Blick fest verankert auf ihm, meinem besten Freund aus Kindertagen, aus der Jugendzeit bis hin zur frühen Erwachsenenzeit.

Unzertrennlich waren wir gewesen. Trafen uns in jeder freien Minute, im Tennisclub, in Lokalen, im Kino, im Schwimmbad. Er ging bei mir ein und aus, wie es ihm beliebte, ich hockte bei ihm nächtelang herum. Sofern es unsere Verpflichtungen zuließen. Er lernte nach dem Abi einen soliden Beruf, ich begann nach meinem Australienjahr das Studium.

Ich hatte nie das Gefühl gehabt, dass er es mir übelnahm, wenn ich mit Freundinnen loszog, ohne ihn. Stets dachte ich, er würde sich auch ein Mädchen angeln und mit ihr ausgehen.

Wie konnte ich so falschliegen?

Der Vorsitzende Richter eröffnete die Verhandlung. Die Fakten wurden dargelegt, Hauptkommissarin Steiner und ein Rechtsmediziner gaben Stellungnahmen ab, ich hörte kaum hin.

Es war nahezu die Wiederholung dessen, was ich selbst vor über einem Jahr am eigenen Leib erfahren musste.

Nur, dass ich unschuldig war.

Mit einem Mal schwenkte Severin seinen Blick auf mich. Ich zuckte wie unter einem Peitschenhieb zusammen, schloss die Augen, nur kurz, und gab den Blick zurück. Versank in der Vergangenheit. Sah uns auf seinem Couchbett herumlümmeln, jeder einen doppelten Whisky in der Hand, zimmertemperiert.

Er hatte einen Arm um mich gelegt, ich drängte mich an ihn. Es war eiskalt, und wir bibberten um die Wette. Severin hatte am Morgen vergessen, das Fenster zu schließen, und draußen waren es minus fünf Grad. Dazu hatten wir beide bereits so viel Alkohol intus, dass es ganz normal schien, sich aneinanderzudrücken und herumzualbern.

Zumindest für mich.

Rückblickend fiel mir ein, dass sein Griff ziemlich fest geworden war, er seine Stirn in mein Haar gedrückt und wirres Zeug gemurmelt hatte. Der Wortlaut war seltsam gewesen. Ich hatte es auf den Whisky geschoben und darauf, dass wir uns schon im Sandkasten wie siamesische Zwillinge benommen hatten.

»Eigentlich, Bennilein, wären wir das ideale Paar.« Ja, das hatte er gesagt. Und weil er mir um ein Haar die Luft abgedrückt hätte, stieß ich ihn von mir weg.

»Ganz sicher«, hatte ich gekontert und ihm in die Wange gekniffen. Dachte mir echt nichts dabei. Wir waren höchst alberne Siebzehnjährige gewesen. Weshalb ich auch nicht zur Gegenwehr angesetzt hatte, als er mir einen lauten Schmatz auf den Mund drückte. Ich hatte nur gelacht, ihn sanft weggeschoben, und wir soffen noch so viel Whisky, dass wir bald in tiefen Schlaf sanken.

Jetzt, im Nachhinein, erschien diese Szene mehr als grotesk. Ich hätte ihm echt eine kleben sollen, dann wäre unter Umständen alles geklärt gewesen.

Ich unterbrach den Sichtkontakt zu Severin, konnte seine Leidensmiene nicht mehr mitansehen, und war froh, als der Vorsitzende Richter eine Pause anordnete.

Die ich zur Flucht nutzte.

Wieder im Freien, traf ich auf Mona.

»Warst du drin?«, fragte sie.

»Wolltest du nicht auch kommen?«

»Ich konnte nicht. Ich warte hier auf Larissas Eltern. Ich werde sie nachher heimfahren.«

»Das ist schön von dir.«

Wir fielen uns in die Arme, drückten uns wie Ertrinkende aneinander. Mona schluchzte, und in mir brach ein neuartiges, warmes Gefühl auf.

»Ich glaub, ich spinne!« Eine schrille Stimme riss uns auseinander.

Arlena kam herbeigetappt, sie war früher dran als vereinbart. Wir wollten uns am Parkplatz treffen.

»Tut mir leid«, sagte Mona und streifte Arlena beschwichtigend über die Schulter.

Arlena schlug ihr die Hand beiseite. »Lass ja die Pfoten von Benedict. Er ist *mein* Freund.«

»Aber Leni«, sagte ich, »da war doch nichts.«

»Halt bloß die Klappe!«

Sie wartete, bis ich mich in Bewegung setzte, hängte sich bei mir ein und zerrte mich mit zum Auto.

Wir sprachen an diesem Tag kein Wort mehr miteinander.

Als sie nach dem Spätfilm endlich eingeschlafen war, suchte ich nach meinem Handy. Ich hatte es am Mittag noch benutzt und war mir sicher, es vorm Abendessen in mein Arbeitszimmer gelegt zu haben. Aber ich fand es nicht. Weder auf meinem Schreibtisch noch im Schlafzimmer oder sonst wo.

Kopfschüttelnd nahm ich den Festnetz-Apparat. Wählte die Nummer des Hotels.

Der Anrufbeantworter meldete sich.

»Hi, ich bin's«, sagte ich und stockte. »Sorry, es ist schon spät, ich ruf morgen nochmals an. Macht euch keine Gedanken. Grüße an Lars.«

Ich legte auf. Echt bescheuert, was ich soeben getan hatte. Na ja, immerhin wussten sie, dass es mich noch gab.

Lange lag ich noch wach im Bett, wälzte mich von einer auf die andere Seite, bis mich endlich der Schlaf erlöste. Dementsprechend müde war ich am nächsten Tag. Bei einer Vorlesung über Zoom schlief ich nach den ersten Minuten bereits ein.

Samstag, 10.10.

Es war Vormittag, es regnete, und ich ließ den Laptop hochfahren. Öffnete ein paar Dateien, denn ich hatte mir fest vorgenommen, eines der Konzepte über die ersten Vorlesungen auszuarbeiten. Es fiel mir schwer, mich auf den Text zu konzentrieren, die Augen brannten bereits nach kurzer Zeit. Hinter meiner Stirn begann es zu pochen, und ich verstand nicht, was in meinem Körper vorging.

Arlena brachte ständig neue Medikamente mit, die besten und zuverlässigsten, die auf dem Markt seien, wie sie versicherte. Verschrieben mussten sie angeblich nicht werden, da es sich um homöopathische Präparate handelte. Meistens waren es Kapseln aus kleinen braunen Glasbehältern ohne Beschreibungen und Verpackungen.

»Muster von Vertretern«, wie Arlena auf mein Nachfragen gekontert hatte. »Lockern bloß dein Inneres ein wenig auf, du bist so angespannt und verkrampft.«

Ich schluckte, was Arlena mir anbot. Mitunter reichte sie mir Medizin in flüssiger Form, dann achtete ich nicht so genau auf die Menge, Hauptsache, es wirkte. Irgendwie. Wenn ich auch nicht wusste, wogegen sie ankämpfen sollte. Die Fläschchen waren mit handgeschriebenen Abkürzungen beschriftet, ich forschte nicht nach, was sich dahinter verbarg. Mein Vertrauen in Arlenas Hilfsbereitschaft steigerte sich mit jeder Medikamentengabe. Immerhin verfügte ich aufgrund meines Studiums über medizinische Grundkenntnisse, wenn auch vorrangig aus dem Bereich der Sportwissenschaft, und glaubte, erkennen zu können, wenn sich erste Anzeichen für eine Überdosierung oder gar einer Abhängigkeit einstellten. Und natürlich wusste ich auch, dass es bei homöopathischen Mitteln mitunter länger dauern konnte, bis sich nach einer verschlechternden Phase eine Besserung einstellte.

Derart in mich gekehrt und auf den Bildschirm starrend, beachtete ich nicht das Läuten an der Haustür. Eine Wiederholung fand nicht statt, leise Stimmen drangen an mein Ohr. Arlena hatte wohl geöffnet, und ich versank tiefer im leeren Weiß zwischen den schwarzen Buchstaben.

Das Telefon klingelte. Aber auch das vernahm ich nur nebenher. Arlena würde sich darum kümmern.

Der Durst riss mich aus meiner Versunkenheit, trieb mich in die Küche, und ich trank eine halbe Flasche Mineralwasser. Eiskalt aus dem Kühlschrank.

»Das ist aber nicht sehr gesund«, gab Arlena zum Besten und hantierte am Geschirrspüler herum. »In einer Viertelstunde gibt es Essen«, sagte sie, ohne mich anzusehen.

»Wer war vorhin an der Haustür?«, fragte ich.

»Ein Bettler. Hab ihn weggeschickt.«

»Bettler? Was für ein Bettler?«

»Glaubst du, ich hab ihn gefragt, wer er ist?«, fuhr sie mich an. »Er wollte was verkaufen, ich hab ihn abgewimmelt.«

»Aha. Und wer hat angerufen?«

»Verwählt.«

»Hm!«, brummte ich und zog mich in mein Büro zurück.

Es klingelte wieder. Und wieder. Ich stand genervt auf. Schlurfte auf den Gang hinaus und Richtung Haustür.

Arlena schrie mir nach. »Mach ja nicht auf!«

Zu spät.

Frau Hauptkommissarin Steiner hob erstaunt die Brauen. »Oh, Sie sind ja doch da?« Sie musterte mich streng von oben bis unten.

»Wo sollte ich sonst sein?«

Mein Tonfall war entschieden zu grob.

»Dann haben Sie sich vorhin verleugnen lassen?« Sie kräuselte ihre Lippen.

»Wieso verleugnen?«

»Na, lassen wir das. Darf ich zu Ihnen hereinkommen? Ich hätte ein paar wichtige Fragen zu einem schlimmen Ereignis.«

Erschrocken runzelte ich die Stirn. »Ist was mit meinen Eltern?«

Ihre Augen wurden schmal. »Wie kommen Sie darauf?«

Ich zuckte mit den Schultern. »Wäre das so abwegig?«

»Nein, nein, natürlich nicht. Bitte, lassen Sie uns drinnen reden.«

Ich machte einen Schritt zur Seite, Frau Steiner drückte sich an mir vorbei. Es schien, als ob sie sich vorsichtig umschaute.

»Gehen wir in mein Büro«, schlug ich vor und erntete ein zustimmendes Nicken.

Arlena stellte sich mir in den Weg. »Ihr könnt euch auch an den Esstisch setzen.«

Ich schob sie weg, verzichtete auf einen Widerspruch und führte die Kommissarin nach hinten. Schloss die Tür, bot ihr einen Stuhl an und ließ mich auf meinen Schreibtischstuhl fallen.

»Also, mit welchen Hiobsbotschaften wollen Sie mich heute beglücken, Frau Hauptkommissarin?«

»Sie haben gar nichts mitbekommen?«

»Ich lese seit geraumer Zeit keine Nachrichten mehr.«

Sie neigte ihren Kopf. »Das stand heute noch nicht in der Zeitung. Also nicht in der gedruckten. Eher online.«

Aus heiterem Himmel zog ein eisiger Schauer über meinen Körper. »*Was* stand noch nicht in der Zeitung?«

»Gegen Mitternacht wurde von einem Mann mit Hund unten am See eine reglose Frau gefunden. Also besser gesagt, der Hund des Mannes hat sie aufgestöbert. Von der Straße aus gesehen, linksseitig. Am Ufer, im Unterholz. Teilweise im Wasser liegend.«

»Eine Frau?« Ich schluckte. »Hoffentlich nicht die, die mich angezeigt hat.«

»Oh, nein, ich glaube nicht, dass diese junge Dame Sie angezeigt hat.«

»Mann, jetzt machen Sie es nicht so spannend. Welche Frau lag am See? Und was hat das mit mir zu tun?«

Hauptkommissarin Steiner zog sich ihre Umhängetasche auf den Schoß, öffnete den Reißverschluss, holte ihr Tablet heraus. Immer noch eingepackt in der verschlissenen, grünen Schutzhülle. Ein Wunder, dass der Deckel noch nicht weggebrochen war. Sie tippte auf dem Display herum, und mich zerriss es schier vor Ungeduld.

Dann hielt sie mir ein Bild vor die Augen. Ein Körper in Seitenlage, die sichtbare Gesichtshälfte blutüberströmt, das Lid geschlossen. Dunkles, zerwühltes Haar, schimmernd vor Nässe, um den Kopf herum drapiert. Mitten im erdigen Dreck und dornigen Gestrüpp. Beleuchtet wie auf einer Theaterbühne.

»Sie kennen sie doch, Herr von Barneck? Sie wurde brutal niedergeschlagen.«

Mein Bewusstsein füllte sich mit Leere. Ausgehöhlt durch das Entsetzen beim Anblick der Bilder, das Vernehmen der erbarmungslosen Worte der Kripobeamtin.

»Das kann nicht sein«, stieß ich aus, rannte ins Bad. Kotzte ins Klo, bis der Magen nur noch bittere Galle hergab. Wusch mir das Gesicht, atmete ein paarmal durch, ging zur wartenden Kripobeamtin zurück.

Arlenas Versuch, zu erfahren, was geschehen sei, ließ ich unbeantwortet. Schloss die Tür, lehnte mich an.

»Wer tut denn sowas? Wie … wie kommt Mona hierher? Sie wohnt doch in Rüppurr.«

Die Kommissarin drehte sich zu mir um. »Nun, wie es aussieht, ist sie mit der Stadtbahn hergefahren, sie hatte das Ticket in ihrer Jackentasche. Sie wollte wohl Sie besuchen.«

»Das glaube ich nicht. Und wenn, hätte sie sich vorher gemeldet.« Ich atmete erneut tief durch. »Wer sollte sie denn zusammenschlagen? Und was suchte sie mitten in der Nacht am See?«

»Mich wundert, Herr von Barneck«, die Kripobeamtin legte eine Pause ein, und mir wurde es heiß, »dass Sie gar nicht gefragt haben, ob sie noch lebt.«

Ich schloss die Augen. »Ich gehe davon aus, dass sie tot ist.«

»Weshalb glauben Sie, dass sie tot sei?«

»Reglos? Blutig? Und Sie von der Mordkommission?«, stieß ich verzweifelt aus. »Also, ist sie nicht tot? Sie lebt? Kann ich sie besuchen? Bitte, lassen Sie mich sie besuchen. Bitte.« Ich flehte wie ein kleines Kind, das um Schokolade winselt.

»Sie liegt im Koma, Herr von Barneck. Und über ihren Zustand können die Ärzte überhaupt noch keine Angaben tätigen.«

Frau Steiner erhob sich. Trat näher, sah mir fest in die Augen. »Kommen Sie am Montag um halb neun bitte zu mir ins Büro. Sie wissen doch noch, wo das ist?« Sie lächelte wieder ihr unverbindliches, nicht einzuschätzendes Lächeln, das mich schon früher genervt hatte.

Ich nickte.

»Gut, dann wissen wir vermutlich auch mehr.« Sie wartete, bis ich die Tür freigab. »Und Sie haben garantiert kein Treffen mit ihr vereinbart oder eine Mitteilung von ihr bekommen, dass sie Sie aufsuchen wollte?«

»Nein.«

Kaum war die Hauptkommissarin fort, fiel Arlena über mich her. Klatschte mir ins Gesicht. Boxte mir auf die Brust.

»Sag mal«, herrschte sie mich an. »hast *du* die Nutte herbestellt?«

Ich packte ihre Handgelenke, quetschte sie regelrecht. »Wie redest du über sie?« Ich verstärkte meinen Griff. »Wenn ich vorgehabt hätte, mich mit ihr zu treffen, hätte ich das garantiert nicht hier getan.«

Sie wand sich aus meiner Umklammerung, die ich nun etwas

lockerte, rieb sich ihre Gelenke. »Du Grobian. Wenn ich blaue Flecken kriege, melde ich das deiner ach so regen Kripobeamtin. Dann bin ich aber mal gespannt, was sie dazu sagt. Und außerdem bist du momentan gar nicht in der Lage, mit dem Auto irgendwohin zu fahren.«

Ich zuckte zurück. »Arlena, ich weiß wirklich nicht mehr, was in dir vorgeht. Wenn du so unzufrieden bist, weshalb ziehst du nicht aus? Ich halte dich jedenfalls nicht ab.«

Sie glotzte mich an, als sei ich von den Toten auferstanden. Streifte sich eine Haarsträhne aus dem Gesicht, tupfte sich über die Augen. Setzte sich an den Tisch. Stieß einen Seufzer aus.

»Aber Benni, kannst du dich nicht mal ganz normal mit mir streiten, ohne mich gleich vor die Tür setzen zu wollen? Ich liebe dich doch, merkst du das nicht? Ich will dich vor allem schützen, was dir schaden könnte. So wie diese Mona. Sie ist eine falsche Schlange. Schon damals, zusammen mit dieser bescheuerten Larissa. Du warst ja wohl auch nicht glücklich mit diesem Weibsstück, sonst hättest du dich nicht von ihr getrennt. Und dann diese Polizistin. Immer hackt sie auf dir herum, kaum ist etwas geschehen. Merkst du das eigentlich nicht? Bist du schon so vom eigenen Ich zerfressen, dass du das Gute nicht mehr vom Bösen unterscheiden kannst? Du solltest dir mal überlegen, weshalb es dir immer so schlecht geht und du nur noch mit Medikamenten über die Runden kommst. Ein Arzt hätte dich vermutlich längst zu einem Psychiater geschickt oder gar eingewiesen. Dann könntest du dein Studium ganz knicken. Sei froh, dass du mich hast und auch meine erfahrenen Eltern, die mir mit Rat und Tat beistehen.«

Sie heulte los und ich stand da wie begossen.

Weil ich im Trösten nicht besonders gut bin, sagte ich nur: »Tut mir leid.«

Dann verzog ich mich in mein Arbeitszimmer, schloss ab, setzte mich vors Notebook, starrte auf das wandernde Logo des Bildschirmschoners und driftete geistig in ein schwarzes Nirwana ab.

Montag, 12.10.

Auf Anraten Arlenas verzichtete ich nicht nur auf einen anwaltlichen Beistand, den ich intuitiv aus meinen Erfahrungen heraus über die Vorladung informieren wollte, sondern auch darauf, mit dem Audi zu fahren, und bestellte mir ein Taxi. Ich zitterte derart, dass ich mir noch eine Beruhigungstablette einwarf, während ich wartete. Schweiß stand mir auf der Stirn, als ich einstieg.

Das fiel sogar dem Chauffeur auf. »Wollen Sie zum Arzt? Hoffentlich kein Corona.«

Trotz seines Schmunzelns war ich mir nicht sicher, ob seine Befürchtung ernst gemeint war oder er mich aufmuntern wollte. Jedenfalls gefror sein Schmunzeln, als ich ihm die Adresse der Kriminalpolizeidirektion sagte.

Auf der Fahrt versuchte er, ein Gespräch anzuregen, worauf ich nicht einzugehen in der Lage war. Meine eintönigen Antworten ließen auch ihn schweigen.

Über die Willy-Brandt-Allee gelangten wir auf den Adenauerring, dann über die Moltkestraße bis zur Hertzstraße. Niemals hätte ich erwartet, dort wieder antreten zu müssen.

Beim Aussteigen und Zahlen zeugte der misstrauische Blick des Taxifahrers davon, dass er garantiert den Wagen intensiv desinfizieren würde, sobald ich außer Sichtweite war.

Zögernd betrat ich das Gebäude, blieb unentschlossen stehen. Zog damit sofort den Blick des Empfangsbeamten auf mich.

»Kann ich helfen?«

»Ich habe einen Termin bei Frau Steiner.« Am liebsten wäre ich davongerannt.

»Einen Moment«, sagte der Beamte, ergriff das Telefon und redete leise vor sich hin.

Ich fror, wischte mir den Schweiß zum wiederholten Mal von der Stirn. Das Zittern hatte nachgelassen.

»Hallo? Herr von Barneck?«, rief der Beamte nun herüber. »Sie können hinaufgehen. Den Weg wissen Sie?«

Ich nickte und setzte mich in Bewegung. Stufe um Stufe quälte ich mich empor wie ein hundertjähriger Greis.

Nach einer halben Ewigkeit hatte ich es geschafft und klopfte gegen Frau Steiners Bürotür. Hörte ein leises »Herein!«.

Doch ich starrte die Klinke nur an. Meine Güte, was war los mit mir?

Die Tür wurde aufgerissen. Ich zuckte zurück.

»Kommen Sie doch, Herr von Barneck. Setzen Sie sich.«

Ich gehorchte, schaute mich um. Alles unverändert.

Die Steiner nahm auf ihrem Drehstuhl Platz, betrachtete mich, als sähe sie mich zum ersten Mal. »Sind Sie in ärztlicher Behandlung?«

Verblüfft stierte ich sie an. »Wieso? Mir geht es gut. Ich brauch keinen Arzt.«

»Nun gut. Sie wissen aber schon, dass Sie Ihren Anwalt hätten mitbringen können?«

»Ähm – weshalb? Wollen Sie mich schon wieder verhaften?«

»Oh nein, ich benötige nur ein paar Auskünfte von Ihnen.«

»Okay. Ich hab ja nichts getan.«

»Schön, dann beginnen wir. Sie kennen die Prozedur ja schon zur Genüge.« Sie lächelte mich an und aktivierte die Taste eines Aufnahmegeräts, das auf dem Tisch lag, tippte auf der PC-Tastatur herum, schaute in den Bildschirm. »Was haben Sie letzten Freitag zwischen achtzehn Uhr und Mitternacht getan?«

Sie behielt ihr berüchtigtes Lächeln bei. Tat völlig unbekümmert.

»Weiß ich doch nicht mehr.« Ich fuhr mir durchs Haar. Hatte ich mich heute Morgen überhaupt gekämmt? Na, egal.

»Bitte, strengen Sie sich an.«

»Nichts. Ich habe nichts getan.«

»Jeder tut etwas. Und wenn es schlafen ist.«

Ich ließ den besagten Abend vor meinen Augen passieren. »Gegen sieben kam Arlena nach Hause. Sie war von der Uni direkt zur Apotheke ihrer Eltern gefahren, um dort auszuhelfen. Das macht sie öfters.«

»Und Sie? Waren Sie auch in der Uni?«

»Nein. Sie wissen doch. Zurzeit läuft vieles über den heimischen PC oder Laptop.«

»Aber Arlena war in der Uni?«

»Sie hatte sich wohl mit ein paar Kommilitoninnen aus ihrer Gruppe getroffen und war anschließend in der Bibliothek. Aber genaue Uhrzeiten weiß ich beim besten Willen nicht.«

»Nun, das erfahren wir schon noch.« Sie wandte sich der Aktenmappe zu, die vor ihr lag, blätterte darin herum. »Gut«, sagte sie dann. »Gegen neunzehn Uhr kam Ihre Freundin also heim. Was taten Sie unmittelbar davor?«

»Ähm«, ich überlegte angestrengt. »Nichts.«

»Oh, hören Sie auf. Waren Sie auf dem Klo? Haben Sie den Tisch vorbereitet? Haben Sie ein Nickerchen gemacht?«

Meine grauen Hirnzellen arbeiteten, als wären sie in einem Kampfring. Nach einer Weile erhielt ich einen vagen Durchblick.

»Ich lag auf der Couch, genau. Bin aufgewacht, als sie hereinkam und den Einkauf auf den Esstisch geknallt hat.«

»Geknallt?«

»Na ja, energisch abgelegt.«

»Machte sie einen verärgerten oder nervösen Eindruck?«

Ich lachte auf. »Verärgert, ja, das trifft es exakt. Verärgert.« Mein Blick schwenkte zum Fenster hinaus, konnte die Schrebergärten auf der anderen Straßenseite erkennen. »Zurzeit ist sie ständig gereizt und verärgert. Keine Ahnung, warum.«

»Reden Sie nicht darüber?«

»Über was?«

»Na, wenn jemand von Ihnen Probleme hat. Es ist doch offensichtlich, dass es Probleme gibt, oder?«

»Ist es das?«

Die Hauptkommissarin lehnte sich zurück. Ihre Augen lagen streng auf mir. Das Zittern setzte unterschwellig ein, verstärkte sich, und ich klemmte meine Hände zwischen die Oberschenkel, hoffte, es so verbergen zu können.

»Also gut«, sagte Frau Steiner, »Arlena kommt heim, wirft gereizt den Einkauf auf den Tisch – vielleicht verärgert, dass Sie auf dem Sofa schlafen?«

Ich zuckte mit den Schultern. »Jedenfalls habe ich ihr beim Einräumen des Kühlschranks geholfen, den Tisch gerichtet, und dann haben wir gegessen.«

»Was gab es denn?«

Alles stand plötzlich wieder klar vor mir. »Frisches Brot, Fisch in Tomatensauce aus der Dose, Butter, ein paar frische Tomaten. Wir haben Weißwein dazu getrunken. Sie pur, ich mit Mineralwasser gemischt. Oder war es umgekehrt?« Ich schüttelte den Kopf. »Ist ja auch egal.«

»Über was haben Sie geredet?«

»Was Sie alles wissen wollen.« Ich überlegte. »Sie hat wie üblich ihren Tagesablauf geschildert, ich habe zugehört. Ich war ja den ganzen Tag daheim und wusste nichts zu sagen.«

»Und nachdem Sie mit dem Abendessen fertig waren?«

»Ich blieb sitzen, sie hat abgeräumt und alles verstaut. Dann ist sie ins Bad und hat sich umgezogen.«

»Was hat sie angezogen?«

»Hm. Ist das wichtig?« Ich wühlte regelrecht in meinen Erinnerungen. »Vermutlich bequeme Kleidung. Das macht sie immer, bevor sie sich vor den Fernseher hockt.«

»Was heißt ›vermutlich‹? Haben Sie es nicht gesehen?«

Da war nichts. Nur ein tiefes, leeres Nichts. »Ich hab's vergessen.«

»Wie können Sie das vergessen, Herr von Barneck?« Sie beugte sich vor, ihre Augen strahlten mitleidvolle Güte aus.

»*Ich weiß es nicht!*«, stieß ich jammernd aus. »Wahrscheinlich bin ich wieder eingeschlafen.« Mein Zittern konnte ich nicht mehr verbergen, sosehr ich auch die Hände zwischen die Beine klemmte. »Aber vielleicht hat sie sich auch schon vorm Essen umgezogen, das tut sie auch manchmal, wenn sie gute Kleidung anhat. Ich weiß es echt nicht mehr. Weder was sie anhatte noch wann sie sich umzog.«

Frau Steiner erhob sich, kam um den Schreibtisch herum, legte mir ihre Hände auf die Schulter. »Beruhigen Sie sich. Es wird Ihnen schon noch einfallen. Muss ja nicht jetzt sein.«

Ich sah zu ihr empor. »Danke.«

Sie lächelte sanft. »Möchten Sie nicht mal einen Arzt aufsuchen? Vielleicht sind Ihre Gedächtnisprobleme psychischer Natur und eine Folge des Gefängnisaufenthalts, den Sie noch nicht verarbeitet haben könnten. Ein Trauma gewissermaßen.«

Energisch schüttelte ich den Kopf, was ich sogleich bereute. Irgendwelche kleinen Mistviecher hämmerten mit Stahlkugeln gegen mein Stirninneres. Mit Mühe unterdrückte ich ein Stöhnen.

»Ich brauch keinen Arzt. Arlena versorgt mich mit allem, was ich benötige. Sie ist ein guter Mensch, und ich respektiere sie. Auch wenn ich ihr nicht die Liebe geben kann, die sie von mir erwartet.«

Frau Steiner setzte sich wieder auf ihren Platz. »Unter Umständen ist es dieser Zwiespalt, der Sie so fertig macht. Aber ich bin kein Arzt und auch kein Psychiater.« Sie wühlte in der Akte. »Ab welcher Uhrzeit etwa haben Sie wieder eine Erinnerung an den Freitagabend? Lagen Sie auf dem Sofa, saß Arlena in einem Sessel oder neben Ihnen? Oder waren Sie schon im Bett?«

Ich schloss die Augen. »Es war dunkel, als ich zu mir kam. Ich musste dringend pinkeln, also bin ich aufs Klo. Ja, genau. Ich habe mich angestoßen, weil ich kaum etwas sah und erst im Bad das Licht angemacht hab.«

»Na, das ist doch schon mal ein guter Ansatz. Und weiter?«

»Dann habe ich mich gewaschen, ganz automatisch, Zähne geputzt, bin ins Bett und gleich eingeschlafen. Das ist zurzeit bei mir oft so. Ich hab die Schlafkrankheit.« Ein lauter Lacher presste sich aus meiner Kehle.

Sie lachte ebenfalls. »Ja, da kann ich mitfühlen. Geht mir hin und wieder auch so. Wo war Arlena? Hat sie auch im Wohnzimmer geschlafen?«

Ich grübelte, suchte verzweifelt nach einem Anhaltspunkt. »Nein, es war ja weder Licht noch der Fernseher an. Sie war wohl schon im Bett.«

»Ganz sicher?«

»Ja. Manchmal lässt sie mich auf der Couch liegen, wenn sie mich nicht wachkriegt.« Mein Gehirn vollführte eine beinahe akrobatische Höchstleistung. »Ich hab sie schnarchen gehört.«

»Na, dann hat Schnarchen auch mal etwas Gutes an sich. Um wie viel Uhr war das etwa?«

Ich kratzte mich an der Stirn. »Also, das weiß ich wirklich nicht. Aber üblicherweise geht sie zwischen zehn und zwölf ins Bett, wenn sie am andern Tag aufstehen muss.«

Die Hauptkommissarin nickte vor sich hin, schwieg noch einen Moment. Dann beendete sie die digitale Aufzeichnung unseres Gesprächs, sah mich an.

»Können Sie sich an meine Frage bezüglich Ihres innigen Verhältnisses zu Herrn Suttor erinnern? Damals im Dezember, als ich Sie im Gefängnis besuchte.«

Ich wühlte regelrecht in meinem Gedächtnis. »Ich glaube, Sie fragten, ob wir immer alles zusammen gemacht hätten.«

»Und? Haben Sie? Oder gab es Phasen oder Unternehmungen, die ohne ihn stattfanden?«

»Wir waren von klein auf zusammen. Unsere Eltern sind befreundet. Kindergarten, Grundschule, Gymnasium. Wir haben gut harmoniert, uns gegenseitig geholfen. Weshalb wollen Sie das wissen? Hat das mit dem Verfahren zu tun? Müsste man mich nicht als Zeugen vorladen? Ich habe immer noch kein Schreiben vorliegen.« Ich schnappte nach Luft, die mir auszugehen drohte.

»Nun, als Zeuge werden Sie vermutlich nicht einbestellt werden. Da Sie zum eigentlichen Fall nichts mehr beitragen können, was ohnehin nicht schon bekannt ist. Aber unabhängig davon suchen wir ja immer noch nach dem Mörder von Mariella Schubert. Und hierzu würde ich Ihnen gerne noch ein paar Fragen stellen und aufzeichnen. Darf ich?«

Ohne meine Antwort abzuwarten, aktivierte sie aufs Neue das Aufnahmegerät und wiederholte Datum, Namen und ihre Fragen bezüglich Severin.

Ich konnte mich kaum noch konzentrieren, wollte zu einem Ende kommen. »Ja, bis zum Abi hingen wir wie Kletten aneinander, haben alles zusammen unternommen. Mit und ohne Freundinnen, wobei er selten eine dabei hatte.«

Mir kam eine Erinnerung, und ich lachte auf. »Als ich ihm sagte, dass ich ein Jahr nach Australien ginge, war er so schockiert, dass er eine Woche nicht mit mir geredet hat. Nicht mal telefonisch. Na ja, er musste seine Ausbildung bei der Stadtverwaltung antreten, da dachte ich, er sei neidisch auf mich.«

»Und was denken Sie heute?«

»Die lange Zeit ohne mich muss ihm echt schwergefallen sein.«

»Wann hat er von Mariella erfahren?«

»Erst, als wir zurückkamen. Von unterwegs habe ich mich nur selten bei ihm gemeldet. Von Mariella wusste keiner etwas. Meine Eltern waren auch ganz schön schockiert, als ich sie ihnen vorgestellt hatte und dann noch eine Weile mit ihr rumgezogen bin.«

»Und Ihr Freund?«

»Der hat es ziemlich gefasst aufgenommen. Hat sich sogar mit ihr unterhalten.« Ich schmunzelte vor mich hin. »Ich habe ihn ja auch ein wenig unter Druck gesetzt. ›Entweder‹, habe ich ihm gesagt, ›du akzeptierst sie als meine Freundin, oder du brauchst gar nicht mit uns ausgehen‹.«

»Das muss hart für ihn gewesen sein.«

»Verflucht! Er hatte seine Ausbildung, neue Kollegen, schwärmte mir von tollen Kolleginnen vor – wie hätte ich da irgendeine Ahnung von seinen Neigungen haben sollen?«

»Wie hat er reagiert, als Sie ihm von Ihrem Experiment mit Arlena erzählt haben?«

»Mann, Sie können vielleicht fragen. Wie hat er reagiert? Gelacht hat er, sich lustig über mich gemacht. Ganz normal eben.«

»Könnte er schon früher mal auf Arlena gestoßen sein? Könnte er sie schon gekannt haben, bevor Sie ihm von ihr erzählten?«

Verblüfft schaute ich in ihre erwartungsvollen Augen. »Keine Ahnung.« Wie war das damals, als ich ihn auf mein Experiment vorbereitet habe? »Arlena war zuvor niemals ein Gesprächsthema zwischen uns gewesen, wenn Sie das meinen. Ich kann mir auch nicht vorstellen, Bemerkungen über sie gemacht zu haben. Aber er hat mich hin und wieder mal nach einer Vorlesung abgeholt, wir trafen uns am Parkplatz, ich habe ihn durchs Campusgelände geführt. Dass sie ihm dabei schon mal ins Augenmerk fiel, wäre nicht abwegig. Sie ist jedem aufgefallen, ob man wollte oder nicht.« Ich schluckte, mein Kopf pochte, mir kam ein ungeheuerlicher Gedanke in den Sinn. »Frau Steiner, glauben Sie etwa, die beiden haben gemeinschaftlich gegen mich intrigiert?«

»Oh nein!«, wehrte die Kommissarin energisch ab. »Für solche Spekulationen gibt es keinerlei Hinweise. Ich glaube, das reicht für heute.« Sie stellte das Aufnahmegerät wieder aus und erhob sich. »Sie haben das prima gemacht, Herr von Barneck. Vielen Dank!«

Konsterniert stemmte ich mich empor. »Wie – ich kann jetzt einfach gehen?«

Sie deutete zur Tür. »Ja, natürlich. Sie erhalten einen neuen Termin, wo Sie dann das Protokoll unterschreiben müssten. Es wird zusätzlich zu dieser Aufnahme schriftlich festgehalten. Machen Sie's gut, Herr von Barneck.«

Auf der Heimfahrt, wieder mit einem Taxi, rückte mir ins Bewusstsein, dass sie mir überhaupt nichts über Monas Befinden oder gar neuere Erkenntnisse über den Gewaltakt gegen sie erzählt hatte.

Donnerstag, 15.10.

Es war gegen halb drei Uhr in der Nacht, als ich aufwachte und zur Toilette musste. Mein Herz schlug hart in meiner Brust und dröhnte mir in den Ohren, so etwas hatte ich bis dahin noch nie erlebt. Nach dem Pinkeln wusch ich mein Gesicht mit eiskaltem Wasser, füllte meinen Zahnputzbecher, trank ihn leer. Starrte in den Spiegel.

Meine vierundzwanzig Jahre sah mir garantiert keiner mehr an. Aschfahle Haut, tiefliegende Augen, dunkel umrahmt. Wie ein Zombie. Mein Haar stand in alle Richtungen. Wann ich das letzte Mal beim Friseur gewesen war, fiel mir nicht mehr ein. Oder doch, im Juli, vor meinem Geburtstag. Als es den Anschein gehabt hatte, dass das Leben wieder aufwärtsstrebte. Was für eine Fehleinschätzung.

Ich trocknete mich ab, begab mich ins Bett. Arlena schlief tief und fest. Ich könnte neben ihr krepieren, sie würde es nicht bemerken.

Krepieren. Ja, das tat ich schier, als das Herz stolperte. Nicht nur einmal, sondern mehrmals. Hörte gar nicht mehr auf. Als hätte es einen Stoß bekommen und fände nicht mehr in seinen Rhythmus zurück. Ich wagte nicht, mich zu bewegen. Als ob das einen Einfluss hätte.

Ich setzte mich auf. Atmete hektisch. In Todesangst. War's das jetzt? Stand der Sensenmann neben dem Bett und hielt mir eine Freikarte in den Hades vors Gesicht? *Begib dich direkt dorthin. Gehe nicht über Los!*

Ich presste meine Hände gegen die Brust, versuchte, meinen Atem zu verlangsamen. Ich wusste, dass gezieltes Atmen auch den Puls beeinflussen konnte. Natürlich mit Konzentration und vorheriger Übung.

Schweiß stand auf meiner Stirn, Schweiß füllte meine Handflächen, Schweiß perlte auf meinem Rücken. Gänsehaut breitete sich auf meinen Armen aus. Ein Zittern packte mich, als hätte ich Schüttelfrost.

Ich schlurfte ins Bad, suchte nach dem Fieberthermometer. Fand es und steckte es mir in den Mund. Wartete. Betrachtete erstaunt die Ergebniszahl. 36,4 Grad Celsius. Perfekt.

Ich kramte das Blutdruckmessgerät aus dem Schrank. Das besaß ich nicht, um eventuelle Fehlleistungen zu katalogisieren, sondern meine Höchstleistungen nach einem ausufernden Fitnesstraining. Meine Güte, körperliche Höchstleistungen vollbrachte ich momentan schon, wenn ich die Treppe vom Keller heraufstieg.

Mein Blutdruck war erhöht, mein Puls jagte im Bereich zwischen hundertdreißig und hundertvierzig herum. Und das, obwohl ich nichts tat. Nicht mal einen Albtraum konnte ich vorweisen. Nichts.

Hinter mir raschelte es. »Was ist los?«, fragte Arlena und blinzelte mich verschlafen an.

»Mein Herz spinnt.«

»Zeig mal.« Sie sah aufs Blutdruckmessgerät, fühlte mir höchstpersönlich den Puls. »Hm. Das ist nur eine Panikattacke. Kommt schon mal vor. Bei dem Medikamentenmix, den du zurzeit benötigst. Und bewegen tust du dich auch kaum noch. Trink Wasser und leg dich wieder hin. Gute Nacht.«

Bestürzt sah ich ihr nach, wie sie im Schlafzimmer verschwand. Schleppte mich in die Küche, schenkte mir Mineralwasser ein und trank. Zwischendurch hatte ich das Gefühl, dass die Stolperer nachließen, doch kaum versuchte ich, mich zu entspannen, nahm das Geflattere einen neuen Anlauf.

Wieder musste ich aufs Klo.

Stand dann hilflos im Gang herum. Sollte ich den Notarzt rufen?

»He, jetzt komm schon«, rief Arlena.

»Vielleicht ist es ein Herzinfarkt.«

»Quatsch. Schlaf jetzt.«

Sie hatte gut reden. Ich hätte niemals geahnt, dass ein arrhythmisch schlagendes Herz einen Menschen derart in Todesangst versetzen konnte. Schon gar nicht mich.

Nun, ich hatte so etwas auch noch nie gehabt.

Ich legte mich hin. Eine extreme Müdigkeit riss mich ins Bodenlose.

Kopfüber hänge ich über einem Abgrund, endlose Schwärze unter mir. Bekomme keine Luft. Ich schreie um Hilfe, stöhne, doch meine Stimme bleibt stumm. Meine Lippen sind unbewegt.

Mein Atem raste mit dem Herz um die Wette. Ich kam zu mir, taumelte ins Wohnzimmer und saß den Rest der Nacht auf der Couch, eingewickelt in eine Decke wie ein alter Opa kurz vorm Erfrieren.

Lauerte auf meinen Herzschlag, der irgendwann in den Normalbereich umschlug und mich in einen traumlosen, tiefen Schlaf schickte.

Freitag, 16.10., und die folgenden Tage

Der Schock dieser Nacht hielt mich den halben Tag gefangen. Ich hatte keinen Hunger, trank nur Saft und Wasser. Arlena war zuhause und verwöhnte mich mit Obstsalat, den sie feinsäuberlich zusammengeschnippelt hatte. Lauter gute Sachen. Kiwis, Trauben, Bananen, Äpfel, Heidelbeeren. Ein Dressing aus cremigem Naturjoghurt. Schmeckte gut und war das Einzige, das mir Appetit machte.

Am Nachmittag fühlte ich mich besser. Zwar langte ich mir ständig gegen die Brust und an die Halsschlagader, um zu kontrollieren, ob das Herz auch noch schlug, doch die Erinnerung an die schreckliche Nacht verblasste allmählich.

Draußen durchbrach die Sonne die finsteren Wolkenschichten und milderte die Kühle der letzten Tage. Ich klappte einen Gartenstuhl auf, setzte mich auf die Terrasse. Schaute ins herbstlich buntleuchtende Blattwerk der Bäume. Das tat gut. Urlaubssehnsucht kam auf. Irgendwohin schippern. Norden, Süden, ganz egal. Warum hatte ich die ganzen Monate nicht daran gedacht? Nicht ein einziges Mal war ich mit Arlena auf der *MARNIE* gewesen, seit sie bei mir wohnte.

Ich sollte unbedingt einmal nach dem Boot schauen, mit den

Eltern reden, oder Lars. Ja, Lars wäre auch ein idealer Crew-Ersatz, denn eine längere Fahrt mit der Yacht ohne versierte Begleitung wäre leichtsinnig.

Die Vögel zwitscherten, die Nachbarn nutzten das Zwischenhoch aus und mähten, der Duft des geschnittenen Grases geleitete mich in einen angenehmen Schlaf.

Arlena verwöhnte mich das ganze Wochenende, ich merkte, wie es aufwärts ging. Weshalb ich gutgelaunt vorschlug, doch die arme Mona mal im Krankenhaus zu besuchen, sich erkundigen, wie es ihr ginge, nachfragen, ob sie schon wach sei.

»Bist du verrückt? Was soll ich denn bei der? Und du gehst auch nicht hin.«

Basta! Das war's.

Ich nahm mir vor, ins Krankenhaus zu fahren, wenn Arlena in der Apotheke oder sonst wo unterwegs war.

Tatsächlich fühlte ich mich Tag um Tag zusehends besser, kümmerte mich um mein Studium, suchte mir zum Ausgleich im Garten Beschäftigung. Blätter zusammenrechen, an den Sträuchern herumschnippeln, den Rasen trimmen. Darauf warten, dass Arlena endlich das Haus verließ. Doch weit gefehlt.

Sie beobachtete mich auf Schritt und Tritt, belauerte alles, was ich tat. Nun, ich ließ es geschehen, es würde ihr sicher bald langweilig werden.

Sonntag, 25.10.

Der herbe Rückschlag.

Nach dem Frühstück überfiel mich eine lähmende Müdigkeit, sodass ich Mühe hatte, die Couch zu erreichen, bevor ich wegdriftete. Der Sonntag waberte undurchdringlich wie schwarzer Nebel an mir vorbei, bis ich am Abend erschöpft ins Bett sank.

»Bestimmt habe ich mir das gefährliche Virus eingefangen«, murmelte ich und schloss die Augen.

»Garantiert nicht. Wo denn? Ich hab's dir nicht mitgebracht, ich passe auf. Womöglich schleichst du dich irgendwo herum, was ich nicht weiß.«

»Aber nein«, wehrte ich ab. »Ich bin doch nur noch zuhause.«

Meine Kiefer zitterten, und ich hatte keine Lust mehr auf weitere Gespräche.

Arlena zog die Decke über mich und meinte in mütterlichem Tonfallgetue, das ginge schon vorbei. Ich hätte ja nicht einmal Fieber. Sie streichelte mir über die Wange und gab mir einen Kuss auf die Stirn.

Montag, 26.10.

In der einen Sekunde schlief ich noch tief und fest, und in der nächsten erhielt ich eine Ladung kaltes Wasser ins Gesicht geschmettert. Nicht eingebildet, sondern tatsächlich. Aus einem Glas über mich ausgeschüttet.

»Mensch, raus jetzt! Die Polizei ist da.«

Mit Luftholen sowie reflexartigem Wasserwegwischen beschäftigt, konnte ich Arlenas Worte kaum erfassen, geschweige denn mich lautstark beschweren.

»Beeil dich. Ich muss fort. Kann dir leider nicht beistehen, Benni. Tschüss!«

Sie knallte die Tür zu, und ich hörte ihre zorneslaute Stimme.

»Tut mir leid, Herr Kommissar, er kommt mal wieder nicht aus den Federn. Hat gestern Abend wohl zu viel gesoffen. Das macht er immer, wenn er allein vorm Fernseher hockt.« Gleich darauf schlug die Haustür ins Schloss.

Was erzählte Arlena da? Wieso sagte sie so etwas über mich? Wollte sie mich entschuldigen, weil ich so schlecht drauf war?

Ich kroch aus dem Bett. Draußen war es wahrscheinlich noch düster, also unterließ ich es, die Rollläden zu öffnen. Schlurfte hinaus in den Flur, sah Licht im Essbereich. Statt ins Bad zu gehen, schaute ich nach, ob tatsächlich jemand auf mich wartete.

Ein Mann. Kräftig, groß, kurzer Haarschnitt. Etwa Mitte fünfzig. Ich kannte ihn.

»Was wollen Sie denn so früh bei mir?« Ich gab mir keine Mühe, Höflichkeit zu offerieren.

Er zeigte mir seinen Ausweis.

»Hauptkommissar Edel von der Karlsruher Kripo. Sie erinnern sich?«

Ich nickte. »Sie waren mit Frau Steiner bei mir im Knast.«

Wir standen uns gegenüber, Verunsicherung überwältigte mich. »Ich … Möchten Sie sich nicht setzen? Ich würde mich gern umziehen.«

»Aber klar, Herr von Barneck. Danke. Ich warte.«

Zögerlich verzog ich mich ins Bad. Ließ mir Zeit. Musste meine Gedanken ordnen. Ob wieder etwas passiert war?

Es klopfte.

»Alles in Ordnung mit Ihnen?«

»Ja, ja, ich komm gleich.«

Zehn Minuten später saß ich bei Edel am Tisch. Zwei dampfende Kaffees standen vor uns. Die hatte Edel aufgebrüht. Einfach so.

»Der tut Ihnen sicher gut. Ich hoffe, Sie verzeihen mir meine Selbstbedienung.«

»Ist okay.«

Ich schlürfte einen Schluck. Fühlte den anregenden Geschmack, die angenehme Wärme die Speiseröhre hinabrinnen.

Auch der Hauptkommissar gönnte sich das heiße Getränk. Stellte die Tasse ab und deutete auf das vorbereitete Frühstück.

»Sie werden bestens verwöhnt, oder?«

Ich nickte. »Sie richtet immer viel zu viel her. Den Tee hat sie heute wohl vergessen. Aber den mag ich eh nicht mehr.«

Der Kripobeamte zeigte auf die Kapseln neben dem Teller. »Für oder gegen was sind die?«

»Fürs allgemeine Wohlbefinden.«

Das hätte ich so nicht ausdrücken dürfen.

»Oh, Stimmungsaufheller? Hoffentlich keine Drogen?« Einen kurzen Moment flammte ein Schmunzeln auf, wechselte aber gleich wieder in einen ernsten Blick über.

»Nein, natürlich nicht. Nur harmloses Zeug. Rezeptfreie Vitamine und so.«

»Darf ich mal die Verpackung sehen? Oder den Beipackzettel?«

Ich fühlte wieder das Zittern. Tief in mir drin. *Nein, jetzt nicht.* Mein Atem ging schneller.

»Ich weiß nicht, wo die ist. Arlena bringt das Zeug immer mit.«

»Ach ja? Na, das ist ja ein Service.«

Er sah mich lange an, ich wusste gar nicht mehr, wohin ich schauen sollte.

»Geben Sie mir eine Kapsel mit, Herr von Barneck? Nur damit wir sicher gehen können, dass Sie bei meiner Befragung nicht unter Drogen stehen. Sonst wäre der Zeitaufwand ja vergeblich.«

»Befragung? Schon wieder?« Ich stierte auf die vier weißen Kapseln. Ordentlich neben den Teller drapiert. »Ich weiß nicht, zwei sind für jetzt, zwei für heute Mittag. Arlena kommt wohl erst am Nachmittag wieder.«

»Machen Sie sich keine Gedanken. Wenn das wirklich bloß harmlose Vitaminpräparate sind, merken Sie es nicht, wenn Sie mal eine weniger nehmen.«

Er holte ein klarsichtiges Tütchen aus seiner Jackentasche, öffnete den Druckverschluss, hielt es mir her. »Bitte, Herr von Barneck. Sonst muss ich Sie vorladen lassen und einen Drogentest anordnen.«

Ergeben warf ich eine Kapsel in die Tüte. »Na ja, dann hoffen wir das Beste«, äußerte ich und war froh, dass er nicht auf die falsche Unterstellung von übermäßigem Alkoholgenuss einging.

Er verschloss das Tütchen, betrachtete es intensiv und steckte es ein. »Wie meinen Sie das? Fühlen Sie sich so schlecht ohne die Medikamente?«

Ich musste aufpassen. Aber die Panik in mir kroch unaufhaltsam nach oben. Rasch packte ich eine Kapsel, steckte sie in den

Mund und würgte sie mit ein paar Schluck Kaffee die Speiseröhre hinab. Gierig blickte ich auf die zwei verbliebenen Tabletten.

Edel schnippte mit den Fingern vor meinen Augen. »Hallo, Herr von Barneck. Darf ich Ihnen jetzt ein paar Fragen stellen?«

Ich nickte und sah ihm zu, wie er sein Handy auf den Tisch legte, die Aufnahmefunktion aktivierte.

»Was ist mit Frau Steiner?«, fragte ich, bevor er loslegte.

»Sie hat heute Urlaub. Ich habe Ihre Aussage durchgelesen, die Sie vorletzte Woche getätigt haben. Sie sind leider gar nicht mehr vorbeigekommen, um den Ausdruck zu unterschreiben.«

»Vergessen.«

»Sie sollten das bitte zeitnah nachholen. Nun, jedenfalls fiel mir auf, dass Sie gesundheitliche Probleme haben dürften.«

»Hab ich nicht.«

»Umso besser, dass ich mich getäuscht habe. Wann sahen Sie Mona Kessler das letzte Mal?«

Die Frage war wie ein Schlag ins Gesicht. Meine Hirnzellen ratterten, ich schloss die Augen. Mein Erinnerungsvermögen war abgestellt.

»Ich weiß es nicht mehr«, gab ich zu.

Mit Sicherheit bekam der Hauptkommissar diese Antwort ständig zu hören.

»Wirklich«, bekräftigte ich.

»Könnte es sein, dass Sie sie am ersten Verhandlungstag im Prozess gegen Severin Suttor getroffen haben?«

»Ja, stimmt. Aber wann das war …«

»Und danach? Haben Sie sie danach nochmals getroffen?«

»Nein«, sagte ich gedehnt.

»Sie ist am Freitag, dem neunten Oktober, gegen neunzehn Uhr dreißig mit der Straßenbahn an der Haltestelle Heidesee angekommen und ausgestiegen. Sie wissen ja, die Bahn hat hier ihre Endstation, dreht in der Kehrtwende um, wartet eine Weile und fährt zurück.«

»Ja.«

»Mona Kessler blieb wohl an der Haltestelle stehen und machte den Eindruck auf den anwesenden Kontrolleur, als wolle sie wieder einsteigen, als sie sich plötzlich umwandte und wegging. Wen sie getroffen hatte, konnte er nicht mehr erkennen. Aber er sah, dass sie die Treppe hinunter zum See genommen hat. Das hat ihn doch verwundert. Üblicherweise meiden Menschen, vor allem, wenn sie alleine unterwegs sind, unbeleuchtete Wege. Und der Weg um den See ist unbeleuchtet. Also nicht sehr romantisch, wenn nicht gerade Vollmond ist.«

»Ich habe keine Ahnung, was Mona dort wollte. Aber vielleicht hatte sie tatsächlich ein Date?«

»Ja, ja, das dachten wir auch.«

»Aber?«

»Nun, entweder sie wollte sich mit jemandem treffen, den sie noch nicht kannte, dann wäre dieser Ort aber höchst risikobehaftet, oder sie wollte sich mit jemandem treffen, dem sie vertraute. Dann folgt daraus, dass dieser Mensch ein höchst falsches Spiel trieb. Immerhin hat dieser sie ja brutal niedergeschlagen und dem Tod überlassen.«

Kälte raste über mich hinweg. »Wie geht es ihr eigentlich?«

»Sie liegt noch im Koma. Die Ärzte machen sich Sorgen.«

»Und Sie können sie auch nicht befragen.«

Meine dahingeschwafelte Feststellung ließ die Augenbrauen des Kripobeamten hochzucken.

»Leider nein. Sonst wären wir in unseren Ermittlungen ein gewaltiges Stück weiter.«

»Wie lang hat sie dort gelegen?«

»Schätzungsweise drei Stunden.«

Ich atmete laut durch. »Das ist lang.«

»Sie war bewusstlos. Hat also ihre Lage nicht unmittelbar mitbekommen.«

Edel sah mich ununterbrochen an.

Ich fühlte Schweiß auf der Stirn, wischte rasch darüber. Vermutlich hinterließ ich keinen guten Eindruck bei diesem gewieften Beamten.

»Aber«, begann ich vorsichtig, »was wäre denn der Grund für so eine Attacke. Ist sie –«

»Vergewaltigt worden?«, beendete Edel meine Frage. »Nein. Außer ihrem Handy fehlt auch nichts. Soweit wir das beurteilen können.«

»Herr Edel, ich habe nichts getan. Bitte, glauben Sie mir.«

Er nickte bedächtig. »Zumindest gibt es diesmal bis jetzt keine Indizien oder gar Beweise gegen Sie, Herr von Barneck.« Er deaktivierte die Aufnahmefunktion seines Mobiltelefons, steckte es ein und erhob sich. »Wir melden uns, wenn wir weitere Fragen haben. Sehen Sie zu, dass Sie von den Tabletten wegkommen. Das ist mein persönlicher Ratschlag an Sie.«

Ich begleitete ihn nicht an die Tür, hörte das Einschnappen. Blieb einfach sitzen, gaffte die zwei Kapseln an.

Hatte meine Hand nicht mehr unter Kontrolle, die danach griff. Damit herumspielte. Sie mir in den Mund steckte.

Der fade Geschmack nach trockenem Plastik forcierte den Impuls, mich zu übergeben. Rasch trank ich den Kaffee nach. Ohne Zucker und ziemlich bitter. Spülte die großen Pillen in den Magen. Hoffte auf eine baldige Wirkung.

Legte mich ins Bett.

Letzte Oktoberwoche

Von nun an zerrannen die Tage ins Nichts. Gingen nahtlos in die Nächte über. Bis ich völlig ignorierte, dass ich ein Studium zu bewältigen hatte. Bis mir vor Augen stand, dass ich niemals eine Lehranstellung als Sportlehrer in einer Schule oder gar als Sporttrainer bei der Polizei erhalten würde. Wer würde mich schon vor Schüler hinstellen, ihnen zumuten, sich einem Lehrer anzuvertrauen, der schon mal *gesessen* hatte? Jedenfalls kein Gymnasialdirektor. Der würde sich hüten, um von besorgten Eltern keine auf den Deckel zu kriegen. Weigern würden sie sich, wenn das Schulamt ihnen so etwas wie mich zuweisen würde.

Und die Polizeiakademie?

Nun, an eine dortige Laufbahn brauchte ich nicht mal mehr im Traum zu denken.

Klar gab es noch die Möglichkeit, in therapeutischen Zentren unterzukommen, Vereins- oder Fitnesstrainer zu werden oder mich auf unterbezahlte Stellen im Gesundheitswesen, Sportmanagement und ähnlichem zu bewerben. Aber wollte ich das?

Ich war zu einem Wrack geworden und wusste nicht einmal, welche Krankheit in mir wütete.

Arlena wich mir nicht mehr von der Seite. Streichelte mich besänftigend, wenn mich Zitteranfälle jeglicher Körperkontrolle beraubten, half mir beim Toilettengang, trocknete mich nach fieberartigen Schweißausbrüchen ab, half mir beim Waschen und Umkleiden. Setzte mich auf einen Stuhl, in einen Sessel oder legte mich auf die Couch, als wäre ich ein seniler, willenloser Krüppel.

Nun, willenlos war ich. Das stimmte.

»Das wird wieder, Bennilein, das ist wohl tatsächlich ein blöder Infekt«, versuchte sie, mich zu trösten.

Als ob mich das getröstet hätte.

Sie gab mir jetzt flüssige Medizin, Tropfen auf Zuckerwürfel oder in fruchtigem Tee, die Kapseln und Tabletten ekelten mich aufs Übelste an, ich erbrach sie nur noch. Arlena brachte mir Astronautennahrung, zwang mich, das Zeug zu trinken und drohte in einer Geduld verlierenden Phase mit einer künstlichen Ernährung, falls ich mich nicht zusammenrisse.

Ich war nicht in der Lage zu begreifen, dass sie ohne krankenhausärztliche Vorbereitung keine künstliche Ernährung durchführen konnte. Nein, zu jenem Zeitpunkt glaubte ich ihr alles, was sie sagte. Ich sah in ihr meinen rettenden Engel.

Nun, offenbar hatte ich außer ihr keinen Menschen mehr, der sich um mich bemühen wollte. Ja, das vermutete ich ohne Vorbehalt.

Während eines absoluten Tiefpunkts glaubte ich, sterben zu müssen. Ich flehte Arlena an, einen Arzt zu holen. Da meinte sie beleidigt, ob ich ihr unterlassene Hilfeleistung unterstellen wolle, er wäre doch soeben dagewesen. Aber ich hätte während der Untersuchung so tief geschlafen. Hätte nicht einmal bemerkt, dass er mir Blut abgenommen und eine Spritze zur Stärkung des Immunsystems gegeben hätte.

Tatsächlich hatte ich keinerlei Erinnerung an einen Arzt, eine Blutentnahme und an eine Spritze. Tief in meinem Innern regte sich ein Widerspruch, ein Argument gegen eine solche Aktion. Doch zum Aussprechen war ich nicht fähig.

Noch während ich um eine Formulierung kämpfte, nach dem Namen des Arztes fragen wollte, verschwanden die Worte im nebulösen Nichts. Alles in mir deutete auf ein nahendes Ende hin.

20 | NOVEMBER 2020

Sonntag, 01.11.

Monotones Gerede, herber Duft und ein warmer Körper, der sich an mich drückte, ließen mich wach werden. Ich lag auf der Couch, den Kopf erhöht. Der Fernseher lief. Auf dem Wohnzimmertisch standen das Kaffeegedeck und ein Stollen. Eine Kerze brannte. Sie war es wohl, die das Odeur verströmte. Nach Moos, Wald und Tannen.

»He, du bist ja mal wieder wach, Benni-Schatz.«

Arlena hatte sich zu mir herabgebeugt, streichelte mir über die Wange, und ich kam mir vor, als sei ich durch eine wabernde Wand aus einer unbestimmten Dunkelheit ins Diesseits gestoßen worden. Mein Atem ging flach, mein Körper war steif.

»Hi, Leni«, brachte ich hervor. Heiser. Hals und Kehle waren trocken. Rau wie ein Reibeisen. »Ist das Fieber weg?« Ich war mir sicher, ein Fieberdelirium durchlebt oder besser, *überlebt* zu haben.

Sie strich mir über die Stirn. »Ja, klar. Bald geht es aufwärts. Willst du Kaffee?«

Ich schielte auf die Glaskanne mit dem dunkelbraunen Getränk. Das Angebot war verlockend, doch der Appetit fehlte.

»Lieber kaltes Wasser.«

»Aber klar, Schatz.«

»Was für einen Tag haben wir heute?« Niemals hätte ich gedacht, eine solche Frage stellen zu müssen.

»Es ist Sonntag, Benni. Allerheiligen.«

»Und – wie bin ich auf die Couch gelangt?« Mir fehlte die Erinnerung, das Bett verlassen zu haben.

»Mein Vater war da und hat mir geholfen.«

Arlena überließ mich meiner Sprachlosigkeit und begab sich hinüber zum Küchenbereich.

Ich hörte, wie sie ein Glas aus dem Schrank holte.

Hörte, wie sie eine Flasche öffnete und das Mineralwasser eingoss.

Der Versuch, mich emporzustemmen, misslang. Keine Kraft in den Armen, Schmerzen in jeder Nervenzelle, Muskelfaser. Also wartete ich, bis meine Krankenpflegerin sich zu mir setzte, mir das Genick mit der einen Hand stützte, mit der anderen das Glas an meine Lippen hielt, und ich mich an dem kühlenden Nass laben konnte.

Die Augen geschlossen, stellte ich mir vor, mich an einer sprudelnden Quelle irgendwo im Gebirge zu befinden, die reine Luft einzuatmen, das Plätschern zu hören …

»Mensch, pass doch auf! Willst du jetzt ständig aus einer Schnabeltasse saufen?«

Arlena schlug mir auf die Wange. Mein Kopf flog ins Kissen zurück.

Ich spürte die Nässe, die sich über meinen Hals ergossen hatte, spürte das Brennen im Gesicht, öffnete die Augen zögerlich.

»Tut mir leid«, würgte ich hervor und überließ es Arlena, mich abzutrocknen, ein frisches Shirt zu holen, mir beim Umziehen zu helfen.

Dann gab ich mich der erneuten Dunkelheit hin.

Erste Novemberwoche

Das Bemuttern ging weiter. War allmählich von Erfolg gekrönt. Von Tag zu Tag fühlte ich mich kräftiger. Hin und wieder blitzte die erinnernde Mahnung auf, mich eigentlich um noch etwas anderes außer meinem Nichtwohlbefinden kümmern zu müssen.

Einmal schleppte ich mich in mein Arbeitszimmer, lugte nach dem Laptop und dem PC. Weder setzte ich mich auf meinen Schreibtischstuhl noch schaltete ich eines der Geräte an. Stierte bloß auf die schwarzen Bildschirme. Erst auf den großen des PC, dann auf den kleinen des Laptops. Hin und her.

»Benni? Wo bist du?«

Ich hielt inne.

Wandte mich um, verließ das Arbeitszimmer. Schloss die Tür, lehnte mich an. Fuhr mir mit dem Ärmel über die Stirn, befreite sie vom Schweiß der Anstrengung.

»Du bist noch nicht soweit, Liebster.« Arlena eilte herbei, führte mich ins Wohnzimmer.

»Mach's dir gemütlich. Ich koch uns eine deftige Hühnerbrühe. Die wird dir guttun.«

Ja, gegen Suppen hatte ich nichts einzuwenden. Die kochte sie wirklich wie ein Meisterkoch. Und sie blieben meist auch in meinem Magen.

Sonntag, 08.11.

Sie hatte den Tisch mit all der Liebe gedeckt, zu der sie fähig war. Doch mir schoss schon wieder Ekel die Speiseröhre empor, als mein Blick die Eier erfasste, die frischgebackenen Brötchen und Croissants, die Butterröschen, die drei unterschiedlichen Marmeladen, die Käsescheiben und noch so manches mehr.

Mein Magen und überhaupt mein gesamtes Inneres hatten sich gegen mich verschworen, ich befürchtete trotz der kleinen Erholungsphase das Schlimmste. Aber ich war kein Arzt und wollte mich auch keinem ausliefern. Nicht in dieser beschissenen Zeit, wo doch Abstandhalten das oberste Gebot war, das einem eingetrichtert wurde, und mir schon der Gedanke an Wartezimmer und Krankenhäuser das pure Grauen einjagte.

Arlena stand steif wie ein Ober neben dem runden, vollbeladenen Tisch, die Kaffeekanne in der Hand, nickte mir aufmunternd zu. »Setz dich doch. Es wird Zeit, dass du wieder mal was Festes zu dir nimmst. Willst du Kaffee oder Tee dazu?«

Ich brachte kein Wort heraus, wandte mich um und eilte im mir schnellstmöglichen Tempo zur Toilette. Spuckte alles aus, was meinen Magen zu belasten schien. Bis ich nur noch bittere Galle hervorwürgte. Offenbar läutete sich gerade wieder eine Abwärtsphase ein. Oder ich war ganz einfach noch nicht bereit für normales Essen.

Ich wuchtete mich empor, wusch mein Gesicht, spülte Rachen und Mund aus, schleppte mich in den Essbereich zurück.

Arlena stand unverändert in ihrer Position.

»Darf ich dir jetzt Kaffee einschenken?« Ihr Ton hatte an Wärme verloren.

Ich brachte lediglich ein schwaches Nicken zustande, ließ mich auf den für mich bereitgestellten Stuhl fallen und ergriff mit beiden Händen die volle Tasse mit dem schwarzen, dampfenden Getränk. Nippte vorsichtig daran, Schluck um Schluck.

Arlena hielt mir den Brotkorb her. »Na, geht's jetzt besser?«

Nach einem kurzen Aufblicken ergriff ich ein Brötchen, schnitt es auseinander und verharrte.

»Hab keinen Hunger«, nuschelte ich kraftlos.

»Du musst etwas essen, Benni. So geht das nicht weiter. Reiß dich endlich zusammen und lass dich nicht so gehen.«

Sie stellte den Brotkorb zurück, schob ein weichgekochtes Ei im Eierbecher näher an meinen Teller heran. »Probier das. Oder ein Croissant. Oder willst du einen Joghurt? Sag schon, mit was kann ich dir eine Freude machen?«

Indem du gehst und mich alleine sterben lässt. Das hätte ich ihr am liebsten gesagt. Doch ich schaute nur auf meinen Teller, betrachtete das Brötchen und fühlte mich wie ein unartiges Kind, wie der Suppenkasper aus dem alten Buch meiner Mutter, das sie einst von ihrer Mutter erhalten hatte.

Mit einem Mal fiel mir etwas ein. »Was kam bei der Blutuntersuchung eigentlich heraus? Was wütet in mir? Ist es das Virus?«

Ich vermied, Arlena anzusehen, als könne ich dadurch eine schlimme Nachricht abmildern.

»Nein«, sagte sie zu meiner erhofften Erleichterung. »Nur ein Infekt. Wie ich schon vermutet hatte. Es geht ja auch allmählich aufwärts, wie du sicherlich bemerkst. Das dauert halt seine Zeit. Und du gehörst sowieso zu den besonders verweichlichten Typen, die gleich zu krepieren glauben, wenn sie mal ein bisschen Unwohlsein verspüren.«

Verweichlicht? Ich? Das war höchst ungerecht.

»Das war kein bisschen nur ein Unwohlsein«, beschwerte ich mich.

Doch sinnlos.

Sie wandte sich ab, und ich hörte Gläserscheppern und den Wasserhahn. Hörte Schranktüren zuschlagen. Sie kam mit einem Glas Wasser zurück, in das eine pulvrige, weiße Substanz eingerührt worden zu sein schien.

»Trink das! Hopp! Das baut dich auf.« Ihr Tonfall war unterschwellig aggressiv geworden. Vermutlich verlor sie Geduld mit mir, wofür ich durchaus Verständnis aufbrachte.

Ich zauderte. Sie hatte mir schon so viel suspekte Getränke, Mittelchen und Medikamente untergejubelt, dass ich tatsächlich nicht einzuschätzen wusste, was ich intus hatte. Und ob ich ihren selbsterworbenen Heilkenntnissen überhaupt noch vertrauen durfte. Denn offenbar schien eine vollständige Genesung allen Bemühungen zum Trotz in weiter Ferne zu liegen.

Aber die nötige Kraft, ihrer Forderung entgegenzutreten, besaß ich auch nicht mehr. Folglich kippte ich das bittere Getränk in mich hinein.

Vage kam mir die Erinnerung, dass das Telefon geklingelt hatte. Vorhin, als ich im Bad gewesen war. Es lag sogar noch am Rand des Tisches.

»Wer hat eigentlich angerufen?« Ich gab meiner Stimme einen freundlichen Klang.

»Deine Mutter mal wieder. Die hat auch nichts anderes mehr zu tun, als uns ständig hinterher zu schnüffeln.«

Mokiert runzelte ich die Stirn. »Wie redest du? Wieso sollte Mam nicht anrufen dürfen? Immerhin war ich krank, da ist es doch normal, wenn sich die Eltern erkundigen.«

Überhaupt, wann hatte ich das letzte Mal mit meiner Mutter oder meinem Vater gesprochen? Das musste eine Ewigkeit her sein. Und das, obwohl sie sich zurzeit ja vermehrt zuhause aufhielten und ihre Jobs nur eingeschränkt ausführen konnten.

»Hat Mam öfter mal angerufen?«

»Klar, was denkst du denn? Ich hab sie dann vertröstet, um dich zu schonen. Wäre ohnehin nur in leeres Gebabbel ausgeartet. War nicht immer leicht, sie loszuwerden. Mami hat wohl Langeweile und sucht Ablenkung bei dir. Und du, du bist ein richtiges Muttersöhnchen geworden. Schäm dich. Hätte ich nie gedacht, dass du dich mal so veränderst.«

Die zornige Verachtung in ihrer Stimme verwirrte mich. Vielleicht merkte sie gar nicht, wie sie mir mit diesen Worten wehtat. Ob sie mich inzwischen wirklich derart hasste oder ob ihr Frust lediglich dieser schlimmen Zeit geschuldet war?

Dieses ständige Aufeinanderhocken, Aneinanderkleben, die reduzierten Kontakte zu anderen Menschen, Vorlesungen nur noch durch ein Starren in den Bildschirm erleben dürfen, einem einsam dasitzenden Dozenten lauschen, die Stimmen anderer verzerrt durch Lautsprecher hören. Das Sehnen nach Klausuren, bei denen man merkt, dass es noch Kommilitonen auf der Welt gibt, das Miteinanderreden, wenn auch auf Abstand. Und dazu mein ungehöriger Zustand. Es machte uns mürbe.

Und wie Pop-up-Fenster sprangen Fragen vor mir auf: Wann hast du eigentlich das letzte Mal einem Dozenten gelauscht? Wann hast du das letzte Mal etwas fürs Studium gearbeitet? Tust du überhaupt noch etwas fürs Studium? Willst du gar noch etwas tun?

Nein! Nein! Nein! In mir schrie es auf, und ich beschloss, mich der Eingebung zu öffnen, mich selbst zu exmatrikulieren. Auf alles zu scheißen. Was sollte ich mit diesem Studium anfangen? Nichts! Alles nur verlorene Zeit.

»He! Rede mit mir! Antworte!«

Meine Augen flogen zu Arlena empor. Meine Lider zitterten.

»Was soll die Unterstellung? Ich sehe meine Mutter doch kaum.«

Ein schwacher Versuch eines Gegenarguments. Und gesprochen hatte ich mit ihr auch nur ein- oder zweimal in der Zeit vor meiner Krankheit. Konnte mich nicht einmal mehr an den Inhalt erinnern.

»Ich ruf Mam zurück.« Ich griff nach dem Apparat.

Mit einer Schnelligkeit, die ich ihr niemals zugetraut hätte, riss mir Arlena das Telefon aus der Hand und steckte es in die Ladeschale.

»Der Akku ist leer«, funkelte sie mich an und begann, den Tisch abzuräumen.

Seltsamerweise fühlte ich keine Wut, kein Aufbrausen in mir. Mein Blick wanderte durchs Panoramafenster hinaus in den Garten. Es schien kühl, aber trocken zu sein. Etwas Lockendes zog mich vom Tisch weg und hinein ins herbstliche Bunt.

Ich war schon lange nicht mehr draußen gewesen. Atmete den erdigen Geruch ein. Trat auf ein dürres Blatt. Es knisterte leise unter den Gummisohlen meiner Badeschlappen, die zu meiner vorrangigen Beschuhung geworden waren.

Es ging kein Wind, der Himmel war im Begriff, sich vom nebligen Grau ins dunstige Blau zu verwandeln, die Sonne suchte einen Weg, um uns mit ihrer lauen Wärme zu beglücken.

Fröstelnd rieb ich mir über die Arme, ich trug ja nur ein T-Shirt und eine leichte Jogginghose. Ich blickte zum Firmament hinauf, schloss die Augen, sog die Luft tief in meine Lungen.

Fühlte mich gar nicht mehr so schlecht.

Spürte mit einem Mal eine warme Hand auf meiner rechten Schulter. Arlena drückte sich an meinen Rücken. Ihr linker Arm legte sich um meine Hüfte.

»Ich habe eine Idee, Benni. Wir könnten einen Ausflug machen.«

»Dein Ernst?«, vergewisserte ich mich und drehte mich um.

»Ja, glaubst du, ich verarsch dich?«

Ich zuckte zusammen. »Wohin soll denn der Ausflug gehen?«

»Du hast einen Wunsch frei, Bennilein«, säuselte sie gekünstelt fröhlich.

Einen Wunsch frei? Wie klang das denn? Etwa, bevor ich starb? Hingerichtet wurde? Ins Koma fiel? Vergiftet wurde?

»Wir wär's mit dem Turmberg?«, schlug ich vorsichtig vor.

»Hm!«, machte Arlena. »Die Gaststätte ist ja geschlossen, womöglich halten sich dort heute auch weniger Leute auf. Ich könnte uns einen Picknickkorb richten, und dann essen wir auf der Aussichtsterrasse. Was meinst du?«

Ich sah auf die Uhr, es war halb zehn. »Okay. Ich ziehe mich um, dann fahren wir.«

»Ähm, Benni?«, warf sie mir nach. »Bist du überhaupt in der Lage, selbst zu fahren? Ich rufe lieber ein Taxi. Es wird echt Zeit, dass ich mal den Führerschein mache.«

Ich horchte in mich hinein. Weshalb sollte ich nicht Autofahren können? Das bisschen Schwindel, die bescheuerte Übelkeit – aber Autofahren? Kein Problem.

Mir fiel ein, dass Arlena immer Schokolade in einer Küchenschublade deponiert hatte. Also holte ich eine Nougattafel heraus, riss das Papier auf, biss in die cremigsüße Köstlichkeit hinein. Keine Ahnung, wie viel Jahre ich schon darauf verzichtet hatte.

»Ich fahre«, sagte ich und verzog mich ins Bad.

Die ersten Meter musste ich mich schwer zusammenreißen, Zitteranfälle unterbanden meine Konzentration. Ein Zuckerschock konnte sie wohl nicht mehr auslösen, also schob ich die Attacken auf die Nachwirkung der durchgestandenen und momentan nicht zu ergründenden Krankheit.

Nach einer Weile hatte ich mich fest im Griff, lenkte den Audi durch Karlsruhe bis nach Durlach, fuhr dort auf der B 3 bis zum Ortsende, bog ab in Richtung Bergfriedhof und kurvte die Reichardtstraße hinauf, bis wir den Parkplatz am Turmberg erreichten.

Es waren mehr Autos abgestellt als erwartet, doch es gab noch einige freie Plätze.

Wir stiegen aus, Arlenas Augen glänzten freudig wie schon lange nicht mehr. Auch ich verspürte eine innere Kraft und sog die wohlriechende Höhenluft tief ein.

Arlena holte den Picknickkorb aus dem Kofferraum, ich

sperrte den Wagen ab. Sie hängte sich bei mir ein, und wir schlenderten hinüber zur Aussichtsterrasse.

Vereinzelt hielten sich Pärchen auf. Und auch Familien mit Kindern. Der Himmel verstärkte sein Blau, das Wolkengewebe verlor an Dichte. Die weite, spektakuläre Aussicht auf Durlach und Karlsruhe vereinnahmte mich in ganz besonderer Weise. Diese Freiheit. Ich wollte ein Vogel sein, die Flügel ausbreiten und losfliegen.

Auf einer der mittelreihigen Betonstufen breitete Arlena eine Decke aus, wir setzten uns. Rechts befand sich die Mauer der Bergbahnstation. Die Bahn selbst war den ganzen November außer Betrieb. Wegen des bescheuerten Lockdowns, schon der zweite dieses Jahr.

Ich überließ es Arlena, mir das Essen in die Hände zu geben, mir das Trinken einzuschenken, mir die Serviette auf den Schoß zu legen.

Ich war ihre Marionette.

Kraftlos, diesem Dilemma zu entfliehen.

Das Essen tat gut. Nach einem hartgekochten Ei und einem weichen Brötchen stopfte ich sogar ein lockeres, zartes Croissant in mich hinein.

»Na, war doch eine gute Idee, Benni? Du hast ganz schön Appetit bekommen.«

Ich nickte verhalten. Konnte meinen Blick nicht von dem zauberhaften Fernblick abwenden. Sonnenhelligkeit breitete sich aus, eroberte Straßenzug um Straßenzug, löste den hartnäckig verbliebenen Bodendunst restlos auf. Verdrängte die letzten Schleierwolken, die noch zäh um ihre Vorherrschaft rangen, bald aufgaben und schließlich einflusslos verschwanden.

Ich hörte Arlena reden, ihre Begeisterung ausdrücken, mehrfach wiederholend, wie schön es doch sei. Ich hörte nur halbwegs hin, versunken in meinem Ich.

In meinem Trübsal, in meinem Selbstmitleid.

So durfte es nicht weitergehen. Ich musste mich befreien.

Arlena musste raus aus meinem Leben.

Aber wie? Ich konnte sie wohl schlecht übers Geländer hieven und sie den Abhang hinabkullern lassen, in der Hoffnung, dass sie sich das Genick brach. Und der Turm war ja geschlossen. Von dort konnte ich sie also auch nicht hinunterstoßen.

Ich atmete durch, es drang wie ein Stöhnen aus mir heraus.

»Was ist?« Arlena sah mich schräg an.

Ich schüttelte den Kopf. »Wollen wir spazieren gehen?«

»Klar«, sagte Arlena und räumte die Utensilien in den Korb. »Steh auf«, befahl sie und legte die Decke zusammen. »Die trägst du«, bestimmte sie und stieg die Stufen empor.

Sie trug einen knielangen Rock, ihre dicken Beine wuchteten sich vor mir nach oben.

Ich hatte es so satt.

Ich hatte *sie* so satt.

Schweigend trottete ich hinter ihr her, wir verstauten die Sachen im Auto. Arlena nahm meine Hand, hängte sich bei mir ein. Spielte den anderen ein verliebtes Paar vor.

Verliebt. Ich war niemals verliebt gewesen. Schon gar nicht in Arlena.

Aber abhängig. Ja, das war ich geworden. Und ich wusste nicht einmal, weshalb.

Wir stiegen die Treppen empor zum Turm. Hart schnaufend blieb ich einen Moment stehen. Ein paar Eltern spielten auf dem Waldspielplatz mit ihren Kindern. Eine herbstbunte Idylle, untermalt von fröhlich-leisen Stimmen. Arlena zog mich weitere Stufen hinauf, bis auf die kleine Plattform am Fuß des Turms. Von dort blickten wir in den winzigen Innenhof, ein paar Buden waren geöffnet, verkauften Bratwurst und Getränke.

»Warst du schon mal hier?«, fragte Arlena.

»Ja, schon öfter. Mit …« Ich brach ab.

Die Erinnerung an Severin stürzte mit einer Intensität über mich herein, dass mir schwindlig wurde.

»Was hast du? Warst du mit deinen Eltern hier?« Arlena sah mich schmaläugig an. »Nö, glaub ich aber nicht. Die haben doch nie Zeit für dich gehabt.«

»Mit Sev war ich oft da«, rang ich mich zu einer Erklärung durch. »Immer wenn wir einen Ort für uns brauchten.« Wie sich das anhörte. Jetzt, wo sich so vieles verändert hatte.

»Wie meinst du das? Du hattest doch nichts mit ihm.«

»Wir waren Freunde. Einfach nur Freunde. Ich habe ihm alles anvertraut. Alles. Und ich glaubte, ich wüsste alles von ihm.«

Ich spürte Arlenas streichelnde Hand in meinem Genick. »Tja, so kann man sich täuschen. Aber jetzt hast du ja mich. Ich hör dir zu. Immer. Für alle Ewigkeit.«

Aber kann ich dir auch vertrauen? Diesen Gedanken behielt ich für mich. »Machen wir einen Spaziergang durch den Wald«, lenkte ich ab, ergriff ihre Hand und zog sie mit mir.

Sie bremste aus. Holte ihr Handy aus der Jackentasche. Machte ein paar Selfies von uns. Ich versuchte, freundlich in die Linse zu schauen.

Dann wanderten wir los. Langsam, gemächlich. Schritt für Schritt nach Atem ringend. Zumindest ich.

Es war vierzehn Uhr dreißig, als wir auf die Aussichtsplattform zurückkamen. Die Menschen hatten sich erheblich vermehrt. Die Pandemie-Regularien schienen außer Kraft gesetzt.

»Ich muss nochmal aufs Klo«, sagte Arlena und setzte ihre Schutzmaske auf.

Bei den Frauen gab's mittlerweile eine lange Warteschlange. Bei den Männern ging es wesentlich schneller. Arlena stand immer noch wartend herum, als ich herauskam.

»Ich geh zum Auto«, sagte ich.

»Ja, tu das. Ich hoffe, dass ich auch bald nachkommen kann.«

Ich schlenderte zum Parkplatz, ließ mich wie erschlagen auf den Fahrersitz fallen, drehte das Radio auf. Hinter mir hupte jemand. Gestikulierte. Was ich ignorierte. Der Autofahrer schob sich vorbei, fand keinen Platz und brauste davon.

Das Warten wurde zur Qual. Ich war allein. *Allein.*

Ich. War. Allein!

Ich wandte mich um, sah zum Heckfenster hinaus. Keine Arlena in Sicht. Mein Puls stieg. Und mein Blutdruck. Es fühlte sich zumindest so an.

Ich blickte auf den Tacho, atmete ein. Drückte den Startknopf, der Motor surrte, ich schaute in den Rückspiegel. Legte den Rückwärtsgang ein. Das Auto hinter mir machte Platz. Ich atmete aus.

Ein Moment des Wartens. Der Wagen hinter mir. Und ich.

Dann gab ich Gas. Fuhr aus der Parklücke. Schaltete in den Normalmodus des PS-starken Automatikgetriebes und preschte davon.

Noch niemals hatte ich jemanden irgendwo zurückgelassen.

Nun, Arlena war ja nicht irgendjemand und auch nicht aus der Welt.

Sie hatte ihr Handy.

Und wo war meins?

Jedenfalls nicht im Auto.

Ich stob die enge Straße hinab. In einer Kurve kam mir ein Polizeiwagen entgegen. Und ein weiterer Streifenwagen.

Na, Arlena würde die mit Sicherheit noch nicht gerufen haben.

Ich beschleunigte, erreichte die B 3. Raste durch die überraschend leeren Straßen Durlachs und immer weiter. Missachtete die Geschwindigkeitsbegrenzungen in Karlsruhe, erreichte schweißgebadet den Bungalow in Neureut.

Atmete durch.

Eilte ins Haus, suchte nach meinem iPhone. Durchwühlte sämtliche Schubladen, suchte auf den Regalen. Kam mir wie ein Einbrecher vor.

Es dauerte, bis ich es in einer Schublade im Schlafzimmer fand. Unter Arlenas Unterwäsche. *Wieso unter Arlenas Unterwäsche?* Zusammen mit dem Schlüssel der *MARNIE*. Und – noch einem Smartphone. Von Huawei. Das ich nicht kannte.

Ein Ersatzhandy von Arlena? Ich beließ es, wo es war, nahm nur meine Sachen mit.

Der Akku des Mobiltelefons war natürlich leer. Ich steckte es dennoch ein. Mitsamt dem Schlüssel.

Holte mein Tablet. Das hatte auch Internetzugang.

Das Telefon läutete. Ich ließ es läuten.

Mir fiel ein, ich besaß ja eine Powerbank. Rasch holte ich auch diese, verließ das Haus, verschloss es.

Wieder im Auto, steckte ich das Mobiltelefon an die Powerbank. Es dauerte, bis erstes Leben aufkam und es zu laden begann.

Nun konnte ich flüchten.

Wohin?

Zur *MARNIE.* Klar.

Ich ließ das Auto an, raste Richtung Westen, erreichte die B 10, die ich in Maxau vor der Rheinbrücke wieder verließ. Der Bootshafen war mein Ziel.

Das Auto stellte ich ab, packte meine Geräte und eilte zum Hafeneingang. Das offenstehende Tor zog ich hinter mir zu und trabte die Brücke hinab, es war niemand zu sehen.

Eine Sicherheitstür auf dem Steg neben dem Restaurantschiff stoppte mich. Verblüfft starrte ich sie an. Seit wann gab es die denn? Einen Code besaß ich nicht, also blieb mir nur der Weg durchs Restaurant. Es war geöffnet. Ein Glück! Ein Zettel wies darauf hin, dass kein Gastbetrieb herrschte, aber Speisen nach Bestellung abgeholt werden durften. Ich drückte die Glastür auf, rannte durch den leeren Gastraum nach vorne und hinaus auf die Stege, die Boote lagen ruhig und verlassen auf ihren Plätzen.

Es war sechzehn Uhr siebzehn.

Das wusste ich deshalb so genau, weil ich kurz auf meine Uhr schaute, während ich vor der *MARNIE* stand und erleichtert feststellte, dass keine Schutzplanen angebracht waren. Ob meine Eltern mit ihr unterwegs gewesen waren und morgen wieder herkommen wollten?

Ich löste die Taue, sprang auf die Yacht. Zitterte, als ich den Schlüssel ins Türschloss stecken wollte, er fiel herab. Ich atmete durch, hob ihn auf, öffnete die Tür, spurtete durch den Salon ins Cockpit und startete die Maschinen. Diesen antörnenden Sound hatte ich lange schon vermisst. Doch ein Blick auf die Tankuhr machte mir einen Strich durch die Rechnung.

Also Kommando zurück und runter vom Boot. War eigentlich unsere Clubwirtin da? An wen konnte ich mich wenden, wenn nicht?

Ich rannte zum Restaurantschiff hinüber. Drinnen standen jetzt zwei Leute mit Schutzmasken vor der Theke. Erhielten ihr Essen. Zahlten, dampften ab.

Die Bedienung – ich kannte sie nicht – fragte mich nach meinen Wünschen.

»Ich muss tanken.«

»Äh, und Sie sind …? Sie müssen eine Maske aufsetzen.«

Das ignorierte ich. »Barneck. Die *MARNIE* gehört uns.«

»Warten Sie, bitte«, sagte sie und verschwand in die Küche.

Die Zeit verrann, und ich wurde höchst ungeduldig.

»Oh, Benedict, sieht man dich auch mal wieder?« Die bekannte Stimme unseres Kochs. Wie wohl das tat. »Ich vertrete heute die Chefin. Kannst gleich nach hinten fahren.«

»Danke!«, sagte ich nur und machte mich auf den Weg.

Die Dämmerung kündigte sich an, als ich nach fünfzehn ewig langen Minuten den Tankvorgang abbrach. Der aufgefüllte Diesel reichte lässig für mein Vorhaben. Das Hotel meines Onkels würde ich allerdings erst nach Einbruch der Dunkelheit erreichen.

Ein Boot fuhr in den Hafen ein, legte an. Ich musste kurz warten. Zerfressen von Nervosität. Bei der nächsten Gelegenheit lenkte ich die *MARNIE* an unsere Anlegestelle, eilte zum Restaurantschiff, zahlte mittels Scheckkarte, rannte zurück, löste das provisorisch angelegte Tau. Sprang aufs Deck und hinein ins Cockpit. Startete abermals die Maschinen.

Ich atmete schwer, spürte das Brennen in meinem Brustkorb, als hätte ich eine rauchergeschädigte Lunge. Wandte mich um, nur kurz, doch entdeckte ich die Person, die gerade im Begriff war, unser Boot zu erklimmen.

Ich zog den Gashebel höher als nötig, die *MARNIE* machte einen Schlenker, und die Person stürzte ins Wasser.

Weit und breit war niemand zu sehen. Der Hafenbereich wirkte wie ausgestorben. Ich drosselte die Maschinen bis zum Stillstand und begab mich aufs Deck hinaus.

»Hilfe!«, japste die ins Wasser Gestürzte.

Meine Augen hatten mich nicht getäuscht. Tatsächlich Arlena.

Das Boot trieb vom Steg weg. Und von der plantschenden Arlena. Ich stand erstarrt.

»Benni!« Sie sank, tauchte wieder an der Oberfläche auf, ruderte mit den Armen. »Ich ertrinke. Hilf mir!«

»Dann krepier doch!«, schrie ich aufgebracht. Äugte dennoch nach dem Rettungsring. Kämpfte mit mir, packte ihn und warf ihn ins Wasser. Ich hetzte zum Steuer zurück. Gab Gas und fuhr in Richtung Hafenausfahrt.

Arlena hatte mir mal erzählt, dass sie eine schlechte Schwimmerin sei und folglich Panik im Wasser kriegte, sofern es sich nicht um einen überschaubaren Pool handelte. Ein rasches Ertrinken war folglich programmiert, obwohl der Wasserstand momentan vermutlich keine zweieinhalb Meter hoch war. Aber der Schlick am Boden würde einen festen Stand zum Emporstoßen verhindern.

Allerdings hätte mich jemand beobachten können. Dann wäre ich fällig. Als Mörder. Oder zumindest wegen unterlassener Hilfeleistung. Nein, nicht nochmal ins Gefängnis. Doch auf dem Rettungsring stand ja der Name unserer Yacht. Also durfte von unterlassener Hilfeleistung keine Rede sein.

Meine herumirrenden Gedanken hatte ich nicht mehr im Griff. Aber mein Wissen um Recht und Unrecht. Also wendete ich die *MARNIE*.

Weshalb, in Gottes Namen, gab es keinen anderen Menschen,

der Arlena helfen konnte? Wohin waren denn alle verschwunden?

Arlena trieb von den Anlegestellen weg, also in meine Richtung. Ich steuerte das Boot umsichtig um sie herum bis zum Steg, stellte die Maschinen ab. Warf eines der Vertäuungsseile um einen Poller herum.

»Benni«, gurgelte Arlena kaum vernehmbar, krallte sich an den rotweißen Ring. Ihre Schwimmbewegungen hatten rapide nachgelassen. Immer wieder schwappte Wasser über ihren Kopf hinweg. Es schien, als könne sie sich nicht mehr lange festhalten.

Ich beugte mich über die Reling, stierte ins schwarzgraue Wasser. Übelkeit packte mich. Und Schwindel.

Mit Erfolg untergrub ich sämtliche unwohlen Gefühle und zog mir die Schuhe aus. Sowie die Jacke.

Arlenas Kopf tauchte erneut unter. Ihre zappelnden Bewegungen waren in einen tödlichen Stillstand übergegangen. Der Rettungsring schwappte fort von ihr.

Ich stieg hinab aufs Podest und sprang. Das eiskalte Wasser schlug über mir zusammen. Mein Atem stockte, ich sank wie ein Stein.

Mein Hirn schien zu erfrieren. Ich riss die Augen auf, sah nur Schwärze um mich herum. Und den Kiel unseres Boots. Als immer superguter Schwimmer mit top Auszeichnungen hatte ich dieses Versagen meines Körpers nicht erwartet.

Die Luft ging mir aus, mit schwachen Schwimmbewegungen brachte ich mich an die Oberfläche, atmete durch.

Wo war Arlena?

Ich tauchte wieder ab. Dann erkannte ich ihren schemenhaften Körper. Er trieb zum Rhein hinüber.

Die Kälte raubte mir den Sauerstoff. Mein Kreislauf drohte abzusacken. Mit allerletzter Kraft näherte ich mich Arlena, schnappte sie an den Haaren, zog sie heran, packte sie von hinten unter den Armen und stemmte mich regelrecht nach oben.

Ich japste nach Luft. Schwamm mit Arlena in Richtung Steg und der Rettungsleiter.

Da kam Leben in ihren Körper. Sie hustete, prustete, wedelte mit den Armen wild umher. Ich konnte sie nicht mehr halten, ließ sie los und suchte nach dem Rettungsreifen. Doch der war außer Reichweite.

»Versuch zu schwimmen«, keuchte ich. »Nur einen Meter noch.«

Was sie dem Anschein nach auch tat. Sie drehte sich in Bauchlage, ruderte hektisch mit den Händen.

Doch meine Kraft war aufgebraucht, meine Luftröhre brannte, die Lungenflügel fühlten sich wie eingeschrumpfte, nutzlos gewordene Ballons an.

Arlena entfernte sich zunehmend. Ich legte mich auf den Rücken, sparte Energie. Wollte zum Steg paddeln.

Keine Chance. Ich blieb auf dem Wasser liegen, ließ mich treiben. Nahm den Tod in Kauf.

Arlena tauchte neben mir auf. Meine Rettung.

Dachte ich.

»Du Arschloch hast mich einfach zurückgelassen.« Sie warf sich auf mich. Drückte mich unters Wasser. Weiß der Teufel, wie sie das zuwege brachte.

Wasser drang in meine Lunge, schien sie bersten lassen zu wollen. Ich stieß die irregewordene Arlena weg. Sie gab nicht nach. Klatschte mir eine Pranke ins Gesicht.

Im Gegenzug packte ich ihre Handgelenke, zog, zerrte und wollte zum nächstgelegenen Steg schwimmen. Die Rettungsleiter war mein Ziel.

Ein lautes Platschen lenkte mich ab. Die Chance für Arlena, mich nochmals unters Wasser zu drücken.

Kräftige Arme umgriffen mich. Zogen mich mit.

»He, Benni, los rauf mit dir.«

»Was treibt ihr beiden da?«, rief ein anderer.

Drei Männer halfen uns aus dem Wasser. Eine Frau brachte Decken. Es waren Leute aus dem Restaurant.

Martinshörner näherten sich.

»Das ging aber extrem schnell«, meinte die Frau.

»Die kommen nicht wegen unseres Anrufs. Das ist Polizei«, sagte der Koch.

Ich bibberte vor Kälte, zog die Decke fest um mich, legte mich rücklings auf die Holzplanken, schloss die Augen. Froh, dass ich noch lebte.

»Du wolltest mich töten«, zischte Arlena in meine Richtung. *»JA, ER WOLLTE MICH ERSÄUFEN WIE EINEN HUND. EUER LIEBER BENNI.«*

Sie schrie es laut aus sich heraus, als wollte sie es ganz Karlsruhe wissen lassen.

Sonntag, 08.11., am Abend

Jemand streichelte mir über die Wange. Hauchte mir einen Kuss auf die Stirn.

»Ist er bewusstlos?« Meine Mutter.

Meine Mutter? Woher kam die denn?

»Nein«, sagte eine fremde Stimme.

Gleich darauf hievten mich Leute auf eine Trage, die emporgewuchtet wurde. Ich wagte nicht, die Augen zu öffnen.

»Benni, Junge, was ist?« Wieder meine Mutter.

»Benedict, sag doch endlich was.« Mein Vater.

Lautes Scheppern und unangenehmes Rütteln zeugten davon, dass ich in ein Auto verfrachtet wurde.

Ich blinzelte durch halboffene Lider. Blickte in freundliche Augen. Hellen Augen. Der Rest des Gesichts war von einer Maske bedeckt.

»Wir legen Ihnen jetzt eine Infusion an. Nicht erschrecken«, sagte der junge Mann.

Jetzt bemerkte ich eine zweite Person. Sie holte meinen Arm aus der Schutzdecke heraus und stach eine Nadel in die Beuge. Schloss ein Kabel an, das an einer Kunststoffflasche befestigt war. Ich starrte darauf, bis die ersten Tropfen herabfielen und in meine Adern flossen.

»Meine Eltern ...«, begann ich und brach ab.

»Sie werden nachkommen«, sagte nun die zweite Person, eine Frau mittleren Alters. Ihr Haar war graumeliert und kurzgeschnitten. »Ich bin Dr. Elzter.« Ihre Stimme war rau. Wie bei einer starken Raucherin.

Sie blickte mich an und schien zu lächeln. Ihre Augen wurden etwas schmaler und zogen sich in die Breite, Fältchen bildeten sich an den Außenseiten. Vielleicht auch Einbildung. Ich konnte ihr Gesicht ja nicht komplett sehen.

Mittlerweile hatte der Sanitäter ein digitales EKG-Gerät angeschlossen, und ich erhielt den visuellen Eindruck, dass mein Herz nicht ganz so kräftig und gleichmäßig schlug, wie es schlagen sollte. Und mein Blutdruck schien auch zu niedrig zu sein. Mein Puls zu schwach.

»Leider kann ich Ihnen außer dieser Lösung nichts anderes geben, wir müssen erst wissen, was Sie alles intus haben.«

»Hm?« Ich war überfordert. »Ich ...«, kämpfte ich um Worte, »habe nichts intus.«

»Oh doch, Ihre reaktionsschwachen vergrößerten Pupillen weisen darauf hin, dass Sie vermutlich Drogen konsumiert haben. Alkohol können wir wohl ausschließen.«

Irrte ich, oder zeigte sich die Ärztin schon nicht mehr so freundlich?

»Nein«, murmelte ich und schloss wieder meine Augen.

Die Aufnahme im Krankenhaus verlief ruppig, die Blutabnahmeversuche schmerzhaft. Der anwesende Arzt war jung und meiner Meinung nach unerfahren. Er traktierte mich mit mehreren erfolglosen Einstichen an unterschiedlichen Stellen, bis ich mich einem weiteren Versuch verweigerte und endlich der Oberarzt geholt wurde. Der fand ruckzuck eine ideale Stelle am Unterarm, und schon floss reichlich Blut in die Kanüle.

Froh, wenig später endlich in einem warmen Bett zu liegen, lauschte ich dem beruhigenden Piepen der Überwachungsgeräte, die leise vom Gang her zu mir hereindrangen. Die Tür stand halboffen. Ich war alleine im mäßig beleuchteten Zimmer und richtete meine Augen durchs Fenster in die stockdunkle Nacht. Keine Ahnung, wie spät es mittlerweile war.

Es klopfte, meine Eltern traten ein, schlossen die Tür hinter sich. Zielstrebig flankierten sie mein Bett. Mutter links, Vater rechts.

»Benedict, Junge, was machst du für Sachen?« Mutter strich mir über die Stirn.

»Was hat sich im Hafen abgespielt?« Vater sah mich streng an.

»Wolltest du Arlena wirklich etwas antun?« Mutter wieder.

Jeglicher Antworten wurde ich enthoben, es klopfte abermals. Frau Hauptkommissarin Steiner und ihr Kollege Edel traten ein.

Dahinter ein Arzt.

»Bitte«, sagte dieser, »nur fünf Minuten. Der Patient braucht Ruhe.« Er redete, als hätte ihm ein einfallsloser Drehbuchautor das so vorgeschrieben.

Und ich argwöhnte, dass es nicht fruchtete.

Die beiden Kripobeamten stellten sich ans Fußende des Betts. Derart eingekeilt fühlte ich mich hilflos ausgeliefert.

Blickte meinen Vater an. »Ich hab nichts getan.« Ich holte Luft. »Bitte, glaub mir.«

Nun war er es, der mir übers Haar streichelte. »Keine Angst, Benedict, wir lassen dich nicht im Stich.«

Dann wandte er sich an die Beamten. »Fragen Sie, was Sie fragen wollen, aber machen Sie es bitte kurz. Meine Frau und ich bleiben hier.«

»Herr von Barneck«, begann Frau Steiner, »ich möchte Ihnen nur mitteilen, dass Ihre Freundin ebenfalls in ein Krankenhaus eingeliefert wurde. Nicht in dieses. Sie beschuldigt Sie in höchstem Maße, Sie hätten sie töten wollen. Sie brauchen jetzt und hier keine Fragen beantworten, erholen Sie sich erst einmal.«

Edel räusperte sich. »Wäre es Ihnen Recht, wenn wir morgen Ihre Aussage aufnehmen dürften?«

»Ich habe nichts getan.« Ich jammerte gebetsmühlenartig wie

ein kleines Kind, sah mich schon aufs Neue hinter Gittern sitzen. »Bitte, glauben Sie mir.«

»Beruhigen Sie sich«, sagte Edel. »Sie können versichert sein, dass wir kein zweites Mal zulassen, dass Ihnen etwas untergeschoben wird. Aber eine Bitte hätten wir.« Sein Blick schwenkte zu meinen Eltern, dann wieder zu mir. »Wir würden gerne eine Hausdurchsuchung in Ihrem Bungalow vornehmen. Wären Sie einverstanden? Dann bräuchten wir auf keinen richterlichen Beschluss warten und hätten schneller die Ergebnisse parat.«

»Was wollen Sie denn finden?« Mein Atem steigerte sich.

Frau Steiner beugte sich vor, lächelte ihr gütiges Lächeln. »Es geht um eventuell illegal hergestellte Medikamente. Deshalb wäre es wichtig, heute noch zu handeln. Unterdessen wird Ihr Blut in der Rechtsmedizin untersucht.«

»Was?« Eines der Geräte fing lautstark zu piepsen an.

»Dürfen wir oder nicht?«, hakte Edel nach.

»Mir egal. Pa, gib ihnen den Schlüssel. Sie sollen machen, was sie wollen.« Ich mochte mit illegalen Machenschaften nichts zu tun haben, wollte nur meine Ruhe. Der Ernst der Lage war mir in diesem Moment gar nicht bewusst.

»Danke«, sagte Edel.

Ich hörte, wie die Tür aufging, und sich Arzt und Kripobeamte einen kleinen Wortwechsel lieferten, bevor sie das Zimmer verließen.

Dienstag, 10.11.

Als ich aufwachte, fluteten Sonnenstrahlen das Zimmer, und ich war allein. Das grelle Licht blendete, es dauerte eine ganze Weile, bis ich die Augen ganz öffnen konnte. Unterschwellige Schmerzen pulsierten hinter meiner Stirn. Ich fühlte mich schwach und zittrig.

Über meinem Kopf baumelte ein Alarmknopf. Doch bevor ich eine Entscheidung treffen konnte, ob ich jemanden herbeirufen sollte, klopfte es an die Tür, und eine Schwester trat herein.

»Hallo, Herr von Barneck, ich bin Schwester Siggi. Schön, dass Sie wach sind. Der Arzt kommt gleich.«

»Wie lang hab ich geschlafen?« Aus meiner Kehle kam nur ein Krächzen.

»Den ganzen gestrigen Montag und die Nacht. Heute Morgen haben sie immer noch so tief geschlafen, dass wir auf ein Wecken verzichteten.«

Sie werkelte am Materialschrank herum, riss irgendeine Verpackung auf, kam zum Bett her. Tupfte mit einem feuchten Stäbchen auf meinen Lippen herum. Der Geschmack war sonderbar.

»Trinken gibt's erst später.« Sie lächelte mich an. Sie hatte hübsche olivbraune Augen. Der Rest des Gesichts war hinter einer weißen Maske versteckt.

Sie überprüfte die Infusionslösung, die Flasche war fast leer. »Die wird nachher ersetzt. Aber erst findet die Visite statt.«

Sie wandte sich wieder der Ablage des Materialschranks zu und schrieb etwas auf.

Schon öffnete sich die Tür erneut, und der Arzt kam herein.

»Na, wie geht's, Herr von Barneck? Das Gift müsste jetzt so ziemlich aus Ihrem Blut draußen sein. Nun kann es wieder aufwärts gehen.«

»Gift?« Vielleicht hatte ich mich verhört.

Der Arzt zog einen Stuhl herbei, setzte sich.

»Tja, Sie waren vollgepumpt mit Antidepressiva, Schmerzmitteln, Beruhigungsmitteln. Sogar Psychopharmaka und Opioide waren in Ihrem Blut enthalten, ergo ein lebensgefährlicher Medikamentencocktail. Genauere Ergebnisse erhalten wir noch. Vermutlich werden Sie in den nächsten Wochen unter Entzugserscheinungen leiden. Sie können von Glück reden, dass Sie knapp an einer tödlichen Überdosierung oder Überreaktion vorbeigeschrammt sind.«

»Scheiße«, stieß ich aus. Unfähig, diese Aussage richtig unterzubringen. Verweigerte mich der naheliegendsten Erklärung. »Aber woher … Wieso …?«

»Das ist jetzt Sache der Polizei. Die warten ohnehin schon ungeduldig darauf, mit Ihnen reden zu dürfen. Ich habe sie auf morgen vertröstet. Sie werden erstmal richtig frisch gemacht und kriegen was Leichtes zu essen. Einverstanden? Später legen wir Ihnen nochmals ein Langzeit-EKG sowie ein Blutdruckmessgerät an.«

Mittwoch, 11.11.

Ich fühlte mich gut. Eine lang vermisste Empfindung. Zwar erhielt ich noch Infusionen, doch durfte ich aufstehen und in Begleitung aufs Klo gehen. Das war viel wert.

Meine Mutter hatte Wäsche für mich abgegeben, und ich trug einen Jogginganzug. Nach dem Frühstück ging Schwester Siggi mit mir den Flur auf und ab, mein Kreislauf stabilisierte sich zusehends.

Noch vor dem Mittagessen, ich war gerade in einen leichten Schlaf verfallen, tauchten die Kripobeamten auf. Frau Steiner und Herr Edel. Ein Dreamteam wie aus einem Kriminalfilm.

Nun flankierten sie mein Bett. Steiner links, Edel rechts.

»Sie sehen wieder richtig gut aus«, sagte Steiner. »Das ist höchst erfreulich.«

Edel nickte zustimmend.

Das könnte ich jetzt dahingehend interpretieren, dass ich mich auf ein scharfes Verhör einzustellen hatte.

»Na ja, es geht. Kreislaufmäßig habe ich noch Schwierigkeiten«, spielte ich meinen Zustand herab. Die sollten sich davor hüten, mich in die Enge zu treiben.

»Wir machen es kurz«, sagte Edel und zog sich im Widerspruch zu seinen Worten einen Stuhl heran.

»Die Durchsuchung Ihres Hauses war aufschlussreicher als erwartet«, sagte Steiner. Auch sie holte sich einen Stuhl und setzte sich.

»Ach ja?« Ich fror. Zog mir die Decke bis zum Kinn hoch.

Steiner wühlte in ihrer Tasche herum, holte ein Handy heraus, eingepackt in einer Plastiktüte. »Kennen Sie es?«

Sie überreichte mir das Huawei-Smartphone, das ich unter Arlenas Wäsche entdeckt hatte. Weiße Schutzhülle. Ich tippte es an, das Displaybild war mir unbekannt. Wie auch der Aktivierungscode.

»Nein«, sagte ich aus tiefster Überzeugung und gab der Beamtin das Gerät zurück. Im Prinzip kannte ich es ja wirklich nicht.

»Das lag in einer Schublade in Ihrem Schlafzimmer«, sagte Edel.

»Dann gehört es Arlena? Ich habe es aber noch nie bei ihr gesehen.« Das war ebenfalls nicht gelogen.

»Das glauben wir«, sagte Steiner.

Irritiert schaute ich von Edel zu Steiner und wieder zurück zu Edel.

»Sie wissen wirklich nicht, wem es gehört?«, fragte der Kripobeamte scharf.

Meine Hände fingen zu zittern an. Verdammt. Ich dachte, das wäre überstanden. »Nein.«

»Sie kennen aber die Eigentümerin.« Edel fixierte mich streng.

»Ja?« Mir gingen sämtliche Menschen außer Arlena durch den Sinn, deren Handy die Möglichkeit gehabt hätte, in mein Schlafzimmer zu gelangen, aber ich kam zu keinem Ergebnis.

»Hat es meine Mutter mal liegenlassen?« Ich versuchte mir vorzustellen, wann sie bei uns gewesen sein mochte. »Nein, das kann nicht sein. Ich kenne ihr Handy. Und sie würde es niemals bei uns lassen. Und wenn, hätte Arlena dafür gesorgt, dass sie es zurückerhielt. Ganz sicher.«

»Aber dieses Telefon hat sie behalten, Herr von Barneck.« Steiner lächelte. »Es gehört Mona Kessler.«

Es war, als erhielte ich einen Schlag mitten ins Gesicht.

»Aber wann … wann hätte Arlena es denn an sich nehmen können?«

Noch während ich diese Frage stellte, wusste ich die Antwort. In gnadenloser Härte fügte sich das Puzzle zusammen, das mich seit Wochen bedrängte.

Auf die Gesichter der Beamten legte sich weiches Mitgefühl, zumindest schien es mir so.

»Sie haben begriffen?«, fragte Edel.

»Unseren Ermittlungen nach hat Arlena mutmaßlich Mona Kessler in die Falle gelockt und sie zusammengeschlagen«, sagte die Hauptkommissarin. »Es tut uns sehr leid.«

Die beiden Kripobeamten erhoben sich, schoben die Stühle zurück.

»Wir melden uns wieder, jetzt werden Sie erstmal richtig gesund.« Frau Steiner lächelte mir zu.

Dann verließen mich die beiden Beamten. Und ich blieb zurück, schockiert und entsetzt über die Tatsache, die gewalttätigen Ambitionen meiner Mitbewohnerin womöglich selbst forciert und dadurch Mona in tödliche Gefahr gebracht zu haben.

Durch naive Gutgläubigkeit, wegschauende Bequemlichkeit, leichtsinnige Arglosigkeit.

Und was war jetzt mit den Medikamenten? Darüber hatten die Kripobeamten kein Wort verloren.

Freitag, 13.11.

Gegen zehn Uhr lieferte mich ein Taxi vorm Bungalow ab. Meine Eltern hatten mich abholen und in die Villa mitnehmen wollen, aber ich musste allein sein.

Mollige Wärme empfing mich, mein Vater hatte die Heizung offenbar hochgestellt. Überhaupt, meine Eltern waren sehr emsig bemüht gewesen, das Chaos der Spurensucher wieder zu bereinigen. Klar merkte ich, dass viele Dinge jetzt woanders standen, aber das war völlig egal. Ich schaute in alle Räume und vermisste eigentlich nichts.

Sämtliche Kleidungsstücke von Arlena waren in Plastiksäcke und Kartons gestopft und im Zwischenraum zur Garage abgestellt worden. Meine Sachen lagen gereinigt und ordentlich einsortiert in den Schränken und Kommoden. Sogar das Bett war frisch überzogen, die zweite Zudecke und das zusätzliche

Kissen waren verpackt in einen großen blauen Müllsack. »Fürs Rote Kreuz« las ich auf einem aufgeklebten Zettel. Meine Mutter!

Die Geräte in meinem Arbeitszimmer standen alle noch da oder auch wieder. Die KTU-Leute dürften wohl nichts gefunden haben, das in ihrem Interesse gewesen wäre.

Lediglich in Bad und Küche gab es etliche leere Stellen und Fächer. Dort hatten sich Arlenas persönliche Dinge befunden. Und ebenso das Nachtschränkchen, das Arlena benutzt hatte, war geleert.

Dann stieg ich in den Keller. Starrte in Arlenas Labor. Das war komplett ausgeräumt. Erleichtert ging ich wieder hinauf. Riss alle Fenster auf, zog die Schiebtür im Wohnzimmer bis zum Anschlag zurück, ging auf die Terrasse.

Es war kühl und neblig-feucht. Die Luft tat unheimlich gut. Sie roch nach Freiheit. Zum zweiten Mal in diesem Jahr durchflutete mich dieses Gefühl.

Freiheit.

Etwas, das früher eine Selbstverständlichkeit gewesen war.

Kälte übermannte mich, und ich flüchtete hinein. Verschloss Fenster und Terrassentür. Ein innerer Drang nötigte mich, meine warme Jacke überzuziehen, das Haus zu verlassen und zum See zu wandern.

Blätterloses Gestrüpp, glatte Wasseroberfläche, kein Mensch unterwegs. Der Naturboden feucht, aber nicht schmierig. Die Luft köstlich nach Herbst duftend. Es war, als erreichten meine Sinne eine neue Intensität, als sei ich von den Toten auferstanden.

An der Stelle, wo man Mona gefunden hatte, legte ich eine Pause ein und sah hinaus auf das Wasser. Verharrte in stiller Trauer. Bis heute war sie nicht aus ihrem Koma aufgewacht. Aber nun stand mir frei, sie zu besuchen.

Eine Frau kam mir entgegen, an der Leine einen kleinen Hund. Sie grüßte mich.

Sie grüßte mich!

Ich nickte zurück, schenkte ihr ein rasches Lächeln. Baff wie ich war. Als Stadtmensch war ich es nicht gewohnt, von Fremden gegrüßt zu werden. Und auch hier hatte mich noch nie jemand gegrüßt.

Der Hund schnupperte in meine Richtung, zog regelrecht her.

»Oh, junger Mann«, sagte die Frau. »Tut mir leid. Oder mögen Sie Hunde?«

Ich zuckte mit den Schultern. »Ich hatte noch keinen Kontakt zu Hunden.«

»Oje. Möchten Sie ihn streicheln?«

Ich sah auf den wuscheligen braunen Kerl hinab, er schnüffelte im Dreck um meine Schuhe herum.

»Ich will Sie nicht überreden, wenn es Sie widerstrebt.« Die Frau war etwa um die sechzig, hatte blondes Haar. Sah mich mit offenherzigen dunkelblauen Augen an.

»Na ja, ich kann's ja mal probieren.«

Was redete ich da für einen Mist? Seit wann probiert man, ein Tier zu streicheln, entweder man tut es oder nicht.

Langsam beugte ich mich hinab, der Hund schaute auf.

»Sitz«, sagte die Frau, der Hund gehorchte, hypnotisierte mich geradezu.

»Zeigen Sie ihm Ihre offene Hand, lassen Sie ihn daran riechen«, belehrte mich die Frau.

Ich tat es, und der kleine Wuschel schleckte über meine Handinnenfläche. Warm und samtig.

»Wie heißt er?«, fragte ich.

»Goliath.«

»Echt, Goliath? Der mickrige Kerl?«

Die Frau lachte aus vollem Hals.

Ich lachte mit ihr, fuhr Goliath mehrmals übers flockige Fell und richtete mich wieder auf. »Danke«, sagte ich.

»Wofür?«, fragte die Frau mit einem Nachglucksen. »Vielleicht treffen wir uns ja mal wieder. Wohnen Sie in der Gegend?«

»Ja, aber nicht mehr lang.«

Mit diesem Satz war mir bewusst, was mich innerlich bewog. Ich musste weg. Weg aus diesem Haus, vielleicht sogar weg aus dieser Stadt.

»Ich habe Sie noch nie hier gesehen. Wo wohnen Sie denn?«

Ich betrachtete die Frau intensiver als ich wollte. Wie würde sie reagieren, wenn ich es ihr verriet?

»Im Bungalow dort hinter der kleinen Siedlung.« Ich deutete in besagte Richtung.

»Der Bungalow, der schon lange zum Verkauf steht?«

»Ja.«

»Ich wusste bis vor kurzem gar nicht, dass er bewohnt ist. Ich wohne in der entgegengesetzten Richtung. Drüben in einem der vielen Reihenhäuschen. Zusammen mit meinem Mann. Und Goliath natürlich.«

Ihr Blick lag musternd auf mir, dann schien es, als hätte sie einen Geistesblitz. »Sie sind der junge Mann, der von der Dicken so misshandelt wurde, oder?«

Wie erniedrigend das klang.

»Misshandelt? Also, das würde ich gerade nicht sagen. Wie kommen Sie darauf?«

»Gerüchte.« Sie zuckte mit den Schultern. »Sie wissen ja, keiner weiß richtig Bescheid, dann spuken unbewiesene Geschichten in den Köpfen der Leute herum. Aber eines steht doch wohl fest: Die Dicke hat offenbar die junge Frau niedergeschlagen, die hier gefunden wurde, stimmt's? Das stand in der Zeitung. Und auch, dass sie jetzt hinter Gittern sitzt.«

Ich senkte meinen Blick. Schämte mich. Wandte mich zum Gehen.

»Bitte, verzeihen Sie. Sie können ja nichts dafür. Ich wünsche Ihnen jedenfalls viel Glück für die Zukunft.«

»Danke«, murmelte ich und machte mich auf den Weiterweg.

Am Abend besuchten mich meine Eltern. Wir saßen uns eine Weile wie Fremde gegenüber. Ich wusste nicht, was ich sagen sollte, ihnen erging es offenbar ähnlich.

Mutter verzog sich in den Küchenbereich, ich hörte die Schranktüren. »Du hast ja kaum etwas zu Essen da. Sollen wir morgen zusammen einkaufen gehen?«

Vater und ich blickten uns an.

»Willst du nicht wieder nach Hause kommen?«, fragte er.

Ich überlegte eine Antwort.

Mutter kam zurück. Brachte heißen Tee und Tassen auf einem Tablett mit. Setzte sich neben Vater auf die Couch.

Automatisch griff ich nach der Tasse, schlurfte das heiße Getränk. Es wärmte mich von innen. Meine Seele.

»Ich möchte erst mit mir ins Reine kommen, bevor ich entscheide«, sagte ich an Vater gerichtet.

»Was – um was geht es?«, fragte Mutter.

»Ich hatte ihn gefragt, ob er nicht nach Hause kommen will«, erklärte Vater.

Wir schwiegen. Tranken Tee. Schließlich erhob sich Vater, ging zur Terrassentür, sah hinaus.

»Ich hätte einen Interessenten für das Haus.«

»Ach so«, sagte ich. »Klar, dann ziehe ich aus.«

Vater drehte sich um. Sah mich an. »Du kannst bis Mitte Dezember bleiben. Der Interessent würde den Bungalow ab Januar übernehmen. In ein paar Tagen machen wir eine Besichtigung. Okay?«

Ich kam mir vor, als würde ich vor die Tür gesetzt. Natürlich war es nicht so. Aber das Gefühl brachte mich fast um.

»Ich such mir was anderes.«

Mutter warf mir einen entschiedenen Blick zu. »Du kommst heim, basta! Du hast ja noch nicht mal ein eigenes Einkommen.«

Ich nickte ergeben. Sogleich kam mir eine Frage in den Sinn, die ich längst schon stellen wollte.

»Weshalb wart ihr eigentlich so schnell am Hafen? Noch dazu mit Polizeigefolge?«

Meine Eltern sahen sich an. Mutter verdutzt, Vater mit erhobenen Brauen.

»Wir hatten den ganzen Sonntag versucht, euch telefonisch zu erreichen«, sagte Vater wieder an mich gewandt. »Also sind wir zu euch hergefahren und haben niemanden angetroffen. Ich habe dein Handy antelefoniert, aber das war abgestellt. Dann hat deine Mutter es über Arlenas Handy versucht, aber keiner ist rangegangen. Also sind wir zur Polizei. Deren Notfalltechniker haben nach mehrmaligen Versuchen auf einmal dein Handy orten können, und wir sind voller Panik zum Clubhafen gefahren. Wir waren nicht auf das gefasst, was uns dort erwartete.«

»Aha. Und ich dachte immer, man muss drei Tage als vermisst gemeldet sein, bevor gehandelt wird.«

»Ich habe denen gehörig Druck gemacht, was glaubst du denn?« Vater grinste.

Sonntag, 15.11.

Einen Blumenstrauß hatte ich nicht dabei. Aber überbordende Nervosität, als ich das Krankenzimmer auf der Intensivstation in Langensteinbach betrat.

Die Unmenge an technischem Gerät verunsicherte mich. Der Pfleger wies mich an, auf einen Stuhl zu sitzen, und bat mich, mit ihr zu reden. Sie würde mich unter Umständen hören können.

Ich war allein mit Mona, die so fremd aussah. Über einen Monat lag sie schon hier, ganze dreiunddreißig Tage.

»Hi, Mona.« Ich schluckte. »Es wird Zeit, dass du wieder aufwachst. Wir wollen doch zusammen ausgehen. Oder eine Bootstour machen. Vielleicht aber auch einfach nur Wandern gehen. Die Natur bewundern. Du ahnst gar nicht, welche Sehnsucht man nach Natur bekommt, wenn man eingesperrt ist.«

Ich betrachtete ihre halbgeschlossenen Augen.

»Du weißt, ich kann da gut mitreden. War ja lange genug eingesperrt. Ich würde mir wünschen, dass du träumen kannst. Von schönen Wiesen, von plätschernden Bächen, von romantischen Wäldern. Aber eigentlich weiß ich gar nicht, ob du die

Natur überhaupt liebst. Vielleicht magst du ja eher den Trubel in der Stadt. Dann könnten wir mal ins Ausland reisen, in die USA. Vielleicht nach New York? Dort gibt es Trubel. Na ja, sobald diese bescheuerte Viruspandemie vorbei ist. Angeblich soll es ja zum Jahresende einen Impfstoff geben. Aber was rede ich da für einen Quatsch.«

Mir schien, als würde eines ihrer Lider zucken.

»Auf jeden Fall solltest du zusehen, dass du wieder aufwachst und zu Kräften kommst. Arlena wird uns jedenfalls nicht mehr behelligen. Sie ist weggesperrt und wird es für eine Weile bleiben. Und ich muss morgen aufs Polizeirevier. Es gibt noch viele Dinge zu klären.«

Der Pfleger kam herein. Gab mir ein Zeichen, dass ich gehen musste.

»Ciao, Mona. Ich besuch dich bald wieder. Dann will ich dich im Bett sitzen sehen.«

Ich ging nah an sie heran, doch der Pfleger schüttelte den Kopf. Obwohl ich Schutzkleidung trug, war es sicherer, Abstand zu halten. Also warf ich ihr einen symbolischen Handkuss zu.

Vielleicht fühlte sie ihn ja.

Meine Mutter riss die Tür auf, bevor ich klingeln konnte. Zwar besaß ich einen Schlüssel, aber nach so langer Zeit wollte ich nicht einfach in die Villa eindringen.

Ja, eindringen. Schritt für Schritt begab ich mich ins Innere meines eigentlichen Zuhauses. Fremd war es mir geworden, obwohl sich sichtlich nichts verändert hatte. Ein paar Kleinigkeiten vielleicht, aber im Großen und Ganzen war alles geblieben.

Wir redeten nichts, ich ging hinauf in mein Zimmer.

Abgesehen von meinen Geräten, die im Bungalow standen, war alles so, als wäre ich gestern noch hier gewesen. Nun ja, nicht ganz. Wäre ich hier gewesen, wäre es unordentlicher. Das Bett war frisch überzogen, und nichts lag herum.

Mutter tauchte hinter mir auf. »Wann ziehst du wieder ein?«
»Bitte, Mam, bedräng mich nicht. Ich war heute bei Mona.«
»Oh. Wie geht es ihr?«
Ich zuckte mit den Schultern, zwängte mich an ihr vorbei, und wir gingen hinunter. Im Wohnsalon wartete schon Vater.
»Ich habe einen Vorschlag, Benni.«
»Was für einen Vorschlag? Ich habe gerade Mam gesagt, dass ich –«
»Nein, nein, was anderes. Die *MARNIE* müsste zur Komplettinspektion nach Hamburg gebracht werden. Letzten Winter war sie ja nicht. Willst du sie fahren? Auf dem Wasserweg. Wir kommen mit dem Auto nach.«
Ich war baff. »Dein Ernst?«
»Warum nicht? Ist ohnehin billiger, als sie mit einem LKW transportieren zu lassen.«
»Oh Gott!«, rief Mutter. »Ihr seid verrückt! Das ist ja eine halbe Weltreise mit dem Boot. Das geht alleine gar nicht!«
Ich brauchte einen Moment, um zu begreifen, was diese immense Herausforderung für mich bedeutete. Der Wiedereinstieg in mein Leben.
»Wann?«, fragte ich an meinen Vater gerichtet.
»Baldmöglichst, solange noch das Wetter mitmacht. Es soll ja relativ mild bleiben. Du könntest Lars fragen, ob er dich begleiten will.«
Mein Vater war zwar wesentlich mutiger eingestellt als Mutter, dennoch war es wenig ratsam, ein derart großes Boot über eine so weite und nicht ganz einfache Strecke ohne Crew zu manövrieren. Doch traute ich mir dies mit einer kundigen Person an meiner Seite ohne weiteres zu.
»Okay, ich bereite alles vor.«
»Eins noch, Benedict. Was ist mit deinem Studium? Ich gehe davon aus, dass du in den letzten Wochen nichts machen konntest.«
Ich blickte zu Boden. Schon wieder dieses beschissene Schamgefühl. »Ich breche es ab. Morgen werde ich der Uni Bescheid

geben. Den Bachelor habe ich ja in der Tasche. Für alle Notfälle.«

»Nein!«, rief Mutter.

Vater sah mich lange an. »Was willst du dann tun?«

»Irgendwohin gehen, wo mich keiner kennt.«

»Quatsch!«, meinte Mutter streng. »Willst du dann eine Karriere als Tellerwäscher starten?«

Ich wusste keine Antwort und schwieg.

Montag, 16.11.

»Wie geht es Ihnen?«

Die Hauptkommissarin saß mir gegenüber, wie immer zeichnete ein Gerät unsere Unterredung auf. Diesmal audiovisuell mit einer neu aussehenden kleinen Kamera auf einem Tischstativ. Mit meiner ausdrücklich erbetenen Erlaubnis, weil ich angeblich nicht als ein Beschuldigter, sondern eher als Zeuge vorgeladen war. Ich hätte ergo auch ablehnen können. Aber weshalb? Auf dem Polizeirevier war ich ja eh schon bekannt wie ein bunter Hund, und die ausufernden Dialoge mit mir füllten ohnehin bereits etliche Ordner und Festplatten.

»Gut«, entgegnete ich knapp.

»Was macht der Medikamentenentzug? Keine Beschwerden?«

»Ab und zu Zittern und Übelkeit. Wird aber täglich besser.«

»Na, dann haben Sie unwahrscheinliches Glück gehabt. Bei diesem Mix. Wir haben sämtliche Analysen vorliegen. Sogar wir waren schockiert darüber, was Ihre Freundin in ihrem Labor getrieben hatte. Schon als wir die neuwertigen Kapselhüllen und die kleine Kapselfüllmaschine entdeckt hatten, schrillten bei uns die Alarmglocken aufs Höchste. Das Ausmaß der Medikamentenmanipulationen auch in flüssiger Form kam allerdings erst während der rechtsmedizinischen Untersuchungen ans Tageslicht.« Sie schob mir ein engbeschriebenes Blatt Papier zu. »Hier, lesen Sie.«

Ich ergriff das Blatt. Wagte nicht zu glauben, was ich sah.

Aufgelistet waren unter anderem: Diazepamtropfen, ein

Arzneimittel gegen Angstzustände aus der Gruppe der Benzodiazepine, also ein Beruhigungsmittel; Citalopram, ein Serotonin-Wiederaufnahmehemmer, einfach gesagt, ein aufputschendes Antidepressiva; Tramadol, das Müdigkeit und auch Übelkeit auslösen kann; dazu verschiedene andere Medikamente aus der Benzodiazepin-Gruppe, die meisten davon verschreibungs- oder zumindest rezeptpflichtig, die sedierenden Wirkungen verstärkten sich gegenseitig und wurden durch Alkohol verschlimmert. Zur Verwendung kamen vermuteter Weise auch Ecstasy, Kokain und Coffein, von denen Restbestände gefunden wurden.

Schockiert schloss ich die Augen, wollte nicht mehr weiterlesen. Meine Hände fingen wieder zu zittern an, hinter meiner Stirn bauten sich dumpfe Schmerzen auf.

»Das kann nicht sein. Das hat sie sicherlich nur fürs Studium gebraucht.«

»Oh nein, keinesfalls!«, sagte die Hauptkommissarin entschlossen hart. »Wir können ihr nachweisen, dass sie gezielt die Medikamente und Substanzen aus der elterlichen Apotheke entwendet hat. Dort laufen bereits Durchsuchungen.«

»Aber das hätte ihren Eltern auffallen müssen. Man kann doch aus einer Apotheke nicht einfach solches Zeug mitgehen lassen.«

»Wenn Sie wüssten, was unter der Hand alles möglich ist. Aber, wie gesagt, die Untersuchungen laufen ja noch. Es tut mir echt leid, was Sie mitmachen mussten.«

Ich reichte das Blatt zurück. »Ich hab's ja überlebt, also halb so schlimm.« Bedauert werden war das Letzte, was ich wollte.

»Sie brauchen sich deshalb nicht zu schämen.« Als ob sie meine Gedanken lesen konnte. »Viele Menschen müssen Unterdrückung erfahren. Auf vielerlei Arten. Aber ich bin zuversichtlich, dass Sie das verkraften. Sie haben einen starken Charakter.«

Meinte sie das im Ernst? »Starker Charakter? Dass ich nicht lache!«, entwich es mir. »Wie stark ist denn der Charakter eines

Mannes, der sich von einer Frau derart vereinnahmen und erniedrigen lässt? Der nicht mal merkt, wenn man ihm Drogen unterjubelt?«

»Nun, Herr von Barneck, jedenfalls hat das nichts mit Schwäche zu tun. Ich schätze, Sie haben doch einen Funken Liebe für sie empfunden, wollten ihr nicht wehtun und haben sich deshalb gefügt. Sie waren nicht darauf gefasst, geschweige denn vorbereitet, dass sie Sie mit Arzneien willenlos macht. Also, ich kann mir eine solche Situation gut vorstellen. Vor allem inmitten dieser Pandemielage. Und irgendwann war es natürlich zu spät für Sie, die Ereignisse und Ihren Gesundheitszustand objektiv einzuschätzen.«

»Oder war es einfach nur Bequemlichkeit?« Ich versuchte, mit Sarkasmus mein Selbstmitleid zu umgehen.

»Kann durchaus mit eine Rolle spielen. Unbestritten waren Sie ja vor Ihrer Verhaftung ein ziemlich von sich eingenommener, erfolgsverwöhnter junger Mensch, hatten ohne arbeiten zu müssen keine Geldprobleme, wurden umschwärmt, brauchten nur mit dem Finger zu schnippen, und alle tanzten nach Ihrer Pfeife. Deshalb ist es schon verständlich, dass Sie, als Sie nach Ihrer Entlassung womöglich keine Brücken mehr zu Ihren früheren Freunden schlagen konnten, den einfachsten Weg gegangen sind und sich eine Geliebte und Haushälterin in einer Person zugelegt haben.«

Ihre gnadenlos direkten Worte trafen mich tief. Unsicher blinzelte ich in die Linse der Kamera.

»Das Letztere stimmt so nicht. Ich habe Arlena mehrmals vorgeschlagen, die Haushälterin meiner Eltern auch für den Bungalow zu engagieren.«

»Nun, von Ihrer Seite aus war das naheliegend. Klar. Aber als sie Ihren Vorschlag abgewiesen hat, war Ihnen das wohl auch recht. Oder?«

Ich schwieg. Ein paar Sekunden. Doch dann blitzte ein Gedanke in mir auf. »Ja, ich hätte darauf bestehen sollen. Unter Umständen plante Arlena schon damals, mich fertigzumachen, und hat deshalb vorgebaut, damit keine fremden Personen ins Haus kamen.«

Die Kriminalhauptkommissarin schien einen Moment zu überlegen. »Nun, ich bin kein Psychologe oder so. Ich kann nur aus langjähriger Erfahrung im Umgang mit Menschen, seien es Kriminelle oder Opfer, reden. Ich kenne alle Seiten und weiß, was Niedertracht hervorrufen kann.«

»Geben Sie mir jetzt eine Mitschuld an dem ganzen Scheiß?«, fuhr ich auf. Ich fühlte mich extrem verletzt. Alles, was sie sagte, traf auf mich zu. Opfer, ja, ich war seit geraumer Zeit nur noch das Opfer von Intrigen und Machtgehabe. Und Passivität und Egoismus meinerseits haben es forciert.

»Auf keinen Fall, Herr von Barneck. Nichts liegt mir ferner, Ihnen als Geschädigten eine Mitschuld zu unterstellen.«

Sie durchstöberte ihre Unterlagen. »Kommen wir nun zum eigentlichen Punkt Ihres Hierseins.«

Zum eigentlichen Punkt? Ich spürte Schweiß auf meiner Stirn, Kälte im Genick.

Sie lächelte mich an. Wie ich das inzwischen hasste.

»Was hat Sie am achten November so plötzlich bewogen, Ihre Freundin auf dem Turmberg zurückzulassen?«

»Äh, wie bitte?« Überrumpelt von dieser Frage suchte ich nach einer passablen Erklärung. »Das geschah intuitiv.«

»Aus welcher Situation heraus?«

»Eine spontane Eingebung. Ich fühlte, dass mein Kopf klar war, spürte, dass mein Leben in die falsche Richtung lief. Dann bin ich fortgefahren, wollte ausbrechen. Mehr war da nicht, Frau Steiner.«

Sie nickte bedächtig. »Frau Reimer hat zu Protokoll gegeben, dass sie in der Schlange vorm WC gestanden und Ihnen – wie sie wörtlich sagte – ›erlaubt‹ hätte, im Auto auf sie zu warten, weil Sie aufgrund einer zuvor durchgestandenen Krankheit noch etwas geschwächt gewesen seien. Stimmt das?«

»Ja.« Ich gebot mir, vorsichtig zu sein und abzuwarten, auf was die Kommissarin hinaus wollte.

»Frau Reimer sagte weiter, als sie zum Parkplatz hinunterkam, waren Sie mitsamt dem Auto verschwunden. Aber ein Polizeiaufgebot war zur allgemeinen Überraschung vor Ort und bat alle Leute, nach Hause zu gehen. Wussten Sie von der Aktion?«

»Im Nachhinein habe ich von der Räumung der Aussichtsplattform und des Turmgeländes samt Spielplatz gehört. Mich hat es noch gewundert, dass mir Streifenwagen begegnet waren.«

»Ach so, das haben Sie also mitbekommen. Haben Sie sich keine Gedanken gemacht, weshalb die Polizei kam?«

»Nein, wieso denn?«

»Wie hatten Sie sich vorgestellt, dass Frau Reimer nach Hause kommen sollte?«

»Mit dem Taxi?«

»Ja, natürlich. Das wäre eine Option gewesen.«

»Ist sie denn nicht mit einem Taxi gefahren?«

»Sie hat eines gerufen, musste aber sehr lange warten und sich vor den Polizeibeamten rechtfertigen, weil sie nicht so ohne weiteres das Gelände verlassen konnte.«

»Sie wurde ja wohl nicht verhaftet, sonst hätte sie mich nicht im Hafen attackiert«, sagte ich zynisch.

»Oh nein, so schnell wird man ohne besonderen Grund nicht verhaftet. Im Gegenteil, die Beamten vor Ort boten ihr sogar an, sie nach Hause zu fahren, aber das hat sie abgelehnt.« Sie atmete durch. »Nun, wir wissen ja mittlerweile auch, weshalb sie einen näheren Kontakt zur Polizei vermeiden wollte und Sie nicht angeschwärzt hatte.« Sie seufzte. »Kommen wir zur Sachlage im Hafen. Nach Aussagen von Frau Reimer hat sie nach Ankunft zuhause gleich bemerkt, dass Ihr Auto nicht dastand. Da sie ja einen weiteren Haustürschlüssel in der Handtasche verwahrt hatte, konnte sie mit diesem hinein. Sie hatte dann alles durchsucht und festgestellt, dass Ihr Laptop, das Tablet sowie auch Ihr Handy und die Hafenzugangsschlüssel, die separat im Schlafzimmer aufbewahrt wurden, fehlten. Und weil sie sich große Sorgen machte, bestellte sie sich ein neues Taxi und ließ sich nach Maxau fahren. Dort erblickte sie Ihren Audi, bemerkte, dass das Tor unverschlossen war, und eilte zum Boot. Dabei musste sie durch das Schiffsrestaurant gehen, weil die neue Sicherheitstür den direkten Weg blockierte. Sie entdeckte Sie und wollte aufs Deck steigen.«

Die Beamtin atmete wiederum hörbar durch. »Nun kommen wir zu Frau Reimers Vorwürfen: Sie, Herr von Barneck, hätten sie bemerkt und mit einem Schlenker des Bootes dafür gesorgt, dass sie ins eiskalte Wasser stürzte. Nach endlos lang andauernden Hilfeschreien, wie sich Frau Reimer ausdrückte, hätten Sie sich ›bequemt‹ – so ihr Wortlaut –, ihr einen Rettungsring zuzuwerfen, der allerdings viel zu weit entfernt ins Wasser fiel. Sie seien daraufhin weggefahren. Erst als sie vorm Ertrinken gewesen sei, habe sie bemerkt, dass Sie plötzlich zu ihr hergeschwommen seien. Doch anstatt sie zu retten, hätten Sie sie unter Wasser gedrückt. Die Rettung erfolgte durch die Mitarbeiter des Restaurantschiffes.«

Die Hauptkommissarin sah mich an. »Das gab Arlena Reimer zu Protokoll.«

»Na, dann brauche ich ja nichts mehr hinzuzufügen.« Verzweiflung packte mich, untergrub jegliche Verteidigung.

»Haben Sie sie unter Wasser gedrückt?«

»Nein. Es war umgekehrt.« Es war, als schlügen ein weiteres Mal die Wellen einer unfairen Exekutive über mir zusammen.

»Sie waren körperlich ziemlich geschwächt, oder?«

»Das Wasser war extrem kalt. Ich konnte mich kaum bewegen.«

»Nun, dahingehend liegt uns Ihre Aussage bereits vor. Aber was sagen Sie zu der weiteren Beschuldigung, Sie hätten Frau Reimer in letzter Zeit mehrfach – wie sie sich ausdrückte – hart angefasst? Als Beweis ließ sie blaue Flecken und Hämatome dokumentieren, die angeblich von Ihnen stammten.«

Meine Hände zitterten schon wieder. Oder immer noch.

»Herr von Barneck«, Frau Steiner beugte sich vor, »Sie

müssen jetzt nichts sagen, was Sie belastet.« Sie redete leise und eindringlich. »Aber wenn es Sie *entlastet*, wäre ich für eine Antwort dankbar.«

Sie lehnte sich zurück. Ihre Mimik war ausdruckslos.

»Was verstehen Sie unter ›hart angefasst‹?«, fragte ich, so ruhig es mir möglich war und klemmte meine Hände zwischen die Knie. In der Hoffnung, das Zittern zu untergraben.

»Alles, was mindestens blaue Flecken verursacht.«

Eine klare Ansage der Kripobeamtin. Meine Hirnsynapsen liefen Amok, was sollte – durfte – ich sagen, ohne mich zu belasten?

»Einmal habe ich abgewehrt, als sie mich extrem angegangen ist. Ich habe ihre Handgelenke umfasst und sie zurückgedrängt. Das ist alles. Ich habe ihr niemals etwas zuleide getan.«

»Würden Sie das vor Gericht auch so beeiden?«

»Wie – *vor Gericht?*«

»Nun, falls es in dieser Sache zu einer Anklage käme und Sie als Zeuge oder gar Beklagter geladen würden. Was jetzt aber noch nicht zur Debatte steht.« Sie seufzte leise vor sich hin. »Wie hat denn Frau Reimer Sie ›extrem angegangen‹?«

»Ich sage jetzt gar nichts mehr ohne Anwalt. Zum Schluss verdrehen Sie alles und ich hocke wieder unschuldig im Knast.« Ich erhob mich. »Darf ich jetzt gehen?«

Sie musterte mich. Lang und intensiv. Als sähe sie mich zum ersten Mal. »Wir verdrehen keine Tatsachen und arbeiten immer sehr gewissenhaft. Und speziell in Ihrem Fall gehen wir besonders umsichtig vor. Seien Sie dessen versichert. Sie können gehen. Wenn wir wieder Fragen haben, melden wir uns. Verlassen Sie bitte vorerst nicht die Stadt.«

Mittwoch, 18.11.

Das Telefon schreckte mich auf. Dabei war es erst halb acht, und draußen setzte gerade die Dämmerung ein. Ich kannte die Nummer nicht. Ließ es ausschellen, ging erstmal zur Toilette. Machte mich frisch, zog mich an.

Dann rief ich zurück. War schockiert, als sich das Krankenhaus in Langensteinbach meldete. Bei mir?

Ich wurde weitergeleitet, eine Frauenstimme nahm sich meiner an.

»Herr von Barneck, Sie stehen auf unserer Liste der Personen, die informiert werden sollen, falls sich Änderungen bei Frau Mona Kessler ergeben.«

»Ich? Aber ich bin nicht verwandt. Was ist mit ihr?«

»Sie soll heute aufgeweckt werden. Unser Chefarzt leitet den Vorgang etwa in einer Stunde ein.«

»Geht es ihr gut?« Die Freude schnürte mir den Hals ab.

»Mehr darf ich Ihnen leider nicht sagen. Kommen Sie doch heute Nachmittag mal vorbei. Auf Wiederhören.«

Sie legte auf. Ich war zu keiner Regung fähig.

Um fünfzehn Uhr dreißig stand ich trotz der mir auferlegten Maßgabe, die Stadt nicht verlassen zu dürfen, vor der Tür zur Intensivstation der Langensteinbacher Klinik. Aufgeregt wie ein pubertierender Junge vor seinem ersten Date. Blumen hatte ich keine dabei. Ich hatte mich extra erkundigt und erfahren, dass ich erst etwas mitbringen durfte, wenn sie auf Station lag.

Ich klingelte und wartete. Die Sprechanlage knisterte, ein undeutliches »Ja?« drang zu mir heraus.

Ich nannte meinen Namen und zu wem ich wollte, der Türöffner knarzte, und ich betrat den breiten Gang. Der penetrante Geruch nach Desinfektionsmitteln durchdrang sogar den Mund-Nasen-Schutz, und das Piepen der allgegenwärtigen Geräte jagte mir einen Schauer über den Körper.

Ein Pfleger kam auf mich zu. »Kommen Sie, Herr von Barneck.«

Er wartete, bis ich mich desinfiziert und mir einen Schutzanzug übergezogen hatte. Dann deutete er nach links, gleich ins erste Zimmer. Es stand nur ein einziges Bett darin. Im Wirrwarr der Geräte, Kabel und Schläuche musste ich nach dem schmächtigen Körper suchen.

»Mona?«, flüsterte ich.

Der Pfleger schob mir einen Stuhl zurecht und wies mich an, der Patientin nicht zu nahe zu kommen. Er gab mir zehn Minuten.

»Benni?«, kam es schwach und heiser zurück.

»Mona, bin ich froh, dass du wieder wach bist.«

Die Finger ihrer linken Hand zuckten, als wollten sie mich auffordern, sie zu berühren. Am liebsten hätte ich sie umarmt oder ihr wenigstens einen freundschaftlichen Kuss auf die Wange gedrückt.

»Mona, du musst erst wieder zu Kräften kommen, dann darf ich näherkommen. Es tut mir so leid, was Arlena mit dir gemacht hat. Wenn ich nur einen leisen Hauch von einer Ahnung gehabt hätte, was sie vorhat, ich …«

»Du kannst nichts dafür.«

Sie hustete.

Ich merkte ihr an, welche Schmerzen ihr das bereitete, doch schon entspannte sie sich wieder.

»Nachher will die Polizei mich vernehmen. Stell dir das vor.«

»Mich wundert es, dass man mich vorher zu dir gelassen hat.«

»Meine Eltern waren auch schon da. Die haben es veranlasst, dass man dich benachrichtigt. Wir haben ein wenig Gehirnjogging gemacht.« Sie drehte ihr maskenverdecktes Gesicht zu mir her, und ich erkannte in ihren Augen, dass sie lächelte. »Es war echt anstrengend, sich wieder an alles zu erinnern.«

»Das glaub ich, Mona. Wenn du gesund bist, und wir uns wieder treffen können, reden wir uns gegenseitig alles vom Herzen, versprochen.«

»Ja, das tun wir.«

Einen Moment lang schwiegen wir, sahen uns nur an.

»Benni«, wisperte Mona, »ich wollte dich schon im Sommer warnen, dass du aufpassen sollst. Aber ich befürchtete, dass du mir nicht glaubst und mir unterstellen würdest, dass ich mich in etwas einmische, das mich nichts angeht.«

»Vor was wolltest du mich warnen?«

»Na ja, vor Arlena. Sie hat über dich hergezogen, während du im Gefängnis warst. Und auch danach.« Sie schluckte hart. »Der Hohn, der ihre Worte begleitete, und die Verachtung, die sie mir entgegenbrachte, haben mich schockiert. Und wie sie sich lächerlich gemacht hat über deinen Freund, dass sie schon lange die Befürchtung gehegt hätte, er sei schwul.« Wieder ein schweres Schlucken. »Weißt du, wie belastend das ist, eine böse Vorahnung zu haben, und es der Person, um die man sich sorgt, nicht sagen zu können?«

Sie redete sich in Rage, ich sah auf dem EKG-Monitor, wie sich ihr Puls beschleunigte.

»Mach dir keine Sorgen um mich. Werde gesund, dann besprechen wir alles in Ruhe. Jetzt machst du erstmal deine Aussage bei der Polizei. Und ich werde nach Hamburg fahren.«

»Echt?«

»Ja, unser Boot muss zur Inspektion und kriegt einen Winterschlafplatz. Ich bin eine Woche lang weg. Wenn ich zurückkomme, kann ich dich hoffentlich schon spazieren führen.«

Sie lachte. »Ich streng mich an.«

Und ich verspürte so viel Freude im Herzen, wie schon eine Ewigkeit nicht mehr.

Freitag, 20.11.

Ich war mitten im Packen, als es klingelte.

Verwundert öffnete ich die Tür, Hauptkommissar Edel wartete davor. Das Gartentor des Bungalows stand offen, zurzeit verzichtete ich darauf, hermetisch von der Außenwelt abgeschlossen zu sein.

»Ich habe gehört, Sie verlassen Karlsruhe? Ich nehme an, Sie hätten uns das noch mitgeteilt.«

Ich ging einen Schritt beiseite, ließ den Beamten herein, begleitete ihn ins Wohnzimmer. Bot ihm einen Platz an, den er annahm.

»Ich bringe das Boot nach Hamburg. Fahre am Sonntag los.

Nächsten Sonntag kommen dann meine Eltern nach, und Montag sind wir wieder zurück. Und ja, ich hätte mich abgemeldet.«

Er nickte. »Nun gut. Aber deshalb bin ich nicht hier. Wir konnten mit Frau Kessler sprechen, sie hat sich Gottseidank von der Attacke gut erholt.«

»Ja, ich war schon bei ihr.«

Er nickte aufs Neue. »Sie hat ausgesagt, dass sie per SMS nach Neureut-Heide bestellt wurde und sie geglaubt hatte, die Nachricht käme von Ihnen, obwohl keine ihr bekannte Telefonnummer angezeigt wurde. Gewundert hätte sie sich lediglich darüber, dass Sie ihr nicht per WhatsApp geschrieben hatten. Angst hätte sie keine gehabt, den dunklen Weg am See entlang zu gehen, denn ihr Handy besitzt ja eine integrierte Taschenlampe, und aus den nahegelegenen Häusern schien Licht. Dazu waren auf der Straße Leute unterwegs. Das kurze Rascheln und den plötzlichen harten Schlag von hinten hätte sie noch bemerkt, dann nichts mehr.«

»Das heißt«, überlegte ich laut, »sie kann gar nicht bestätigen, dass Arlena sie hinbestellt hat?«

»Nein, nicht wirklich. Aber unsere Techniker konnten ja ohnehin schon nachweisen, dass diese SMS von Frau Reimers Handy versandt wurde. Und auch, dass es geschah, während sich das Handy nicht in Ihrem Bungalow befand, sondern auf dem Universitätsgelände. Somit kommen Sie nicht in Frage, es benutzt zu haben. Aber dass sie es war, ist auch nur eine naheliegende Vermutung.«

»Bedeutet das jetzt, eine diesbezüglich Anklage steht auf wackligen Füßen und sie kommt frei?«

»Nein, das kann ich mir nicht vorstellen. Obwohl ihr Anwalt hartnäckig darauf pocht, ihre Inhaftierung auf Kaution bis zur Verhandlung auszusetzen.«

Ich schloss einen Moment die Augen. »Das dürfen Sie nicht zulassen. Sie ist unberechenbar.«

»Keine Sorge. Schließlich steht ja noch die Anklage wegen der

Medikamentenunterschlagung und der missbräuchlichen Verabreichung an Sie im Raum, was durchaus als schwere Körperverletzung bezeichnet werden kann. Womöglich in Tateinheit mit Freiheitsberaubung. Mein Ratschlag wäre folglich: Ziehen Sie zu Ihren Eltern zurück. In der Villa sind Sie sicherer als hier.«

Sicherer? Vor was? Etwa vor Arlena? Die konnte mir nichts mehr anhaben.

»Nun, Herr von Barneck, da wäre noch etwas.«

Noch etwas? Ich legte meinen Blick lauernd auf ihn.

»Es betrifft den Mord an Mariella Schubert.«

Mein Atem ging schneller. »Ach ja, wurde der noch nicht zu den Akten gelegt?« Mein Ton war patzig.

»Selbstverständlich nicht. Auch wenn Sie nicht über den jeweils aktuellen Stand informiert wurden, laufen die Ermittlungen im Hintergrund auf höchsten Touren. Punkt eins: Auch die Abwesenheit von Spuren ist aussagekräftig. Das bedeutet für uns, dass der Mörder zumindest eine oberflächliche Ahnung von Forensik und Polizeiarbeit besitzt. Was uns veranlasst hat, das BKA hinzuzuziehen. Denn trotz aller Sorgfalt des Täters, die dortigen Profis finden immer etwas. In diesem Fall eine verkantete und tief verborgene Wimper im Pulli der Toten. Eine Wimper, die nicht vom Opfer stammt. Leider müssen wir noch abwarten, bis Vergleichsergebnisse zum gewonnenen DNA-Material vorliegen.«

Edel betrachtete mich, als erwarte er eine Reaktion von mir. Die ich ihm in meinem überaus erstaunten Zustand nicht zu geben vermochte. Also redete er weiter.

»Punkt zwei: Wir konnten eine ehemalige Mitarbeiterin eines mittlerweile geschlossenen Internetcafés in Mannheim ausfindig machen. Von dort wurden die E-Mails an die Zeitungsverlage gesandt, aufgrund derer Frau Schubert sich dann bei ihrem Mörder gemeldet hatte. Diese Nachforschungen gestalteten sich sehr zeitaufwändig, deshalb konnten wir so lange keine Erfolge aufweisen.«

»Ja, und?«

»Die Frau erinnert sich tatsächlich daran, dass sie damals einer fülligen Kundin geholfen hatte, einen E-Mail-Account bei einem Schweizer Anbieter anzulegen. Es ist der Account, von dem die E-Mails versandt wurden. Allerdings unter dem Fake-Namen ›Severin Suttor‹.«

Mir brach der Schweiß aus. »Etwa Arlena?«

»Das ist noch nicht bewiesen. Aber Sie können versichert sein, dass wir das herausfinden. Wir melden uns wieder, wenn es Neues gibt. Halten Sie die Ohren steif.«

Dann ging er. Ließ mich in einem Zustand aufkommender Verzweiflung zurück. Ich wollte schreien, toben, alles zerschmettern. Aber ich blieb still. Setzte mich und starrte in den winterbereiten Garten hinaus. Schwach beschienen von einer Sonne, die nicht so recht wusste, wie sie sich entscheiden sollte.

Sonntag, 22.11., bis Montag, 30.11.

Es war ein kalter, aber schöner Morgen, als ich die *MARNIE* bestieg. Nebelschwaden waren im Begriff, sich aufzulösen, das stählerne Himmelsblau eroberte den Tag.

Die weite Strecke, die vor mir lag, beängstigte mich nicht. Im Gegenteil. Auf dem Boot hatte ich alles im Griff, und ein erfahrener Steuermann war ich auch. Ich kannte sämtliche Tücken, die zu meistern waren, von den heftigen Strömungen und dem Sog, verursacht von den Binnenschiffen, bis hin zu brenzligen Situationen, die von Wassersportlern ausgingen oder auch durch Treibgut. Zwar waren früher bei längeren Fahrten als Crew mindestens mein Vater und mein Onkel oder auch mein Cousin Niklas an Bord gewesen, doch ich fühlte mich der Herausforderung gewachsen, auch nur mit Lars diese nicht zu unterschätzende Tour zu meistern.

Was meinte mein Vater gestern zum Abschied, nachdem Mutter aufs Neue ihren sorgenvollen Ängsten freien Lauf gelassen hatte? »Es ist wie Autofahren. Entweder man kann es oder man kann es nicht. Und du kannst es.« Diese Worte und sein nachgesetzter aufmunternder Schulterschlag hatten mir ungemein gutgetan.

Ja, mein Vater wusste ganz genau, wie ich mich am Steuer verhielt. Ich scheute mich nicht vor Überholmanövern, auch wenn ich Zweimeterwellen bewältigen musste, die sich mitunter hinter den Güterschiffen aufbauten, oder vor stundenlanger Vollkonzentration bei dichter Befahrung, Nebel oder stürmischem Wetter. Aber auch vorausschauendes Fahren war für mich Gesetz, denn die *MARNIE* hinterließ ebenso Sog und Wellen, was den kleineren Sportbooten, Schlauchbooten und Kanus, von denen es momentan nicht so viele gab, gefährlich werden konnte. Als Entschädigung gab es ausreichend Gelegenheiten, den Hebel hochzudrücken und das Boot auszufahren. Die Marschgeschwindigkeit betrug mit Leichtigkeit vierzig Kilometer pro Stunde. Sie konnte natürlich auch schneller übers Wasser fegen. Das war dann Genuss in höchstem Maße. Doch immer mit Bedacht, denn zornige Berufsschiffer oder Bootsfahrer informierten ruckzuck die Wasserschutzpolizei, sobald sie sich durch den hohen Wellengang rücksichtsloser Sportbootfahrer belästigt fühlten. Aber auch die Fahrten durch die Kanäle würden mich ausbremsen, denn dort durfte man höchstens nur mit zehn bis fünfzehn km/h durchtuckern.

Die Yacht war bestens ausgestattet. Vom Anker über Rettungsringe, Schwimmwesten sowie einem selbstaufblasbaren Schlauchboot bis hin zu Feuerlöschern, einer Leuchtpistole und hochmodernem GPS-System war alles vorhanden und wurde auch regelmäßig gewartet. Die Technik und das Navigationssystem sowie die Funkanlage gehörten ohnehin zum obersten Spitzensegment, das der Markt für Privatyachten zu bieten hatte. Dafür sorgte schon mein Cousin Niklas bei seinen regelmäßigen Inspektionen. Und falls es doch einmal zum totalen Maschinenausfall kommen sollte, gab es ja schließlich noch die Wasserschutzpolizei, die ein liegengebliebenes Boot zur nächsten Werft schleppen könnte, falls meine Bemühungen, Hilfe zu ordern, nicht fruchteten.

Der Hafenmeister wusste Bescheid, dass unsere Liegestelle den Winter über freiblieb, Gepäck und Proviant hatte ich verstaut, der Tank war gefüllt.

Ich startete die Maschinen, ein vertrauter Klang. Tuckerte hinaus auf den großen Fluss. Steigerte das Tempo und fuhr weiter in Richtung Norden.

Der mächtige Strom war ruhig und weniger als sonst befahren. Frachtschiffe, klar, die waren ständig unterwegs. Doch Kleinboote sah ich keine. Was natürlich hauptsächlich der Jahreszeit geschuldet war, aber vielleicht auch dem Pandemiegeschehen, das die Menschen aufforderte, lieber zuhause zu bleiben, als sich zu vergnügen. Nun, auf dem Wasser und so alleine fühlte ich mich nicht nur völlig geschützt, sondern auch absolut frei. Diese ganz spezielle Isolation war unbeschreiblich wohltuend.

Nach Linkenheim steuerte ich die Ausfahrt zu unserer Hotelanlegestelle an, gab Lars telefonisch Bescheid, der kurz darauf erschien, die Reisetasche geschultert, einen Schlafsack unterm Arm geklemmt. Die Begrüßung war kurz, er richtete sich sein Quartier in einer der Gästekabinen und nahm wenig später seinen Platz im Cockpit neben mir ein.

Lars besaß ausreichend Rücksicht, nur zu reden, wenn es die Situation erforderte. Er wusste um mein Befinden Bescheid und auch, dass ich ihm Antworten verweigern würde, wenn mir die dazugehörigen Fragen zu unangenehm wurden.

Hochkonzentriert saß ich den ganzen Tag nahezu ohne Unterbrechung am Steuer, gegen siebzehn Uhr wurde es dunkel, und ich peilte den Hafen eines Yacht-Clubs an, wo ich einen Nächtigungsplatz reserviert hatte.

Im Winter auf dem Boot zu schlafen, konnte ganz schön kalt werden, und um den Dieselverbrauch für die Heizung auf ein Minimum zu reduzieren, hatte auch ich einen Thermoschlafsack mitgenommen, den ich aufs Bett warf.

Nach einem wortkargen Abendessen mit Lars in der Pantry und einer anschließenden heißen Dusche kuschelte ich mich im dicken Jogginganzug in den Schlafsack, und mir stand plötzlich vor Augen, dass das letzte Mal, als ich auf der *MARNIE* übernachtet hatte, Arlena bei mir gewesen war. Vor eineinhalb Jahren. Ich vertrieb die Erinnerung an diese Zeit vehement, schloss die Augen und schlief schneller ein als erwartet.

Am frühen Morgen ging es weiter, ich war froh, Lars an meiner Seite zu haben, der mich zwischendurch am Steuer vertrat. Er war zwar noch nicht der erfahrene Steuermann, besaß lediglich den einfachen Bootsführerschein, aber seine Neugier, sein Interesse steigerte sich, und ich war guter Dinge, dass auch er einmal größere Boote würde fahren können.

Mein Cousin hatte bisher ganz andere Neigungen als ich gehabt. Er beherrschte mehrere Sprachen, hatte die Hotelfachschule besucht und Hotelmanagement studiert. Das Bootfahren betrieb er nie ernsthaft. Natürlich war er bei den Urlaubstouren mit von der Partie, aber das Steuer nahm er nur unter Anleitung und Aufsicht meines oder seines Vaters in die Hand.

Während der vielen Stunden nebeneinander wurden unsere Gespräche länger und intensiver, die Abende verbrachten wir in geselliger Gemeinsamkeit. Ich lernte meinen Cousin von einer neuen Seite kennen, und er unterließ jeglichen Zynismus, wenn er Details über Arlenas fiese Machenschaften wissen wollte. Irgendwann war der Punkt erreicht, an dem ich keinerlei Geheimnisse mehr vor ihm hatte, und er auch mir vieles anvertraute. Unter anderem, dass er vorhatte, sich mit einer Brasilianerin zu verloben, die am KIT Informatik studierte und von der seine Eltern noch nichts wussten.

Ich hatte die Route über den Mittellandkanal gewählt, wir hätten auch über die Niederlande durch die Nordsee fahren können. Doch Deutschland zu verlassen, wäre aufgrund der polizeilichen Ermittlungen und Auflagen nicht ideal gewesen.

Bei Duisburg verließen wir den Rhein, befuhren den Wesel-Datteln-Kanal und den Dortmund-Ems-Kanal, bis wir in den

Mittellandkanal wechselten. Nach weiteren dreihundertzwanzig Kilometern, etlichen Staustufen, Schleusen, nervigen Wartezeiten sowie mehreren Übernachtungen erreichten wir den Elbe-Havel-Kanal, schließlich die Elbe und am Samstag mit blank liegenden Nerven endlich den Hamburger Hafen und letztendlich über ein paar kleinere Kanäle die familieneigene Janssen-Werft.

Es war später Nachmittag, das Wetter nasstrüb, und Niklas wartete schon mit Onkel Martin und Tante Hermina an der Slipanlage. Ich hatte sie vor einer halben Stunde über mein Eintreffen informiert.

Ich brauchte gar nicht erst in der Ankergrube einen Platz anfahren, der große Slipwagen stand bereit. Niklas brachte ihn ins Wasser, ich positionierte die *MARNIE* darüber, sie wurde gesichert und aus dem Wasser gezogen. Auf Schienen ging es hinein in die hellbeleuchtete Werfthalle, die vor wenigen Jahren renoviert und modernisiert worden war. Ein neuer Kran war auch installiert worden, der die Hauptmaschinen noch besser aus dem Bauch der Yacht hievte, damit sie zur turnusmäßigen Generalüberholung zerlegt und wieder zusammengesetzt werden konnten.

Mehrere Motorboote standen aufgebockt oder auf Transportanhängern herum, die meisten waren mit Planen zugedeckt, an manchen wurde gearbeitet, geschliffen, lackiert.

Ich wusste, dass es sich dabei nicht um Werftmitarbeiter handelte, die hatten ja am Wochenende frei, sondern um Bootseigner, die selbst Hand anlegten, um etwas Geld zu sparen oder auch, weil es ihnen Spaß machte. In der Regel wurden hier keine Bootsrümpfe großflächig restauriert, sondern Motoren und Technik gewartet und repariert. Aber mir war bekannt, dass die Janssens mit einer Werft kooperierten, die neue Boote baute sowie Rümpfe ausbesserte und lackierte, weshalb mein Onkel gerne mal aushalf, wenn dort Platzmangel herrschte. Selbstredend war Bedingung, dass die technische Wartung über die Janssen-Werft lief.

Unsere *MARNIE* war momentan das größte Boot in der Halle.

Mein Onkel schob ein Leitergerüst heran, Lars und ich packten unsere persönlichen Dinge zusammen, und stiegen hinab. Ein seltsames Gefühl, wieder festen Boden unter den Füßen zu haben. Mein Blick wanderte den Bootsrumpf hinauf, der meiner Einschätzung nach eine ordentliche Reinigung und ein paar kleine Ausbesserungen benötigte, und einmal mehr stach mir die elegante Schönheit und die beachtliche Größe der Yacht ins Bewusstsein. Aber auch die Tatsache, dass sie als Schauplatz für zwei Verbrechensopfer herhalten musste.

Meine Tante riss mich aus meinen Gedanken heraus, sie nahm mich in die Arme, gab mir Küsse auf die Wangen, egal ob virusverseucht oder nicht.

»Oh, Benedict«, rief sie dabei aus. »Schön, dass ihr gut angekommen seid. Hat alles geklappt?«

Dann wandte sie sich Lars zu und Onkel Martin löste sie ab.

»Sonst wären sie ja nicht hier, oder?«, lachte er und drückte mich fest an sich.

Als mein Onkel sich von mir trennte, klopfte Niklas auf meine Schulter. »Mensch, Benni, es wurde aber auch Zeit, dass du mal wieder den Weg nach Hamburg findest.«

Ich ließ die Begrüßungszeremonie über mich ergehen, ohne dass ein Wort den Weg über meine Lippen fand. Es tat so gut, sie zu sehen.

»Deine Eltern kommen morgen?«, fragte jetzt meine Tante, gezielt an mich gewandt.

»Ja, sie fahren früh los, und am Montag geht es schon wieder zurück. Solange das Wetter noch hält.«

»Schade, dass ihr nicht länger bleiben könnt. Aber im März, wenn ihr die Yacht holt, dann planen wir eine paar Tage länger ein und machen eine Tour, okay?«

»Hört sich gut an«, bestätigte ich.

»So, jetzt fahren wir heim und machen es uns gemütlich«, bestimmte mein Onkel und packte eine meiner Reisetaschen.

»Ich komm dann nach«, sagte Niklas. »Muss noch ein paar

Handgriffe erledigen und die Hallen verschließen, sobald die Leute Feierabend machen.«

»Ich bleibe bei ihm«, meinte Lars.

Im ziemlich neuen S-Klasse-Mercedes ging es durch die Stadt und auf der Elbchaussee hinaus zur schlossähnlichen Villa der Janssens.

Das große Tor schob sich zur Seite, der Privatweg reichte weit ins Grundstück hinein. Die Pracht des riesigen Gebäudes inmitten des Parks fiel sogar im trüben Herbstwetter auf. Dahinter ging es zur Elbe hinunter, wo man am Uferweg wunderbar flanieren konnte.

Die Janssens hatten zwei Töchter. Meine ältere Cousine Sina war dreißig Jahre alt, verheiratet und bewohnte einen neugebauten Bungalow auf demselben Grundstück. Ihre jüngere Schwester Sara lebte in der elterlichen Villa, wie auch Niklas, der hier bis auf weiteres seinen Wohnsitz gefunden hatte.

Gästezimmer gab es mehrere, meines bot einen spektakulären Blick auf die Elbe.

Nach dem üppigen Abendessen verzog ich mich mit meinem Onkel in die zweietagenhohe Bibliothek, die mich stets aufs Neue faszinierte. Er fragte mich aus, nein, besser, er quetschte mich aus, bis er alle Details wusste, die sich in den letzten zwei Jahren abgespielt hatten.

Tante Hermina gesellte sich dazu, und nach einem weiteren Höflichkeitsplausch wurden Onkel und Tante von Niklas, Lars und Sara abgelöst. Die Gespräche wurden lockerer, wir tranken guten alten Gin ohne Zugaben. Das herbe Getränk tat mir gut.

Wir verfingen uns in anregenden Gesprächen, bis Niklas mir einen Vorschlag unterbreitete.

»Hey, Benni, du hast das Herumreisen und den Menschenkontakt im Blut. Lass dich zum Fahrlehrer ausbilden, wir könnten eine Motorbootfahrschule eröffnen, hier sowie eine Nebenstelle in Karlsruhe. Auch dort ist Bedarf. Und zwischendurch holst du die Boote unserer Kunden zur Wartung, sei es auf dem Wasserweg oder die kleineren mit dem Transporter. Die liegen teilweise in Griechenland, Spanien, Kroatien, Monaco oder auch in Binnenseen. Wir könnten einen mobilen Yachtservice einrichten. Oftmals müssen nur technische Kleinigkeiten repariert werden. Na, wie wär's, Benni? Steigst du ein? Die Janssen-Werft ist ein gutgehendes mittelständisches Unternehmen mit ausreichend Luft nach oben.«

Ich verkniff mir ein Auflachen. »Deine Euphorie in allen Ehren, Niklas. Aber ich bin kein Mechaniker.«

»Du sattelst um. Lernst dazu, machst eine Ausbildung bei mir. Ich darf Bootstechniker ausbilden. Im Grunde kennst du dich ohnehin schon mit vielen Dingen aus.«

»Also, was jetzt, Fahrlehrer oder Techniker?«

»Wir werden sehen, komm erstmal zu uns, arbeite bei mir, und du testest aus, was dir am liebsten ist. Unsere Cousinen sind ja auch mit dabei, Sina hat schon die Eignung als Motorbootfahrlehrerin.«

Am Sonntag kamen meine Eltern, blieben eine Nacht, am Montag fuhren wir zurück. Lars und ich saßen im Fond von Vaters Jaguar, die Sonne schien, als wir in Baden ankamen. Wir lieferten Lars im Hotel ab, ließen uns das vorbereitete Essen schmecken und fuhren nach Hause.

Den ganzen Weg über ging mir Niklas' Angebot nicht aus dem Kopf, und ich wurde mir zunehmend sicherer, es ergreifen zu wollen.

Umsatteln, was gänzlich anderes machen. Etwas tun, was mir im Blut lag.

21 | DEZEMBER 2020

Dienstag, 01.12.

Über Nacht hielt der Winter Einzug. Wie vom Wetterdienst prognostiziert, ließen leichter Schneefall, anschließender Nieselregen und frostige Temperaturen die Gärten und Dächer weiß und die Straßen glatt werden. Ich war froh, dass wir noch vor diesem Wetterumschwung unser Boot ins Winterquartier bringen konnten und wir eine ruhige Rückfahrt hatten.

Der Blick aus dem Fenster ins trübe Grau des frühwinterlichen Morgens hielt mir meine wieder präsenten Probleme vor Augen. Die Umzugskartons und Kleidersäcke mit Arlenas Sachen standen immer noch herum und sollten zu ihren Eltern gebracht werden. Und meine Habseligkeiten warteten darauf, in die Villa geräumt zu werden. Dazu hatten sich die Kaufinteressenten für den Bungalow angemeldet, und Mutter wollte zusammen mit unserer Haushaltshilfe Ordnung schaffen.

Ich löffelte mein Müsli leer, trank einen Kaffee, träumte vor mich hin und überlegte, ob ich bei den Reimers eine telefonische Ankündigung in Erwägung ziehen sollte oder nicht.

Das Aufschließgeräusch an der Haustür schreckte mich auf, die Stille in meinem Reich wurde brutal zerstört. Mutter und Sofia drangen herein, plapperten laut, energisch und hochstimmig in Italienisch.

»Guten Morgen, Benedict«, gurrten gutgemeinte Grüße in meine Ohren. »*Buon giorno!*«

»Lass das Geschirr stehen, wir räumen alles ab«, sagte Mutter voller Elan. »Zieh dich lieber richtig an und fahre endlich Arlenas Zeug weg. Nimm den Range Rover, du hast sicher noch keine Winterreifen auf deinen Audi montieren lassen. Oder?«

Ich schüttelte den Kopf. Duckte mich rasch beiseite, als Sofia über mich hinweg nach dem Teller und der Kaffeetasse langte. So viel Frauenpower am frühen Morgen konnte gefährlich sein.

»Hast du gut geschlafen, Junge?« Meine Mutter hielt inne.
»Ja, es geht schon besser.«
»Wissen Sie, Sofia«, erzählte Mutter brühwarm unserer Hilfe, »unser Bennie musste ja nahezu einen Kaltentzug durchmachen. Nach den vielen Medikamenten, die ihm diese Schlange zugeführt hat.«
»Schlimm, schlimm, Frau von Barneck«, sagte Sofia in Deutsch und schon ging es in Italienisch weiter. Mutter liebte diese Sprache.
Ich hingegen war ein absoluter Sprachenmuffel. Außer Englisch, das ich beherrschte, konnte ich mich noch in Französisch behaupten, aber dann wurde es schon schwierig.

Eine Stunde später klingelte ich bei Arlenas Eltern. Niemand öffnete, also ging ich nach nebenan in die momentan kundenleere Apotheke. Ich war noch nie hier drin gewesen, obwohl ich den verfluchten Drogenmix von hier erhalten hatte.
Eine mollige Frau um die Sechzig tauchte neben der Regalwand auf, grüßte und deutete auf mein Gesicht. »Bitte Maske überziehen«, sagte sie freundlich.
Ach ja, das verfluchte Ding hatte ich ganz vergessen.
»Sorry, Frau Reimer. Ich bringe Arlenas Sachen, die noch bei mir waren. Wo kann ich sie abstellen?«
Ihre Freundlichkeit war wie schockgefrostet. Wahrscheinlich hatte sie mich nicht gleich erkannt. »Stellen Sie die Kartons bitte drüben vor die Haustür. Mein Mann kommt gleich.«
Ich verzog mich rasch nach draußen. Ich weiß nicht, mit was ich gerechnet hatte, aber mit Sicherheit nicht mit dieser inneren Abweisung. Dabei hatte ich ihrer Tochter nichts getan, es war ja umgekehrt.
Den ersten Karton schleppte ich vor den Eingang, stellte ihn ab, holte den zweiten, dann einen Sack. Die Haustür ging auf.
»Guten Morgen«, sülzte Arlenas Vater. »Danke fürs Bringen. Haben Sie sich etwas erholt?«
Hoppla! Was war mit dem passiert?

»Ja, danke der Nachfrage. Es geht besser. Die Entzugserscheinungen habe ich mittlerweile im Griff, kann auch nachts nahezu durchschlafen, ohne Albträume oder Schmerzen. Das Zittern hat nachgelassen, und Herzbeschwerden habe ich auch keine mehr.«

Nicht ohne Genugtuung bemerkte ich sein erschrockenes Zucken im Gesicht.

»Es tut mir leid, dass ich nie hinterfragt habe, wofür meine Tochter ihr Labor benutzte. Wirklich. Es tut mir sehr leid. Aber Sie sind ja Sportfachmann. Mit intensiven Übungen und autogenem Training kriegen Sie auch diese Nachwirkungen gestemmt.«

»Ganz sicher.« Es hätte wenig Sinn gehabt, von den qualvollen nächtlichen Stunden zu erzählen, die ich immer noch hin und wieder wach lag, unruhig in den Kissen herumwälzend, mich von einem bösartigen Traum zum nächsten hangelnd. Mit der Überlegung vor Augen, soll ich eine Tablette nehmen oder soll ich keine nehmen? Um der Entscheidung den Vorzug zu geben, keine zu nehmen, nur weil ich nicht aufstehen wollte? Weil die schwere Müdigkeit mich ins Kissen presste? Weil ich jämmerlich fror und zitterte und dem sehnsüchtigen Verlangen keine Plattform geben wollte?

Nun hatte ich auch den letzten Karton abgestellt, der Range Rover war leer. Ich nickte Arlenas Vater zu und öffnete die Autotür. Wollte einsteigen.

»Ach, Herr von Barneck«, rief er, »nur kurz noch: Es besteht die Möglichkeit, dass Arlena bis zur Verhandlung auf Kaution freikommt. Wir haben die Zahlung in Aussicht gestellt. Immerhin tragen Sie ja auch eine Mitschuld daran, dass unsere Tochter diesen Weg abseits des Gesetzes eingeschlagen hat.«

Der Mann blickte mir mit derart boshafter Kälte ins Gesicht, dass ich mich zwingen musste, ihm nicht mit Beleidigungen und Drohungen zu kontern.

Ich stieg ein und brauste los.

Donnerstag, 03.12.

Zu meiner Überraschung erhielt ich ein Schreiben von der Justizvollzugsanstalt Heimsheim, wo Severin seit seiner Verurteilung einsaß.

Der Häftling hätte den Wunsch geäußert, mich zu sehen, und man wolle mir ermöglichen, diesem Wunsch nachzukommen. Es müsse allerdings am heutigen Nachmittag, um vierzehn Uhr dreißig stattfinden. Ein vorheriger Bestätigungsanruf wäre erwünscht.

Na, dachte ich so bei mir, was wäre gewesen, wenn die Post geschlafen und der Brief erst morgen gekommen wäre? Mein Blick aufs Kuvert bestätigte allerdings, dass das Schreiben wohl schon am gestrigen Tag durch einen privaten Kurierdienst eingesteckt worden war.

Jetzt saß ich allein im Bungalow, dem blitzblank geputzten, traute mich nicht mehr, etwas zu berühren, und überlegte gequält, ob ich tatsächlich Severins Wunsch nachkommen sollte.

Ich entschied mich dafür. Ja, ich wollte ihn noch einmal sehen und zur Rede stellen. Wer weiß, ob ich nach einem weiteren Hinauszögern jemals wieder den Willen aufbrachte, ihm gegenüberzutreten.

Mit dem Personalausweis und der Besuchsgenehmigung in der Hand meldete ich mich an der Pforte des modernen Gefängnisses an.

Ein Geschenk hatte ich nicht dabei, erstens durfte ich nichts mitbringen, zweitens war es Geschenk genug, dass ich überhaupt auf sein Verlangen einging.

Ich wurde in den überraschend großen Besucherraum gebracht, es gab etwa zehn quadratische Tischchen, die weit auseinandergestellt worden waren, mit je vier Stühlen. Ich war der einzige Besucher und durfte einen Tisch an der Außenwand wählen, die raumhohe Fensterfront gewährte einen großzügigen Blick nach draußen.

Etwa fünf Minuten später betraten zwei Männer den Raum.

Ein Justizangestellter in dunkler Uniform und ein schmächtiger Typ in Jeans und blauem Langarmshirt.

Mein Gott, es war Severin. Der Beamte begleitete ihn bis an den Tisch, ließ ihn mir gegenüber Platz nehmen und setzte sich selbst an einen der freien Tische. Tat, als ob er uns nicht mehr beachtete.

Severin und ich blickten einander an. In seinen Augen war jeglicher Glanz erloschen. Sein Haar sah ungewohnt normal aus, auf seinen wöchentlichen Friseur musste er wohl zukünftig verzichten. Er war frisch rasiert, seine Haut wirkte gesund, wenn auch blass.

»Danke, dass du gekommen bist, Benni.«

»Danke für die Einladung, Sev. Zum Trinken hab ich leider nichts dabei.« Meine Stimme klang nicht so zynisch, wie ich es gewollt hätte, eher mokant.

Ein feines Schmunzeln legte sich auf seine blassrosa Lippen, verschwand sogleich. »Es tut mir leid, Benni. Ich kann dir gar nicht sagen, wie leid mir alles tut.«

»Hoffe ich. Die verlorene Zeit will erst einmal verkraftet sein.«

»Ich habe unser beider Leben versaut.«

»Nicht nur unseres. Denk an Larissas Familie.«

»Ach die blöde –« Er stockte. »Hast Recht, diese Leute können ja nichts für ihre Tochter.«

Am liebsten wäre ich aufgestanden und gegangen. Doch ich blieb ruhig sitzen, unterdrückte meinen aufgekeimten Zorn. »Larissa hat dir nichts getan. Und was zwischen mir und ihr war, ging dich nichts an. Ich kapier nicht, weshalb du sie so brutal getötet hast.«

Er zuckte mit den Schultern. Sah mich an. »Sie hat dich nie geliebt, Benni. Keiner liebt dich so wie ich.«

Ich fror. »Du redest Scheiße, Sev. Wir hatten eine so super Freundschaft. Wie konntest du dich nur derart verrennen und alles zerstören?«

Er senkte den Kopf, spielte mit den Fingern, die auf seinem

Schoß lagen. »Keiner vermag die Liebe eines Menschen zu beeinflussen. Du kannst dir garantiert nicht vorstellen, dass ich dagegen angekämpft habe. Als mich die Emotionen zerrissen haben, aufgepeitscht durch den inneren Kampf, es entweder dir zu sagen oder mich umzubringen. Vielleicht hätte ich noch eine Weile so weiterleben können, mit dir ausgehen, feiern, scherzen, den Unbekümmerten spielen. Vielleicht. Wenn es nicht diese drecksverfluchten scheinheiligen, geldgierigen Weibsbilder gegeben hätte. Ausnutzen wollten dich alle, ja, ausnutzen. Liebe spielte bei keiner der Schlampen eine Rolle. Immer stand nur dein Vermögen im Vordergrund. Und natürlich dein gottgegeben gutes Aussehen. Deine anerzogene Höflichkeit und das galante Getue. Jede wollte mal auf die Yacht und in eure Villa, wollte Partys mit eurer Hoheit im Kreis der betuchten Gesellschaft feiern und in deinen Armen liegen, wenn Fotos gemacht wurden. Und zu allem Übel hat sich dann auch noch diese fette Qualle in die Reihe deiner Verehrerinnen eingeschleimt. Wie konntest du dich mit ihr einlassen?«

Mir wurde übel bei all den Vorwürfen. »Hör auf, Sev«, presste ich hervor. »Du warst doch auch meist dabei und hattest deinen Spaß.«

Sein verzerrtes Gesicht machte mir Angst. Es schien, als müsse er sich mit Gewalt zurückhalten, um nicht vor mir auszuspucken.

»Geekelt hat es mich, wenn du von ihr erzählt hast. Wachgerüttelt hätte ich dich am liebsten, dir die verblendeten Augen aufgerissen.«

»Und deshalb hast du Larissa getötet? Ich hatte doch nichts mehr mit ihr zu tun.«

»Ja, deshalb war sie ja mein ideales Opfer.«

»Aber, Sev, weshalb hast du den Mord auf mich gelenkt? Weshalb hast du mir das angetan?«

Er stieß einen heftigen Lacher aus. »Kapierst du das immer noch nicht, Benedict? Du gehörst nur mir, und mit deiner Verhaftung hatte ich dich endlich für mich. Kein Weib hatte mehr

Zugriff auf dich. Konntest keine ficken, musstest einsam dein Leben fristen. Und ich konnte dich besuchen, wann immer ich wollte. Konnte dich links liegen lassen, wenn ich gefrustet war. Aber dann kam diese aufdringliche Fette auch noch regelmäßig. Es war kaum auszuhalten.«

Ja, ich konnte es kaum noch aushalten, ihm zuzuhören.

»Weißt du, Benni, was mir höchste Genugtuung verschafft?«

Ich spürte einen Stich im Herzen.

»Dass diese fette Tussi dich so fertig gemacht hat. Ja, das war Balsam für meine Seele, ein Lichtblick in der schweren Zeit, als man mir den Prozess gemacht hat. Du bist von einem Knast in den nächsten geraten. Das geschah dir recht. Jetzt staunst du, was? Dass ich darüber Bescheid weiß, he?«

Sein irres Lachen zerriss endgültig das Band, das uns einst verbunden hatte.

»Ich hoffe, Sev, sie lassen dich nie mehr raus. Niemals hätte ich von dir so viel Gemeinheit, Niedertracht und Gehässigkeit erwartet.«

Ich erhob mich. Warf dem Vollzugsbediensteten einen Blick zu, den er sogleich richtig deutete.

»Benni«, schlug Severin unverhofft in einen jammernden Tonfall um, »bitte, bleib noch ein paar Minuten. Bitte, es tut mir leid, was ich gesagt habe. Ich halte es nicht mehr aus. Bitte besuch mich öfter. Bitte, Benni, ich liebe dich.«

Reglos sah ich auf das heulende menschliche Wrack hinab, das keinerlei Ähnlichkeit mehr mit dem schneidigen jungen Mann aufwies, der einmal mein bester Freund gewesen war.

»Mach's gut«, presste ich hervor und wartete geduldig, bis Severin weggebracht worden war und ich diese Anstalt verlassen konnte.

Freitag, 04.12.

Ich hatte meine Habseligkeiten im gemieteten Transporter verstaut, als der sportliche BMW der Hausinteressenten vorm Tor hielt. Ein Paar stieg aus, etwa um die Vierzig, kam auf mich zu.

»Sie sind der Sohn von Herrn von Barneck?«

Ich bestätigte, und wir begrüßten uns ohne Händedruck.

Ich bat sie ins Haus und begann mit der Führung. Mein Vater erschien etwa fünf Minuten später und übernahm das Gespräch. Während alle Zimmer inspiziert wurden, verschloss ich den Transporter und brachte meine Geräte sowie den Rest in den Audi. Dann überprüfte ich, auch nichts vergessen zu haben und stand gedankenverloren im leeren Arbeitszimmer.

Seltsam. Ich hatte mich an dieses Haus gewöhnt. Wenn ich finanziell selbstständig gewesen wäre, hätte ich es meinem Vater abgekauft. Aber als nichtarbeitender Schmarotzer war ich auf die Gnade meiner Eltern angewiesen, kostenfrei zuhause logieren zu dürfen, bis ich mir klar geworden bin, wie ich zukünftig mein Geld verdienen wollte.

Ich gesellte mich zu Vater und den Hausinteressenten, die wohl tatsächlich Gefallen am Bungalow gefunden hatten, horchte zu und überlegte, ob ich in Vaters Geschäft einsteigen wollte. Immobilien kaufen, wenn nötig, aufwerten, dann verkaufen. In der Welt herumreisen, mit Leuten reden, ständig neue Häuser besichtigen, nach Mängeln suchen, Preise herabhandeln. Stets am Markt präsent sein. Nun, ich hatte keinerlei Vorbildung im Baugewerbe, kannte mich weder mit Bausubstanzen noch mit Finanzierungsmöglichkeiten aus, schon gar nicht im Marketing.

Aber klar, alles war zu erlernen, und Vater bildete ja auch aus. Mit großem Erfolg, wie mir schon zu Ohren gekommen war.

Geduldig hörte ich zu, bis Vater die Interessenten verabschiedete und in fröhlicher Gelassenheit ins Wohnzimmer zurückkam.

»Das ist ja super gelaufen. Nun setzen wir den Kaufvertrag

auf und machen einen Notartermin aus. Im Januar hat dieses schöne Häuschen endlich wieder einen richtigen Eigentümer.« Er sah mich an. »Ich hätte es dir gern überlassen, Benedict, aber auch wir müssen unnötige Ausgaben einschränken.«

»Ist schon gut. Über Weihnachten bleibe ich erstmal bei euch, dann überlege ich mir, ob ich Niklas' Angebot annehme.«

Vater nickte. »Ich würde es begrüßen. Es wäre eine Aufgabe, die zu dir passt.«

Samstag, 12.12.

Eine Woche lebte ich nun schon zuhause. Ich hatte mich schneller eingewöhnt als erwartet. Mein altes Zimmer gewährte mir ein Sicherheitsgefühl, wie ich es bisher noch nie empfunden hatte. Die raumhohen Fenster lagen in Richtung unseres Gartens, der sich zwar dem wintertrüben Wetter anpasste, aber dennoch ein wohlbekanntes Geborgenheitsfeeling ausstrahlte.

Ich war daheim. Endlich wieder daheim. Nicht nur körperlich, nein, auch innerlich, seelisch, geistig oder wie ich es sonst beschreiben sollte. Nach unendlich langen eineinhalb Jahren war ich wieder daheim angekommen.

Es war nicht zu vergleichen mit dem Heimkommen nach der Australien-Auszeit, und schon gar nicht mit einer Rückkehr aus einem Urlaub. Nein, die einschneidenden Geschehnisse, die mich aus meinem Zuhause gerissen hatten, waren derart tiefgreifend gewesen, dass ich erstaunt war, es nach nur einer Woche geschafft zu haben, in unsere familiäre Normalität zurückzufinden.

Gewiss, manches hatte sich verändert. Am gravierendsten allerdings war die bittere Erkenntnis, dass ich offenbar keine Freunde mehr besaß. Jeder Bekannte, den ich in den vergangenen Tagen angerufen hatte, quälte sich Ausreden ab, nur um sich nicht mit mir treffen zu müssen. Und momentan war es auch ziemlich einfach, alles auf das Virus zu schieben, um unangenehmen Begegnungen aus dem Weg zu gehen.

Ich unterdrückte meine Enttäuschungen, versuchte, belanglose Gespräche zu führen, mit »wie geht es dir«, »mir geht es gut« und »was machst du so«, »wir sollten uns nächstes Jahr mal wieder treffen«, und so weiter.

Meine Mutter war nach München gefahren, um weitere Aufträge mit ihrem Verlag zu besprechen, sie würde morgen wieder zurückkommen. Mein Vater weilte irgendwo in Frankreich, ihm war ein Schlösschen zur Verkaufsvermittlung angeboten worden, das durfte er sich nicht entgehen lassen. Ihn erwarteten wir frühestens am Montag oder Dienstag zurück. Danach, hatten meine Eltern gemeint, würden sie für den Rest des Jahres keine Aufträge mehr annehmen und wollten nur noch für mich da sein.

Nun ja, mal sehen.

Der Vormittag ging in den Mittag über, ich studierte immer noch die Zeitung, die täglich in Papierform gebracht wurde, und ackerte jeden Artikel bis ins Detail durch. Was sollte ich sonst auch tun?

Das Telefon riss mich aus meiner Versunkenheit heraus, die Nummer war mir unbekannt, und ich staunte, als ich abnahm.

»Hallo, Benni.«

»Hi, Mona! Wie geht es denn?«

»Gott sei Dank wieder gut. Wollen wir uns heute noch in der Stadt treffen? Wer weiß, ob sie nächste Woche schon die angedrohte Ausgangsbeschränkung wegen der Pandemie einführen.«

»Ja, das wäre schön. Ich hatte mich gar nicht getraut, bei dir anzurufen.«

»Um dreizehn Uhr an der Pyramide?«

»Super! Bis dann!«

Zwei Stunden später fiel sie mir in die Arme. Es regnete, es war düster und ungemütlich. Die verfluchten Gesichtsmasken wurden feucht und klebten auf Mund und Nase fest. Wir holten uns an einer der einsamen Weihnachtsbuden etwas zu Essen und stellten uns bei einem Modegeschäft unter die Gehsteigüberdachung. Aßen unsere Bratwürste mit Brötchen, hatten nichts zu trinken.

Wir redeten kaum, und ich merkte, wie Mona zu zittern anfing.

»Willst du mit zu mir?«, fragte ich.

Mona nickte heftig. »Gern. Es ist so trübsinnig hier. Und kalt.«

Ich warf unseren Abfall in einen Behälter, hakte mich bei ihr ein, gab ihr einen Kuss auf die Wange, und wir wandten uns zum Gehen um.

Ein Ehepaar stellte sich uns in den Weg. Eingemummt in warme Kleidung, ernste Gesichter. Ich hätte sie beinahe nicht erkannt.

»Hallo, Herr von Barneck«, sagte der Mann. Breitgezogene Worte, jedes einzelne betont.

»Herr Reimer!«, stieß ich aus. »Hallo, Frau Reimer.«

»Sie haben ja schnell Ersatz gefunden, wie man sieht. Aber von Ihnen erwartet man ja auch nichts anderes.« Reimers Blicke steckten in Mona fest.

Sie klammerte sich fester an mich. Sagte aber nichts.

»Sie ist eine altbekannte Freundin«, entgegnete ich stattdessen, als ob ich mich rechtfertigen müsste.

»Ich weiß. Und wir wissen, wer sie ist. Wir sind ja nicht blöd.«

»Wer tröstet eigentlich wen?«, giftete Frau Reimer. »Das Fräulein Sie, Sie Mistkerl, oder Sie das Fräulein? Und unsere arme Arlena wurde wegen Ihnen einfach weggesperrt. Denken Sie überhaupt noch an sie? Sie hat sich für Sie aufgeopfert. Vergessen Sie das nie!«

Ein Polizeiauto schlich die Straße entlang, bremste ganz ab, der am Steuer sitzende Beamte sah zu uns herüber.

Mona zog mich von den Reimers weg. »Lass uns gehen, Benni.«

»Wir sehen uns wieder«, rief uns Reimer nach. »Man trifft sich immer ein weiteres Mal. Dann erfolgt die Abrechnung. Ob man will oder nicht.«

Ich war schweißgebadet, als wir das Parkhaus unterm Schloss erreichten. Meine Finger zitterten beim Bedienen des Funkschlüssels, er fiel zu Boden. Mona hob ihn auf, reichte ihn mir.

»Lass ihn drohen. Was soll er schon tun? Die Leute sind verzweifelt, ich kann das nachvollziehen.«

»Nachvollziehen? Ihre Tochter ist kriminell. Sie wollte dich und mich töten.«

»Komm, Benni, fahren wir los.«

In unserer Villa angekommen, brühte Mona einen fruchtigen Tee auf. Den hatte sie an einer der Buden gekauft. Der süßliche Duft verbreitete sich im ganzen Wohnbereich, und wir saßen enganeinander gekuschelt auf dem breiten Sofa. Eine Decke über unsere Beine geschlungen. Draußen war es noch düsterer geworden, Regen klatschte auf die Steinplatten, die nicht mehr unter der Überdachung lagen.

Mein Handy blinkte auf, ich erkannte, dass ich eine Nachricht erhalten hatte. Von Mutter. *Morgen besuche ich Verwandte, komme also nicht heim. Dein Vater will auch herfahren. Rechne bitte erst am Dienstag mit uns.*

Noch lange starrte ich auf das Display, es war längst in den Ruhemodus gewechselt.

»Schlechte Nachrichten?«, fragte Mona.

»Eigentlich nicht.« Ich legte das Telefon auf den Tisch, lehnte mich zurück und drückte Mona an mich.

Ihr Kopf ruhte auf meiner rechten Schulter, ich spürte ihre Hand unterm Shirt auf meinem linken Schlüsselbein. Es war so wohltuend gemütlich, der Duft, die Wärme, die Düsternis. Die Stille. Draußen ging die Weihnachtsbeleuchtung an, schimmerte herein. Romantisch.

Monas Augen waren geschlossen, und meine fielen auch zu.

Ich bemerkte Kühle neben mir, wachte auf. Sah keine Mona, dafür aber Licht in der Küche. Draußen war es Nacht geworden.

Dann hörte ich die Tür vorne am WC zufallen, und Mona tauchte auf. Ihr rotbraunes Haar zerwühlt, ihr ungeschminktes

Gesicht entspannt und lieblich. War das dieselbe Mona, die ich von früher her kannte?

»Na«, sagte sie, »du hast ganz schön tief geschlafen. Wollte dich nicht wecken. Habe uns ein paar Brote belegt. Ich hoffe, es ist okay, dass ich ein wenig in euren Schränken herumgesucht habe.«

Ich richtete mich auf. »Klar, super! Das ist schön von dir.«

Sie brachte einen Teller, auf dem die Brothälften gestapelt waren, stellte ihn auf dem Wohnzimmertisch ab. Legte Servietten dazu. Setzte sich neben mich. Schenkte Tee nach.

Wir griffen zu. Aßen, tranken, schwiegen.

Wie ein Ehepaar, ein tief miteinander vertrautes.

Ein Blick auf die große eichene Standuhr verriet mir, dass es schon halb zwölf war. Ein Erbstück meiner Großeltern, das Schlagwerk hatten meine Eltern schon vor Jahren abgestellt.

Mona bemerkte meinen Blick. »Ich kann ein Taxi nach Hause nehmen.« Sie griff nach ihrem Telefon, das auf dem Tisch lag.

»Lass es, Mona. Bleib da. Morgen fahr ich dich heim.«

Ihre Augen leuchteten, glänzten im Einklang mit der künstlichen Kerzenbeleuchtung.

Montag, 14.12.

So erholt hatte ich mich nach dem Aufwachen schon lange nicht mehr gefühlt. Ich sprang aus dem Bett, es war kurz nach acht, und zog die Rollläden auf. Ein morgendliches Rot zwängte sich durch die lockere Bewölkung, und es mutete an, als wäge der Tag noch ab, heiter oder trüb werden zu wollen.

Ich jedenfalls spürte eine gewaltige und lang vermisste Heiterkeit in mir. Gestern hatte ich Mona nach dem Mittagessen heimgefahren, und die Sonne wagte, sich durch die Wolkendecke zu mogeln, als wolle sie uns Mut zusprechen, während gleichzeitig der komplette Lockdown für den Rest des Jahres im Radio verkündet wurde. Was mich allerdings in keiner Weise berührte. Weil ich – wie man so schön sagt – im siebten Himmel schwebte. Verzückt wie ein Schülerjunge, der zu seiner ersten

Liebe gefunden hatte. Denn Mona und ich waren in der Nacht zuvor intim geworden.

Wie das klang.

Doch ein anderes Wort wollte ich nicht verwenden. Die berauschende Intimität, die sich zwischen uns entwickelt hatte, würde durch jegliche andere Bezeichnung zerstört werden. Das behutsame Herantasten, das gegenseitige Streicheln, die Vorsicht, nichts zu tun, was dem anderen zuwider wäre, das Bereitsein, jederzeit abzubrechen, wenn der andere einen Rückzieher machte. Der erste, innige Kuss.

Der gegenseitige Blick in die Augen und das erhoffte Lächeln, das zum Weitermachen aufforderte.

Das langsame Entkleiden, die Liebkosungen. Das Aufbäumen der Leidenschaft, der ekstatische Höhepunkt, das Versinken in eine wohlige Zufriedenheit.

Das gemeinsame Einschlafen, Aufwachen.

Ich könnte ewig in diesen Stunden schwelgen.

Denn eines hatten wir geklärt: Vor einer Wiederholung würde jeder von uns zunächst seinen Weg finden müssen. Und wenn wir uns in einem halben Jahr wiederbegegneten und unsere Gefühle unverändert geblieben waren, erst dann würden wir ein gemeinsames Ziel in Aussicht stellen. Egal, ob in Karlsruhe, Hamburg oder sonst wo.

Sie sollte ihr Biologie-Studium abgeschlossen haben, denn sie strebte eine Promotion und ein Beschäftigungsverhältnis in einem Zoo mit Botanischem Garten an.

Und ich musste endlich wissen, welcher Arbeit ich nachgehen wollte.

Ich zog den Jogginganzug an, hatte für heute keine Pläne, außer Sofia aus dem Weg zu gehen, die sich angekündigt hatte. Ich brühte mir einen Kaffee, steckte Brot in den Toaster, holte Margarine und Marmelade. Müsli war keines mehr da.

Vielleicht sollte ich später noch zum Einkaufen fahren. Der Kühlschrank war ziemlich leer.

Die Toasts schnappten hoch, ich warf sie auf den Teller, setzte mich an den Tisch. Bestrich sie, schlürfte am Kaffee.

Durchs Riesenfenster fielen Sonnenstrahlen herein, blendeten mich, was ich durchaus genoss. Ich lechzte nach Helligkeit, Wärme, Wohligkeit. Und nach der süßen Erdbeermarmelade. Nahm einen Toast in die Hand, betrachtete den rotfruchtigen Aufstrich, führte ihn an den Mund.

Es klingelte.

Das durfte nicht wahr sein. Ich biss ins Brot, riss eine Ecke ab, kaute. *Ignorieren,* hämmerte es mir durch den Kopf. Einfach ignorieren.

Es klingelte erneut.

Hatte unsere Haushälterin ihre Schlüssel vergessen? Nein, ganz sicher nicht. Sie wäre eher umgekehrt und hätte sie geholt, als klingelnd vor der Tür zu stehen und meine schlechte Laune in Kauf zu nehmen, falls sie mich aus dem Bett geschmissen hätte.

Womöglich mal wieder die Kripo? Dann würde ein Ignorieren ein schlechtes Licht auf mich werfen.

Also ging ich in die Diele, aktivierte die Haussprechanlage. Die integrierte Kamera war dunkel.

»Zum Donnerwetter«, schimpfte ich vor mich hin und öffnete die Haustür. Rechnete damit, dass streichspielende Kinder das Objektiv mit Schmutz oder sonst was beschmiert hätten und ich die Sauerei nun sauber machen musste. Auf die Idee, den Monitor der Überwachungskamera anzustellen und die Lage zu überprüfen, kam ich nicht. Sonst wäre ich vorgewarnt gewesen.

Vorne, am Zufahrtstor, stand ein Mann. Dick in einen Mantel eingepackt und eine hellblaue Schutzmaske vorm Gesicht. Graues, volles Haar. Die Hand, die wohl über der Linse gelegen hatte, zog er zurück, und er richtete sich auf.

»Ich will mit Ihnen reden«, rief er zu mir her, bevor ich das Wort ergreifen konnte.

Diese knurrige Stimme.

»Was wollen Sie, Herr Reimer?«

»Nur reden. Bitte.«

»Arlena ist für mich kein Thema mehr.«

»Das wird es aber sein müssen. Oder brauchen Sie nicht als Zeuge, Nebenkläger oder gar als Opfer vor Gericht aussagen?«

Klar, das hatte ich völlig verdrängt.

»Voraussichtlich erst Ende Januar.«

»Ja, die zögern das echt lange raus. Ich will Sie um Entschuldigung bitten. Deshalb bin ich gekommen. Darf ich rein?«

Ich fror. Mein Blick lag auf dem hageren, großen Mann. Von seiner Figur hätte er seiner Tochter ruhig etwas vererben können. Scheiße, was dachte ich da bloß?

»Okay, aber nur kurz. Ich habe nachher einen Termin.«

Ich drückte auf den Öffner, das Tor schob sich auf, Reimer stapfte mit Riesenschritten herbei. Blieb vor mir stehen, er war größer als ich.

Ich wich zur Seite aus, ließ den Mann in unsere Villa. Sein Staunen stellte er offen zur Schau. Er riss sich die Maske herunter, steckte sie in die Manteltasche.

»Heidenei! Das nenn ich mal ein tolles Haus. Alles vom Teuersten, he?«

»Dort hinein«, sagte ich und deutete in den offenen Küchen-Essbereich, der mittels halbhohen Schrankwänden untertrennt war.

Er blieb stehen, also ging ich voraus. Er folgte mir.

»Bitte setzen Sie sich.«

»Oh, hab ich grad beim Frühstück gestört?« Er warf einen Blick auf seine Armbanduhr.

»Ja.«

»Wenn ich jetzt sagte, das täte mir leid, würde ich lügen.« Er grinste und platzierte sich auf den Stuhl, der neben dem stand, auf dem ich gesessen hatte. »Na ja, wenn man nichts zu schaffen hat, kann man liegenbleiben, so lang man will. Da spielt es keine Rolle, ob es ein Werktag ist oder nicht.«

Obwohl ich ihn scharf musterte, konnte ich nicht einschätzen, was er im Schilde führte. »Was wollen Sie?«

Er deutete mit dem Kinn auf den Tisch. »Ich dachte immer, Reiche frühstücken fürstlicher. Oder fehlt Ihnen die Fürsorge meiner Tochter? Wissen Sie, was unsere Arlena immer gesagt hat? Also, bevor sie Sie kennengelernt hat.«

Seine Augen lagen erwartungsvoll auf mir, doch ich schwieg. Hatte ein ungutes Gefühl.

»Meine Arlena sagte immer, bei den Reichen vermehrt sich das Geld wie bei uns daheim der Staub.« Wieder eine Sekunde des Lauerns. »Deshalb war ich so schockiert, als sie Sie nach Hause brachte. Sie verachtete Millionäre.«

»Aber«, warf ich ein, »was ist falsch daran, wenn die Eltern Vermögen erwirtschaftet haben?«

»Genau! Das ist der Punkt, Jungchen. Die *Eltern* – und in Ihrem Fall dazu die Großeltern und Urgroßeltern – waren die Fleißigen. Sie profitieren ja nur davon. Aalen sich in deren Geld und geben großkotzig vor Ihren sogenannten Freunden an. Und das verschafft natürlich auch viele Neider. Doch auch diese Sorte Mensch hat unsere Arlena verachtet. Sie sagte immer: ›Wenn du viel schaffst, nutzniest deine Familie – aber sie hasst dich fürs Nie-Dasein. Schaffst du nix und bist nur der Nutznießer, hasst dich die Gesellschaft dafür.‹ Begreifen Sie den Sinn?«

»Das hat Arlena über mich gesagt?« Gänsehaut kroch über meinen Rücken.

»Nein, nein, das war ihre Meinung, bevor Sie sie umgedreht haben, Herr von Barneck. Ich kann bis heute nicht begreifen, wie Sie das geschafft haben. Ist Ihre Familie eigentlich adligen Ursprungs? Oder tut Ihr Clan nur so?«

Ich weigerte mich, auf seine Vorhaltungen einzugehen, stand reglos wie ein Denkmal und nahm meinen Blick nicht von dem Mann, der mir immer bedrohlicher erschien.

Reimer grapschte plötzlich nach einem der bestrichenen Toasts, biss hinein und schmiss ihn wieder auf den Teller zurück. »Schon kalt. Pfui Teufel. Ich mag nur heiße Toasts. Machen Sie mir einen heißen, frisch gerösteten?«

»Ganz sicher nicht.«

»Dann setz dich doch zu mir, Junge.«

Sein plötzliches Duzen verwirrte mich. »Bitte, gehen Sie.«

»Och, kriegst du Angst vor mir, Bürschchen?«

»Ich rufe die Polizei, wenn Sie nicht gehen.«

»Bennilein, du warst doch im Knast. Wenn leider auch viel zu kurz. Bist sicher durch eine harte Schule gegangen. Also wirst du doch jetzt keine Angst vor *mir* altem harmlosen Mann haben?«

»Ich habe keine Angst.«

Ich drehte mich um, sprang zur Kücheninsel hinüber, griff nach dem Telefon.

Der harte Schlag in meinen Rücken raubte mir den Atem. Ein weiterer Hieb auf mein rechtes Handgelenk schleuderte das Telefon zu Boden und bescherte mir höllische Schmerzen. Erschrocken schaute ich auf. Diese Reaktionsschnelligkeit und diese Kraft hatte ich hinter dem Apotheker nicht vermutet.

»Tschuldigung, Bennilein. Wenn's gebrochen ist, schickst du mir die Rechnung.«

Ich machte einen Schritt zurück, legte meine linke Hand um das schmerzende Gelenk und versuchte, es zu bewegen. Es knackte und tat noch mehr weh.

»Spinnen Sie? Warum verletzen Sie mich?« Meine Stimme zitterte wie bei einem hilflosen Kind. Ich musste mich zusammenreißen.

»Halb so schlimm. Heilt ja wieder.«

Reimers Augen flackerten seltsam. Er grinste abermals, kam einen Schritt näher.

In zwei, drei Sätzen sprang ich um die Küchentheke herum, riss die nächstliegende Schublade auf und packte mit der linken Hand das erstbeste Messer.

»Na, na, Junge!« Reimer hob die Hände. »Willst du mich jetzt erstechen?« Er kam näher. »Ein Gemüsemesserle, wie süß ist das denn?«

Mein Atem steigerte sich. Unangenehm hektisch. Meine

Nerven flatterten, und das Messer in der Linken reichte höchstens aus, einen Angreifer abzuwehren, aber nicht, um ihn unschädlich zu machen. Außer, man träfe auf Anhieb eine Schlagader, doch durch Stoff würde sich diese mickrige Klinge wohl kaum bohren.

Was sollte ich tun? Ich wandte mich um, erblickte den hölzernen Messerblock zwischen Herd und Spüle, beugte mich hin und riss eines der japanischen, spezialgeschmiedeten Tranchiermesser heraus. Hielt es fest in der rechten Hand. Die Schmerzen im Gelenk hatten in ein taubes Gefühl gewechselt. Ich besaß kaum noch Kraft in den Fingern.

Also legte ich das kleine Messer weg und nahm das große in die Linke.

»Oho, Benedict, jetzt machst du mir aber richtig Angst.« Reimer lachte auf. »Hast du überhaupt schon mal Kampfsport betrieben?«

Nein, das hatte ich nicht, aber das würde ich ihm wohl nicht auf die Nase binden. Ich sagte nichts.

»Dein Schweigen lässt vermuten, dass du dazu zu bequem warst. Kampfsport bedeutet hartes Training und vor allem innerer Mut. Und wie ich weiß, hast du dich ja nur mit einfachen Sportübungen abgegeben. Ein bisschen Rennen, am Barren herumturnen, Purzelbäume schlagen. Und natürlich Krafttraining, um der Damenwelt mit Bauchmuskeln und prallen Bizeps zu imponieren. Habe ich Recht? Im Gegensatz zu dir habe ich als junger Mann den Schwarzen Gurt im Karate erreicht und an Wettkämpfen teilgenommen. Da staunst du, was?«

Wieder dieses hämische Lachen. »Und gelernt ist gelernt, wenn ich auch ein wenig außer Übung bin.«

»Herr Reimer, bitte gehen Sie. Ich weiß wirklich nicht, was Sie von mir wollen. Ich habe Arlena nie etwas angetan. Und Sie wissen ja selbst, welches Zeug sie mir gegeben hat.«

»Hat dich jemand gezwungen, es zu nehmen? Arlena sicher nicht. Sie hat es gut gemeint. Du hättest sie sehen müssen, als sie verzweifelt und tränenüberströmt gebettelt hat, damit ich ihr wirksame Mittel gebe, um dich aus deinem bescheuerten Tief herauszuholen. Warum bist du nicht zu einem Arzt gegangen? Alles hast du auf sie abgewälzt, bis sie schließlich überfordert war. Sie hat dich geliebt, aber du hast sie nur ausgenutzt.«

Ich war bestürzt über diese Auslegung. »Aber – aber das ist nicht wahr. So war das nicht.«

»Ach nein? Keiner würde dir glauben, wenn nicht das Geld hinter dir stünde. Na ja, und ich geb zu, es war schon außerordentliches Pech, dass dich dein allerbester Freund unschuldig in den Knast gebracht hat. Bedauerlich. Aber für so jemanden wie dich höchst verdient. Doch leider glauben die Polizeibeamten jetzt, dich mit Samthandschuhen anpacken zu müssen. Was ich ganz und gar nicht akzeptieren kann.«

Er griff sich in die Mantelinnentasche und holte etwas Metallschimmerndes heraus. Im Nu blickte ich in die Mündung einer Handfeuerwaffe.

Nein, ich glotzte sie an. Reglos. Geschockt. Das Messer fest umklammert.

Messer gegen Pistole? Mit einem Abstand von etwa eineinhalb Metern? Oder war das ein Revolver? Ich hatte mich noch nie mit Schusswaffen beschäftigt. Und was nutzten mir jetzt die Tausenden von Actionfilmen und Krimis, die ich mir einverleibt hatte? Nichts. Keine einzige Szene vermochte ich in Erinnerung zu rufen, die mir hätte ratgebend Hilfe leisten können.

Mit hypnotisierendem Blick erkannte ich die Trommel hinter dem langen, schlanken Lauf, also war es ein Revolver. Mit schwarzen Griffschalen. Diese Erkenntnis brachte mir ebenso keinen Nutzen.

»Sie wollen mich erschießen?«, flüsterte ich erschüttert.

In mir manifestierte sich eine grausame Szenerie. Meine blutüberströmte Leiche inmitten der Küche. Polizei und Spurensucher in der Villa. Meine heulende Mutter und mein bestürzter Vater. Eine festliche Beerdigung. Welche Farbe mein Sarg haben würde? Oder ob sie mich verbrennen ließen? Wir haben nie darüber gesprochen.

»Herr Reimer«, setzte ich vorsichtig an, »darf ich ein Testament schreiben?«

Reimer schloss die Augen, riss sie wieder auf. Lachte grölend. »Sag mal, spinnst du?« Er beruhigte sich nur langsam. »Los, leg das Messer weg. Du Schisser. Und in so einen Feigling hat sich meine Tochter verknallt.«

»Ich lege erst das Messer weg, wenn Sie die Waffe einstecken. Wieso haben Sie überhaupt einen Revolver?«

»Damit ich mir Drecksgesindel wie dich vom Hals halten kann. Ganz legal. Und zu deiner Beruhigung sei ergänzt, dass ich regelmäßig auf einem Schießstand trainiere und ziemlich gut ins Schwarze treffe.«

Er streckte seinen Arm aus. Der stählerne Lauf zielte auf meine Stirn. Maximal einen Meter entfernt. Ein Fehlschuss war ausgeschlossen. Aber noch lag sein Finger nicht auf dem Abzug.

»Legal ermorden? Als Apotheker?« Verzweifelt hob ich meine rechte Hand, die schon anzuschwellen begann, deutete meine Kapitulation an, legte gleichzeitig das Messer auf die Theke.

Diesen Moment der Unachtsamkeit nutzte Reimer aus, und er schlug mir mit voller Wucht die Waffe gegen den Kopf, ich taumelte. Wollte mich festhalten, erhaschte nur Luft, knallte auf den Boden.

Der Lauf war wieder auf mich gerichtet. Und Reimer spannte den Hahn. Mit leisem Klick. Er umfasste den Revolvergriff mit beiden Händen. Atmete schwer und tief.

Ich lag wie ein toter Käfer auf dem Rücken, regte mich nicht. Spürte Blut auf meiner Wange, roch das metallische Odeur.

Der Knall zerriss unerwartet laut die aufgeladene Atmosphäre. Dröhnte in meinen Ohren, und ich glaubte schon, Reimer hätte in die Luft geschossen, als ich den unsäglichen Schmerz im linken Oberarm spürte. Ein Aufstöhnen vermochte ich nicht zu unterdrücken, mein Herz begann zu toben.

»Du kleiner Wichser«, schnaubte Reimer. »Du verkommener Nichtsnutz! Die Eier sollte ich dir wegpusten, damit du keine Frau mehr ins Unglück stürzen kannst.«

Wieder knallte es. Ein Aufschrei drang durch meine Kehle. Mein verschleierter Blick lag auf dem wütenden Mann. Doch dessen Mordlust war ungebrochen.

»Dein letztes Stündlein hat geschlagen, du wimmernder Waschlappen! In Schmerzen wurdest du geboren. Mit Schmerzen wirst du gehen.«

Ich schloss die Augen, der einsetzende Schock absorbierte jegliches Empfinden. Reimer durchlöcherte mich erbarmungslos. Jeder weitere Einschlag erschütterte mich wie ein Erdbeben. Ich zählte Schuss um Schuss, bis ich bei fünf angelangt war und auf das Todesfinale harrte.

Doch es kehrte Stille ein. War es vorbei? Wie viel Patronen fasste solch ein Revolver?

In meinem Körper wütete es. Brannte ein Feuer in jeder Nervenzelle. »Arschloch!«, stieß ich aus. Meinen Atem hatte ich nicht mehr unter Kontrolle. Ich öffnete die Augen. Sah Blut, überall Blut.

Und den hünenhaften Mann. »Na, hast du immer noch nicht genug, du verfluchter, zäher Bastard?«

Ich sah ihn nach dem Messer greifen, und dachte noch, ob unser teures Supermesser wohl tatsächlich mein Ende besiegeln würde, da spürte ich schon den tiefen Stich. Irgendwo in der Bauchregion.

Reimers höhnische Visage schwebte über mir. Ich traute mich nicht zu atmen. Reimer richtete sich auf, in ungehörigem Zeitlupentempo.

Mein Blick klebte nun auf dem hölzernen Griff, der schwarz und schräg aus meinem Körper ragte, mein Überlebenswille bedrängte mich, ihn herauszuziehen. Mein Instinkt befahl mir, ruhig liegenzubleiben. Den Atem zu kontrollieren und herunterzufahren.

Wollte ich wirklich hier und jetzt sterben?

Urplötzlich katapultierte Adrenalin durch meine Adern. Beförderte Kräfte zutage, von denen ich nie geglaubt hatte, sie zu besitzen. Ungeachtet der mich extrem einschränkenden Verletzungen umfasste ich mit beiden Händen den Griff, blendete das gehässige Lachen Reimers aus und zog in einem Ruck das Messer aus meinem Leib. Der unermessliche Schmerz entriss mir einen unbeherrschbaren, urmenschlichen Schrei. Die Stimme mir fremd. Es folgte ein Aufhusten. Ein Zusammenkrümmen. Heiße Tränen flossen mir übers Gesicht.

Widerlich schmeckendes Blut sammelte sich in meinem Mund, ich spuckte es aus. Wagte vorsichtig einen prüfenden Blick, ob das Zentrum meiner Männlichkeit wirklich zerstört oder mein Leib gar zweigeteilt war. So wie es sich anfühlte. Ich erkannte keine Einzelheiten, nur den gewaltigen Blutstrom, der aus mir herausströmte, die Lache neben meinem Körper.

Meine Hände hielten immer noch das Messer. Die Spitze der rottriefenden Damaszener-Stahlklinge auf mich zeigend.

Mit dem letzten Rest meines Selbsterhaltungstriebs bäumte ich mich auf, richtete das Messer auf Reimer. Das Lachen verstummte.

Ich ließ ihm keine Zeit zum Handeln, stieß das Messer in sein rechtes Bein, oberhalb des Knies. Die Klinge ratschte leichter als erwartet durch den Stoff in die Haut und ins Fleisch, zertrennte Sehnen und Muskeln, zerschlitzte Knochen und Knorpel. Blieb stecken, weil mich die Kraft verließ und ich den Griff freigab.

Ich ließ mich zurückkippen.

Der Scheißkerl stieß einen irren Schrei aus, fluchte die erbärmlichsten Worte aus sich heraus. Hatte plötzlich wieder den Revolver in der Hand. Und schoss. Traf erneut meinen aufzuckenden Leib.

Dann klickte es nur noch.

Einmal. Zweimal. Dreimal.

Ergeben ließ ich mich in den Abgrund fallen, der sich in mir auftat. Eine gnädige Dunkelheit fing mich auf und bettete mich in samtiges Schwarz.

Freitag, 01.01.

Silvester erlebt zu haben, war wie neu geboren. Sie hatten mich gestern auf eigene Verantwortung aus der Klinik entlassen. Ich durfte mich nur langsam bewegen und musste höllisch aufpassen, mit dem Rollstuhl nirgendwo anzuecken. Die Rügen meiner achtsamen Mutter wären mir sicher gewesen.

Meine Verletzungen waren noch lange nicht verheilt, eine solche Mordattacke steckte man nicht innerhalb drei Wochen weg. Dass ich überhaupt überlebte, hatte ich unserer nervenstarken Sofia zu verdanken, die mich inmitten des Blutsees gefunden hatte.

Reimer hatte sich mit offenbarer Kaltblütigkeit das Messer herausgezogen, es unter dem Wasserhahn abgespült, die Wunde mit einem Geschirrtuch abgebunden und war direkt zur Apotheke zurückgefahren, wo er festgenommen wurde. Ein Nachbar hatte ihn gesehen, als er unser Haus verlassen hatte und die Waffe in der Hand hielt. Auf Abgebrühtheit ließ das weniger schließen. Aber auf leichtsinnige Dummheit eines von Hass und Rache getriebenen Vaters.

Der Anruf des Nachbarn bei der Polizei und der Notruf unserer tapferen Italienerin innerhalb der folgenden Minuten begünstigten mein knappes Überleben und die rasche Festsetzung meines Attentäters.

Manchmal brauchte man ein solches Glück. Ob verdient oder nicht.

Die Weihnachtsfeiertage verbrachte ich halb weggetreten in einem der Privatzimmer des Städtischen Klinikums, umsorgt von Mami und Papi in einer Art, wie sie es noch nie getan hatten. Sie ließen mich keine Sekunde allein. Diese innige Dreisamkeit war ein völlig neues Lebensgefühl für mich.

Abgesehen von meinen Eltern durfte ich im Krankenhaus

keinen Besuch erhalten, dafür erwarteten mich bei meiner Rückkehr unsere Sofia und ihr überschwänglich freundlicher Gatte, am Abend kamen Onkel Rainer, Tante Lydia und Lars vorbei, und Mona feierte den Jahreswechsel mit uns.

Wenn es darauf ankommt, erfährt man erst, wer einen für wichtig genug nimmt, um ihn in der Not nicht alleine zu lassen.

Für mich war das ein Zeichen, mein Leben grundlegend ändern zu müssen. Ich beschloss endgültig, Nägel mit Köpfen zu machen. Das hieß, in Hamburg neu durchzustarten, sobald mein gesundheitlicher Zustand es billigte.

Mittwoch, 06.01.

Unsere Villa besaß einen kleinen Notfall-Fahrstuhl, der jetzt gute Dienste leistete.

Was mir zunächst peinlich war, ich aber dankbar annahm, weil ich ohne Schmerzen noch nicht laufen konnte. Die gezielten Schüsse in den rechten Oberschenkel, ins linke Knie, in die rechte Schulter und den rechten Unterarm, ins linke Ellenbogengelenk sowie in den rechten Mittelbauch, wobei dieser mich wohl eher zufällig als bewusst von meinem Blinddarm befreit hatte, waren absolut grenzwertig, sorgten für einen voraussichtlich längerfristigen Aufenthalt im Elektrorollstuhl und konnten womöglich eine dauerhafte Invalidität nach sich ziehen.

Abgesehen von dem wütenden Stich in den Bauchbereich, der links an der Aorta vorbeigeschrammt war und sie nur knapp verfehlt hatte, waren die Schüsse laut Mediziner nicht auf Töten ausgerichtet gewesen, sondern auf größtmögliche Zerstörung meiner Gesundheit. Tja, das ist dem Apotheker bestens gelungen. Momentan war es kaum vorstellbar, jemals wieder beschwerdefrei laufen, geschweige denn sportlich aktiv sein zu können.

Mit viel Fingerspitzengefühl manövrierte ich den Rollstuhl über das an der linken Handauflage angebrachte Display in die enge Liftkabine und kämpfte mit den Schmerzen im Arm, als ich das Telefon schellen hörte. Mutter nahm das Gespräch entgegen, während sich die Kabinentür schloss.

Nach ein paar Sekunden rollte ich eine Etage tiefer in den Gang hinaus, als Mutter erschrocken aufschrie. »Nein! Das kann nicht sein!«

Ich fuhr in die Küche, entdeckte Tränen in Mutters Augen.

Tränen? Absolut befremdlich.

»Was ist passiert?« Meine Gedanken checkten jeden Verwandten ab, den es in irgendeiner Art von Missgeschick ins Jenseits befördert haben könnte. Oder handelte es sich vielleicht nur um einen Bekannten meiner Eltern?

Mutter schluchzte noch ein paar Worte ins Telefon, dann legte sie auf. »Severin«, schluchzte sie weiter. »Er hat sich in der Zelle selbst stranguliert.«

Die Leere, die sich schlagartig in mir breitmachte, war fürchterlich. Ich wusste nicht, was sagen, was tun, was denken. Ich saß da und stierte ins Nichts. Merkte kaum, wie Mutter zu mir herantrat, ihre Hände auf meine Wangen legte, mir einen Kuss auf die Stirn hauchte.

»Es tut mir so leid«, wimmerte sie.

Sie beugte sich tiefer, umarmte mich. Ich ließ es geschehen, so versteinert wie ich war.

Freitag, 08.01.

Von meinem Zimmer aus blickte ich in den Garten hinab. Schwelgte in Erinnerungen und schönen Momenten, die ich mit Severin erlebt hatte. Die darin endeten, dass ich meinen Freund von einer Sekunde zur anderen nicht mehr als den smarten jungen Mann wahrnahm, sondern als den verhärmten Mörder, der in mir letztlich nur noch ein begehrenswertes Objekt seiner schwulen Triebe gesehen hatte.

Womöglich war es tatsächlich der beste Weg gewesen, dass er sich selbst ein Ende gesetzt hatte.

Es klopfte laut an der Tür, erstaunt fuhr ich herum.

»Ja?«

Herein traten die Hauptkommissare Steiner und Edel. Mal wieder im Doppelpack.

Hinter den beiden tauchte mein Vater auf, brachte erst einen, dann einen zweiten Stuhl, stellte sie gegenüber meinem Rollstuhl.

»Soll ich dabeibleiben, Benedict?«

Verwirrt schüttelte ich den Kopf. »Was gibt es denn so Schwerwiegendes?«

Die beiden Kommissare setzten sich, bedankten sich bei meinem Vater, der noch einen Augenblick verharrte, dann aber das Zimmer verließ.

»Wir möchten Ihnen unser Bedauern über den Tod Ihres Freundes aussprechen«, sagte Frau Steiner mit Leidensmiene, und Edel nickte beipflichtend.

»Danke«, erwiderte ich. »Aber deshalb sind Sie sicher nicht gekommen.«

»Oh, das ist schon auch ein wichtiger Grund für uns, Sie zu besuchen. Wie geht es Ihnen?« Ihre Blicke tasteten über meinen Körper mit einer Behutsamkeit, als könnten sie mir wehtun.

Beschissen, hätte ich ihr am liebsten geantwortet und eine Portion Mitleid eingefordert. Aber ich entschied mich für etwas mehr drastische Ausführlichkeit. »Na ja, das Laufen funktioniert nicht so gut, ich kann ja noch keine Krücken verwenden.« Ich hob meinen rechten Arm ein klein wenig an. »Die Schiene muss noch eine Weile dranbleiben. Das Handgelenk ist gebrochen. Und beide Arme sind ohnehin noch schonungsbedürftig. Ach ja, lachen verkneife ich mir nach Möglichkeit.«

»Zeigen Sie mal her«, bat Edel und deutete auf meinen Bauch.

Ich hob mein T-Shirt. Die Stichverletzung war äußerlich gut verheilt, die inneren Heilungsprozesse benötigten länger. Ähnlich verhielt es sich bei der Einschusswunde im rechten Bauchbereich.

»Sie tragen keinen Verband mehr?«, fragte Edel. »Der Einschnitt sieht noch ziemlich instabil aus. Sie haben ganz schön Glück gehabt, dass die Aorta nicht getroffen wurde.«

Ich gewährte ihm ein Schmunzeln. »Ja, ich kann es selbst nicht fassen, überlebt zu haben. Aber aufpassen muss ich schon noch. Und das Liegen fühlt sich momentan auch wohler an als das Sitzen. Am schlimmsten ist der Moment des Ausstreckens. Aber da mach ich halt langsam. Wird sich ja irgendwann bessern. Insgesamt habe ich das Gefühl, dass die Kräfte allmählich zurückkommen.«

»Wir haben die Lage völlig unterschätzt, und das tut uns sehr leid, Herr von Barneck«, sagte Edel.

»Was hätten Sie tun sollen? Sie können ja auch nicht in alle Köpfe schauen«, versuchte ich, Verständnis zu zeigen.

»Nun«, setzte Edel zögerlich an, »wir haben dem Umstand, dass Herr Reimer, der uns gegenüber bereits unbändige Wut wegen der Verhaftung seiner Tochter gezeigt hatte, langjähriges Mitglied in einem Schützenverein ist, zu wenig Beachtung geschenkt. Und dass er über einen Waffenschein verfügt.«

Ich stieß ein behutsames Lachen aus. »Ja, und er besitzt einen echt tollen Revolver. Hätte mir niemals träumen lassen, mit so einem Ding Bekanntschaft machen zu müssen.«

Zwischen Edels Augen bildete sich eine tiefe Falte. »Und noch dazu geladen mit Semi-Wadcutter-Munition.«

»Äh, was für ein Zeug?« Das hörte sich befremdlich brutal an.

Die Falte zwischen Edels Brauen glättete sich, ein zartes Lächeln huschte stattdessen über seine Lippen. »Die Waffe, mit der er auf Sie geschossen hat, ist ein Smith-&-Wesson-Revolver, Modell 686. Er hat eine Lauflänge von sechs Zoll und verfügt über sechs Patronenkammern. Geladen war er mit der für einen Sportschützen gebräuchlichen Flachgeschossmunition, die einen kegelstumpfförmigen Aufsatz besitzt.«

»Aha«, überlegte ich. »War das jetzt von Vorteil für mich?«

»Würde ich nicht behaupten. Im Gegensatz zur normalen Munition, die unter Umständen zu glatten Durchschüssen geführt hätte, pilzen die Flachgeschosse im Körper auf und führen zu größeren Wundkanälen, folglich auch zu schwereren inneren Verletzungen. Also ideal für gewollte Steckschüsse.«

»Na toll! Er wollte mich also gezielt zum Krüppel schießen.«

Mit einem Nicken bestätigte der Hauptkommissar mein Resümee.

»Dennoch hoffen wir, dass Sie wieder vollständig genesen, Herr von Barneck.«

Ich schüttelte den Kopf. »Die Ärzte argwöhnen, dass ich meine sportlichen Aktivitäten an den Nagel hängen kann. Aber ...«, ich zog eine Schnute, überlegte und gewährte dem Beamten dann ein Schmunzeln, »es gibt ja schließlich noch Rehasport.«

Edel lachte laut auf. »Sie sind ja gut. Bloß nicht den Mut verlieren, das ist wichtig.«

Hauptkommissarin Steiner hatte unseren Dialog mit stetem Blickwechsel begleitet, nun holte sie tief Luft.

»Herr von Barneck«, begann sie, »wir möchten Sie außerdem noch gerne über unsere weiteren Ermittlungsergebnisse informieren.« Sie setzte eine kleine Pause. »Wir haben mit Frau Kessler gesprochen. Sie hat uns von der Begegnung mit den Eheleuten Reimer erzählt und von der unterschwelligen Bedrohung. Aber leider haben sich die Dinge zugespitzt, bevor wir Sie warnen konnten.«

»Mich warnen?«

»Ja. Am elften Dezember, also am Tag, bevor Sie den Reimers begegnet waren, informierten wir sie darüber, dass wir Beweise gegen Arlena vorliegen hätten, die auf deren Täterschaft hinwiesen, Mariella Schubert getötet zu haben.«

Ich schluckte. »Wie bitte?«

Edel nickte. »Die Wimper, die bei der kriminaltechnischen Untersuchung im Labor des BKA gefunden wurde, stammt von Arlena Reimer. Und die einzige Möglichkeit, dass sich diese Wimper im Pulli von Mariella Schubert verhakt haben konnte, war während der Tatausführung. Genauer gesagt, als der Täter das Opfer zum Boot geschleppt hat.«

Ich konnte es nicht fassen. »Wie sind Sie überhaupt auf die Idee gekommen, Arlenas DNA mit der Wimper zu vergleichen?«

»Nun, das gehört zu unserer Ermittlungsarbeit«, lächelte Frau Steiner. »Alle Möglichkeiten in Betracht ziehen.«

»Die Staatsanwaltschaft hat nun auch Anklage wegen Mordes gegen Frau Reimer erhoben«, sagte Edel. »Somit werden die Ermittlungen in Ihrem Fall nochmals nachgeprüft und in die Anklage mit eingebunden. Ebenso der Mordversuch an Mona Kessler. Die Beweislage ist jetzt ziemlich eindeutig, ein Verbrechen baute auf das andere auf.«

»Deshalb«, übernahm Steiner wieder die Ausführungen, »werden auch die angesetzten Gerichtstermine verschoben. Wir gehen davon aus, dass Sie in den nächsten Tagen Bescheid erhalten. Vor Februar oder März ist schätzungsweise nicht mit dem Prozessbeginn zu rechnen. Bis dahin haben Sie sich dann hoffentlich erholt, um uneingeschränkt teilnehmen zu können.«

In mir breitete sich völlige Leere aus. Ich hatte mit einer Mörderin zusammengelebt. War blind gewesen, und das nicht einmal vor Liebe. Ich konnte nicht mehr denken, nicht mehr den Kripobeamten zuhören. Die paar Fragen, die sie mir noch stellten, prallten an mir ab.

Erst als meine Mutter vor mir stand, mir über die Haare streifte, kam ich wieder zur Besinnung.

»Sorry, ich, äh, ich ...«, stammelte ich.

»Nein, wir müssen Sie um Entschuldigung bitten«, sagte Frau Steiner, »dass wir Sie so überfahren haben.«

Edel erhob sich. »Jetzt werden Sie erstmal gesund. Wir melden uns wieder, falls nötig.«

Auf ein Händeschütteln verzichteten wir, schon aus mehrfachen Gründen, und meine Mutter begleitete sie hinaus.

Vater trat ins Zimmer.

»Benni, wir haben bis Ende des Monats Urlaub genommen und bleiben bei dir. Und wenn es sein muss, auch länger. Wir kriegen das wieder in den Griff.«

Ich schwieg.

Mein Vater räusperte sich, schluckte, und es schien, als gingen ihm schwerwiegende Gedanken durch den Kopf. »Sollen wir die *MARNIE* verkaufen?«, sagte er leise. »Damit wir nicht ständig an die Morde erinnert werden? Was meinst du?«

»Mir egal. Ich will sie jedenfalls nicht mehr fahren.« Ich klang nicht nur ziemlich deprimiert, ich fühlte mich auch so.

»Wir kaufen uns ein neues, kleineres Boot, okay?« Den Aufmunterungsversuch meines Vaters schätzte ich hoch ein.

»Ja, können wir machen.« Ich tat einen Atemzug. Dann sprach ich endlich aus, was mich belastete: »Ich wäre nie darauf gekommen, dass Arlena Mariella getötet hat. Wie ist sie nur auf sie gestoßen? Ich habe ihr bestimmt nichts von ihr erzählt.«

Mein Vater runzelte die Stirn. »Bist du dir sicher?«

»Aber ja.«

»Die Polizei kriegt das raus. Sei dessen versichert.«

Mir kam ein abscheulicher Gedanke. »Ob Severin …?«

»Was meinst du?«, bohrte Vater nach.

»Na ja, womöglich hatten die beiden irgendwie Kontakt zueinander gefunden. Ob Severin ihr von Mariella erzählt hat?«

»Ich dachte, die beiden verachteten sich. Weshalb hätte er das tun sollen?«

»Um sie gegen mich aufzuhetzen?«

Vater zog die Stirn kraus. »Und dadurch soll sie auf die Idee gekommen sein, deine Ex-Ex-Freundin zu töten?« Er schüttelte den Kopf. »Also, mir klingt das ziemlich weit hergeholt.«

»Wer weiß denn schon, was in den verbohrten Gehirnen von Severin und Arlena vorgegangen ist?«

EPILOG

Es ist ein wunderbarer Maisonntag und Muttertag dazu, die Bäume und Sträucher im Park des Janssen-Anwesens sind nach den langen, kalten Wochen endlich aufgeblüht, das Grün ist saftig und stärkt das Gemüt.

Seit dem 6. April bin ich in Hamburg und habe begonnen, mich in die Geschäfte der Werft einzuarbeiten. Im Sommer starte ich eine Ausbildung als Bootsbauer der Fachrichtung Technik, mit Lukas und Onkel Martin als meine Lehrmeister. Meine Cousinen Sara und Sina weisen mich bis dahin in die wichtigsten Geschäftsinterna ein, und ich bin mir sicher, meine Bestimmung in diesem neuen Beruf gefunden zu haben. Natürlich vorausgesetzt, dass dann auch die letzten körperlichen Beeinträchtigungen ausgemerzt sind und ich ohne Schmerzmittel auskomme.

Ich sitze auf der Terrasse hinter der Villa, den Laptop geöffnet auf dem Tisch, und tippe in großen Buchstaben den Titel meiner Memoiren: AUSMANÖVRIERT. Prolog.

Niklas brachte mich auf die Idee, diesen Teil meines Lebens niederzuschreiben, um besser loslassen zu können.

Arlena – eine tragische Gestalt. Vor über zwei Jahren von mir als Probandin ausgesucht für ein Experiment, das nie in der vorgesehenen Art stattfand und doch ein Ziel erreichte: Sie hat ihr Hamsterrad verlassen. Wenn auch mit dem bedauerlichen Ergebnis, nun zu lebenslanger Haft verurteilt zu sein für Verbrechen, die sie nie begangen hätte, wenn ich mich nicht in ihr Leben gedrängt hätte.

Sie hätte ihren Abschluss gemacht, Schüler unterrichtet, ihren Eltern in der Apotheke ausgeholfen. Sie hätte früher oder später einen netten Mann getroffen und wäre glücklich mit ihm geworden. Sie wäre niemals zu einer Mörderin geworden, da bin ich mir sicher.

Und ihr Vater? Der wäre ohne mein Einmischen ins Reimer'sche Familienleben garantiert nicht auf die Idee gekommen, auf einen Menschen zu schießen oder auf ihn einzustechen.

Durch meine Handlungsweisen und meinen naiven Egoismus trieb ich zwei Menschen, die mich auf ihre höchst unterschiedliche Weise geliebt hatten, zu schlimmen Taten. Und den besten Freund, den ich jemals besaß, sogar in den Tod.

Ja, ich gab damals meinem Experiment das Thema »Liebe ist ein doppelschneidiges Schwert: Nach Glück folgt Einsamkeit und Tod«. Eine Doktorarbeit würde wohl nicht mehr daraus werden, aber vielleicht ein Buch. Denn nun hatte ich ja nicht nur mit verschmähter Liebe Bekanntschaft gemacht, sondern Psychoterror am eigenen Leib erfahren und dem Tod ins Auge geblickt.

Damit werde ich ganz allein fertig werden müssen.

Ich habe aber auch einen Menschen lieben gelernt, zu dem ich ohne diese entsetzlichen Ereignisse niemals Kontakt hätte aufbauen können. Mona. Im Sommerurlaub werden wir uns sehen, wenn ich zu meinen Eltern fahre. In meinem Herzen fühle ich jetzt schon leidenschaftliche Sehnsucht nach ihr.

Ob ich auch Arlena besuchen werde?

Sie lebt seit ihrer Verurteilung im Frauengefängnis in Schwäbisch Gmünd. Und dort wird sie voraussichtlich für immer bleiben. Sie konnte nicht mehr ohne mich leben, aber mit mir war es nach meiner Verhaftung auch nicht mehr möglich. Also musste sie eine Entscheidung treffen, eine einschneidende, tödliche.

Bin ich nun für alle Zeit verantwortlich für sie? Für das, was sie getan hat?

Unser Anwalt hat auf diese Frage mit einem klaren Nein geantwortet. Jeder Mensch sei für seine Taten selbst verantwortlich. Wenn aber nun der Mensch durch einen anderen zu einer Tat getrieben wird, die er ohne diesen Menschen niemals getan hätte, was dann?

Vielleicht besuche ich sie einmal. Vielleicht auch nicht. Diese Entscheidung werde ich kurzfristig fällen.

Aber über eines bin ich mir im Klaren: Arlena wird nicht aufgeben wie Severin. Sie wird alles tun, damit sie mich dazu kriegt, meine Aufmerksamkeit auf sich zu lenken.

Am letzten Verhandlungstag blinzelte sie mir zu, bevor man sie aus dem Saal geführt hat.

Sie sah gut aus. Hatte noch mehr abgenommen, trug ein schickes hellgraues Kleid mit passendem Blazer, ihre Haare waren prachtvoll gestylt und ihr Gesicht top geschminkt. Sie wirkte wie eine Upperclass-Lady auf dem Weg ins Theater und nicht wie eine Mörderin auf dem Weg in ihre Gefängniszelle.

Faktencheck zu den Fallakten der Rechtsanwaltskanzlei Dr. Clemens Lohmann & Partner

Zusammenfassung 1) der Ermittlungsergebnisse der Kriminalpolizei Karlsruhe nach den Beweissicherungen, 2) der Indizienlage zur Urteilsverkündung durch das Landgericht Karlsruhe in erster Instanz sowie 3) der Beweisneuaufnahme zum Revisionsverfahren beim Landgericht Mannheim in zweiter Instanz, das zur nachweislichen Unschuld unseres Mandanten und zu dessen Freispruch führte.

Zur Einsicht und zum Verbleib an unseren Mandanten Benedict von Barneck.

Karlsruhe, 1. April 2021

gez. Dr. Clemens Lohmann und Dr. Lukas Lohmann

Fall 1: Tötungsdelikt Larissa Rotfleck

Am Morgen des 22.06.2019 wird die 21-jährige **Larissa Rotfleck** tot auf der im Maxauer Hafen liegenden Motoryacht der Familie von Barneck aufgefunden. Der erstuntersuchende Gerichtsmediziner vor Ort stellt ausgeprägte Schnittverletzungen an den Armen und im Halsbereich des Opfers sowie zusätzliche Würge- und Erdrosselungsmerkmale durch Fremdeinwirkung fest.

Bei der gerichtsmedizinischen Obduktion kann kein täterbezogenes DNA-Material analysiert werden. Anzunehmender Weise trug der Täter Handschuhe. Unter Umständen auch Schutzkleidung.

Als **hauptsächliches Tatmittel** wird ein eng über den Kopf des Opfers gestülpter **30-Liter-Müllbeutel** bestätigt, durchstoß- und reißfest, dunkelgrau, HDPE-Kunststofffolie. Vorwiegend in Baumärkten erhältlich. Dieser führte zum Erstickungstod, beschleunigt durch das Zusammenziehen des Verschlussbandes, wodurch Druckstellen von Fingern und Händen im Halsbereich entstanden. Bei der Durchsuchung der Yacht wird eine Rolle Müllbeutel in einem Vorratsschrank gefunden, allerdings aus einem anderen Material. Bei der späteren Hausdurchsuchung der Familienvilla stoßen die Ermittler auf eine Rolle identischer Müllbeutel wie der zur Tat benutzte, was zwar als ein Indiz gewertet werden kann, aber noch keine Täterschaft Benedict von Barnecks darlegt.

Das Opfer weist zusätzlich tiefe und langgezogene **Schnittverletzungen** auf, unter anderem an Hals, Handgelenken und Innenseiten der Unterarme, weshalb eine Suche nach dem Tatwerkzeug in die Wege geleitet wird. Fündig werden die Spurensucher erst Tage später an einer wettergeschützten Stelle auf dem Hafengelände, als sie auf einen zusammengeknüllten Müllbeutel stoßen, in dem sich ein Messer befindet.

Der glatte Holzgriff des post mortem zum Einsatz gekommenen **Steakmessers** ist mit Benedict von Barnecks Fingerabdrücken behaftet und gehört zur Ausstattung des Clubrestaurants »Das Schiff«, wie rasch festgestellt wird. Als Vergleich dienten Fingerprints, die für die Durchsuchung der Yacht angelegt wurden. Die Staatsanwaltschaft deklariert das Messer als wichtiges Indiz, und B. gerät in den Fokus der Ermittlungen.

Bei Gericht drängen wir auf Klärung folgender Fragen: Weshalb warf der Täter das Messer nicht ins Wasser, was logisch gewesen wäre, sondern versteckte es an einem Platz, wo sämtliche Spuren erhalten blieben? Und warum trug der hauptverdächtigte B. v. Barneck beim Aufschlitzen der Adern keinen Handschutz, wenn doch sonst auf der Leiche keine Spuren von ihm gefunden werden konnten? Vielleicht trug er ja welchen, heißt es von Seiten der Staatsanwaltschaft, aber er hätte wohl nicht bedacht, dass seine Abdrücke noch auf dem Messer haften könnten. Hat wohl nach dem Entwenden vergessen, den Griff richtig zu säubern. Kein Verbrecher sei perfekt.

Beim Aufrollverfahren ergeben sich bezüglich des Messers keine neuen Befunde, die zur Entlastung des Verurteilten beitragen könnten.

Erst bei den Ermittlungen zum Anklageverfahren gegen Severin Suttor wird ans Tageslicht gebracht, dass dieser das Messer bei einem gemeinsamen Essen im Vereinsrestaurant mitgehen ließ, es später beim Pizzaessen in seiner Wohnung B. v. Barneck gegeben hat und somit dessen Fingerabdrücke auf den Griff kamen. S. Suttor hat die Tat sorgfältig geplant und vorbereitet.

Die **Haare** und **Kleinstspuren** aus dem Vitara stammen unbestritten von Benedict von Barneck, was letztlich seine Schuld untermauern soll und maßgeblich für seine Verurteilung im Erstverfahren beiträgt.

Die Staatsanwaltschaft hat für die Anklage lediglich das Gen-Material bestimmen lassen, was der Vertreter unserer Kanzlei leider ohne Nachhaken hinnimmt. Im Rahmen der Nachermittlungen für das angestrebte Revisionsverfahren drängen wir allerdings darauf, diese Kopfhautschuppen und Haare nochmals zu untersuchen. Die KTU des LKA findet in einer Spezialanalyse heraus, dass das Material aufgrund seiner Unterschiedlichkeit aus einem mehrfach benutzten Kamm stammen bzw. zusätzlich gezielt eingesammelt worden sein musste. Und das hat Benedict von Barneck mit Sicherheit nicht selbst getan. Somit verliert dieses Indiz seine Aussagekraft.

Im Prozess gegen S. Suttor wird offengelegt, dass dieser ausreichend Gelegenheit und auch die gewohnheitsmäßige Erlaubnis besaß, sich in der Barneck'schen Villa frei zu bewegen. Folglich hatte er ohne Schwierigkeiten Zugang zum Bad, wo der Kamm im Spiegelschrank oberhalb B.s separatem Waschbecken üblicherweise liegt. Er hatte auch die Möglichkeit, von B.s Schultern oder Kleidung Haare aufzusammeln, weil die beiden engen (freundschaftlichen) Kontakt hegten.

Mit dieser Enthüllung eröffnet sich gleichzeitig die Antwort darauf, wie der mutmaßliche Täter an den Müllbeutel gelangt ist, von dem eine ganze Rolle frei zugänglich im Vorratskeller der Villa lagert.

Im selben Prozess wird auch die Frage bezüglich B.s **Führerschein** gelöst. S. Suttor hat ihn aus Benedicts Ausweistasche entwendet, die in der Regel in einem Garderobenfach aufbewahrt wird, hochaufgelöst farbkopiert und bei passender Gelegenheit über das familieneigene Fax der von Barnecks an den Autovermieter übermittelt. Die Kopie zu fertigen war kein Problem, denn offenbar nutzte er öfter den Kopierer der von Barnecks.

Die Übergabe des **Autoschlüssels** geschah nicht persönlich, was der Autovermieter erst beim Wiederaufnahmeverfahren zugibt. Der Schlüssel lag nach Absprache im Hecktürfach, das Auto war unverschlossen, S. Suttor konnte jederzeit unerkannt einsteigen. Aus Versicherungsgründen durfte der Autovermieter das natürlich nicht zugeben und legte deshalb einen Meineid ab. Also fällt auch der Hauptzeuge gegen B. v. Barneck aus.

Die Anklage und die daraus resultierende Verurteilung kann nicht aufrecht erhalten bleiben.

Und warum hatte niemand Severin Suttor in Verdacht?

Hierzu trägt auch Benedicts Leichtsinn bei. Weder er noch Severin Suttor informierte die Ermittler über die grenzenlosen **Freiheiten Suttors in der Barneck'schen Villa.** Benedict hat ihm völlig vertraut und keinen Grund dafür gesehen, und Severin hat vorsorglich den Mund gehalten.

Die letzte Hoffnung auf einen Unschuldsbeweis durch die **Kameraüberwachung** auf dem Vereinsgelände bleibt im Hauptverfahren gegen B. unerfüllt, denn die Aufnahmen sind **unbrauchbar,** die Linsen wurden durch Steinschläge – vermutlich mittels Schleudern zerstört. Es wird nicht hinterfragt, ob B. mit einer solchen Schleuder umgehen kann oder welche andere Person hierfür in Betracht käme. Allerdings kommt beim Prozess gegen S. Suttor die Sprache darauf zurück. Und siehe da: Die Frage des Staatsanwalts an Suttor, ob er jemals eine Schleuder benutzt hätte, bejaht er leichtfertig. Den Hinweis darauf lieferten wir, nachdem uns B. bei einem unverfänglichen Gespräch über diesen Fakt berichtet hatte. So kann S. Suttor zwar unterstellt werden, dass er die Kameras zerstört hat, doch taugt es nicht als Beweis, weil zu viel Zeit verstrichen war und die

Kameras repariert sind. Und Suttor schweigt zu diesem Vorwurf.

Die Überlegung, wie der Täter nachts mit der Leiche aufs Vereinsgelände gekommen ist, mündet im Hauptverfahren im eindeutigen Hinweis auf B., denn er hat einen **Schlüssel,** und das Tor wurde nicht mit Gewalt geöffnet. Weil diese Frage beim Revisionsverfahren nicht zugunsten B.s geklärt werden kann, bleibt sie bis zum Prozess gegen S. Suttor offen. Dort legt die Anklage dar, dass S. Suttor keine Probleme gehabt haben dürfte, den Schlüssel nachmachen zu lassen. Vorgang: Spezialknete, in die der Abdruck hinterlassen wird, Schlüsseldienst, der nicht nachfragt, wo der Originalschlüssel ist, weil Suttor ein Dokument vorlegt, das ihn als städtischen Verwaltungsangestellten ausweist, der hochoffiziell über Kompetenzen verfügt, die des Öfteren Schlüsselanfertigungen miteinschließen. Während des Kreuzverhörs gibt S. Suttor diese Vorgehensweise zu. Ja, er habe bei einem Besuch in der Villa heimlich den Abdruck von Benedicts Schlüssel gemacht.

Und der geheimnisvolle **Franzose,** der das Opfer gefunden hat, taugt nicht als entlastender Zeuge. Benedict meinte anfänglich, vielleicht hätte ja er die Kameras zerstört, damit man seine Identität nicht erkennt. Aber das wiesen sogar wir als unglaubwürdig zurück, denn wir gingen davon aus, dass erstens der Gast keine solche Sabotage begehen würde sowie zweitens die Identität des Franzosen der Polizei sehr wohl bekannt ist, und sie deshalb auch keinen Handlungsbedarf sahen. Sehr viel später, nach Verhandlungsende, erfahren wir, dass **François Hubert,** ein 42-jähriger Politiker aus Strasbourg und einflussreiches Parteimitglied, unter dem Deckel halten wollte, dass er mit einer Geliebten heimlich unterwegs war und keinesfalls in den Medien erwähnt werden durfte.

Fall 2: Tötungsdelikt Mariella Schubert

Arlena Reimer will Benedict von Barneck nicht mehr mit einem »Kontrahenten« teilen. Also muss sie diesen loswerden und plant einen Mord mit Severin Suttor als Hauptverdächtigen. Klingt zunächst umständlich und unglaubwürdig, doch je mehr man sich mit der Person Arlena Reimer befasst, umso nachvollziehbarer werden ihre verwirrten Gedankengänge. Ihre Hoffnung besteht darin, dass durch diesen zweiten Mord die Verurteilung ihres geliebten Benedict Entkräftung findet, und sie dadurch zu einem erfolgreichen Revisionsverfahren mitverhilft. Dass Severin Suttor und nicht Benedict von Barneck der Mörder von Larissa Rotfleck ist, weiß sie nicht. Sie geht wohl davon aus, dass B. die Tat begangen hat, worüber sie sich allerdings ausschweigt, als sie danach gefragt wird.

Sie war bei den Gerichtsverhandlungen und kennt die Indizienlast gegen B. Weiteres erfuhr sie über die Zeitungen und von B. selbst. Also konnte sie den zweiten Mord ähnlich konstruieren.

Doch wie erfährt A. Reimer von M. Schubert? In einer redseligen Minute, eventuell unter Alkoholeinfluss, könnte Benedict ihr von seinem Australientrip erzählt haben. Er kann sich später nicht daran erinnern und glaubt, dass Severin es ihr gesagt haben könnte. Eine solche direkte Aussprache zwischen Severin und Arlena kann nicht nachgewiesen werden, weil erstens Severin aufgrund seines Suizids nicht mehr für eine Befragung bereitsteht, und zweitens Arlena sich ausschweigt. Außerdem bliebe die Frage offen, weshalb S. Suttor es A. Reimer hätte sagen sollen, und vor allem, wann?

Für A. Reimer ist diese frühere Freundin ihres Angebeteten ideal für ihren Plan, den sie penibel austüftelt. Und wie lockt sie ihr Opfer her? Per mehrmaligen Chiffre-Anzeigen in den Februar- und März-Ausgaben diverser Zeitungen. Das Glück ist ihr hold und untermauert ihr Vorhaben.

Um Severin Suttor ins Spiel zu bringen, legt sie extra einen

E-Mail-Account auf seinen Namen an, von dem aus sie die Zeitungen anschreibt. Hierfür fährt sie mit der Bahn nach Mannheim, sucht ein Internetcafé auf und lässt sich – das wird ihr zum Verhängnis – von einer Mitarbeiterin helfen, bei einem Schweizer E-Mail-Anbieter diesen gefakten Account anzulegen. Um weiterhin keine digitalen Spuren auf sich zu lenken, fährt sie zum Abrufen der Mails mehrmals nach Mannheim, bis das Café wegen des pandemischen Lockdowns Ende März schließen muss.

Mariella Schubert meldet sich tatsächlich per E-Mail, und A. Reimer lockt ihr Opfer zu einem Treffen am späten Ostersonntagabend aufs Vereinsgelände. Vorher war ein Treffen nicht möglich, weil M. Schubert wegen des Virus unter Quarantäne gestanden hatte. Aufgrund der Corona-Maßnahmen ist alles verwaist. A. Reimer hat schon einige Zeit beobachtet, wann die Leute zu ihren Booten kommen. Abends ist immer Ruhe angesagt.

A. Reimer zieht sich einen **Schutzanzug** über. Hat sie aus der Apotheke ihrer Eltern. Mit einem **Eisenschneider** öffnet sie das Tor.

Mariella Schubert kommt im eigenen Auto angefahren. Nach dem Aussteigen schlägt A. Reimer ihr mit dem Eisenschneider den Schädel ein, stülpt ihr eine **Einkaufstüte** über, schleppt die leichtgewichtige, zierliche Getötete hinunter aufs Boot. Drapiert sie dort. Hierbei verliert sie eine Wimper, die tief verborgen im grobmaschigen Pullover ihres Opfers stecken bleibt und Monate später im Labor des BKA entdeckt wird. Wie A. Reimer gehandelt hätte, wenn ihr das Opfer zu schwer gewesen wäre, bleibt ihr Geheimnis.

Nun versucht sie, M.s Adern aufzuschneiden. Das Messer ist zu stumpf. Es fließt kaum Blut. Mit dem Eisenschneider zertrümmert sie nun endgültig M. Schuberts Schädel.

A. Reimer vertraut darauf, dass die Polizei ihre gelegten Spuren richtig deutet und Ermittlungen gegen Severin Suttor einleitet. Ihr Plan geht auf, in M. Schuberts Wohnung wird ein

Anzeigentext gefunden, der sie dazu brachte, Kontakt mit »Benni« aufzunehmen. Die Nachforschungen ergeben, dass die Anzeige bei der Zeitung per E-Mail eintraf und der Account-Inhaber »Severin Suttor« heißen soll.

Es werden alle aus B.s Umkreis verhört, keiner kann verdächtigt werden. Bis Severin an die Reihe kommt. Aus Angst, dass ihm unberechtigt ein Mord angehängt wird, hält er dem Druck nicht stand und gesteht den Mord an Larissa.

Der Weg zu Arlenas Überführung ist lang und aufwändig. Da die Kripo KA zunächst nicht weiterkommt, und S. Suttor aus verschiedenen Gründen als Täter ausscheidet, bittet sie das BKA um Unterstützung. Deshalb wird die Leiche von M. Schubert exhumiert und samt der in der Asservatenkammer gelagerten Kleidung nach Wiesbaden gebracht. Die Tote wird bald wieder freigegeben, keine neuen Spuren. Aber auf der Kleidung wird die Wimper entdeckt. Die DNA kann vorerst nicht zugeordnet werden.

Die IT-Spezialisten des LKA BW unter Mitwirkung des BKA fahnden unterdessen nach dem wahren Absender der Mail und setzen bei dem Schweizer E-Mail-Anbieter an, der seinen Kunden völlige Anonymität verspricht. Weil dieser keine detaillierten Infos herausgibt, wird das Schweizer Bundesamt für Polizei um Amtshilfe in einem Mordfall gebeten. Die zwangsweise Aufhebung geschützter Unternehmensgeheimnisse wird nach wochenlangem Hin und Her angeordnet, die Firma muss die Anlegedaten offenlegen und die Fedpol reicht sie an das LKA Baden-Württemberg weiter.

Hieraus ergeben sich folgende Fakten: Der Account wurde von einem PC-Nutzer in einem Mannheimer **Internet-Café** angelegt, das allerdings zurzeit geschlossen hat, was die Recherchen erschwert. Der Betreiber verweist auf eine Mitarbeiterin, die ebenfalls erst ausfindig gemacht werden muss, da vor der Schließung vier Angestellte die Möglichkeit gehabt hätten, die Kundschaft zu betreuen. Schließlich kann sich eine Befragte an eine dicke Frau erinnern, die sich hat zeigen lassen, wo und wie man einen E-Mail-Account anlegt, ohne den Klarnamen angeben zu müssen. Sie habe ihr dann diesen Schweizer Anbieter empfohlen und ihr geholfen, aber bei der Eingabe der Daten weggeschaut, das sei schließlich privat und ginge sie nichts an.

Somit gerät Arlena Reimer ins Zentrum der Ermittlungen – sie wird damit aber noch nicht konfrontiert, die Beweise fehlen. A. Reimer fühlt sich folglich sehr sicher, während sie sich B. gefügig macht. Bis sie zu weit geht, und B. sich befreit.

Arlena Reimer wird im November 2020 in Haft genommen, ihr können nicht nur die Straftaten gegen Benedict von Barneck nachgewiesen werden, sondern auch der Mordanschlag auf die vermeintliche Kontrahentin Mona Kessler.

Als KHK Steiner misstrauisch auf einen DNA-Abgleich besteht, erhärtet sich der Verdacht auf die Täterschaft im Mordfall Mariella Schubert, und sie kann überführt werden.

Ist Arlena Reimer eine gerissene Psychopathin und dadurch manipulativ geschickt? Oder nur eine von Liebe zerfressene Verschmähte, Verzweifelte? Oder alles zusammen? Das kann wohl nur ein Psychiater beantworten.

Nachtrag:

Severin Suttor wurde im Oktober 2020 wegen heimtückischen Mordes an Larissa Rotfleck in Tateinheiten mit Rufschädigung sowie falscher Spurenlegung und Inkaufnahme der Inhaftierung von Benedict von Barneck zu lebenslangem Freiheitsentzug verurteilt mit der Option, frühestens nach 13 Jahren Haftverbüßung ein Prüfungsverfahren auf Haftaussetzung unter Bewährungsauflagen einberufen lassen zu können. In der Nacht auf den 6. Januar 2021 begeht Severin Suttor Suizid.

Arlena Reimer wurde im März 2021 wegen heimtückischen Mordes an Mariella Schubert aus niederen Beweggründen zu lebenslangem Freiheitsentzug verurteilt. Aufgrund des Mordanschlags auf Mona Kessler sowie des Tatbestands der mehrere Wochen andauernden Freiheitsberaubung von Benedict von

Barneck in Tateinheit mit vorsätzlicher Körperverletzung unter missbräuchlicher Verabreichung von Drogen und Medikamenten unter Akzeptanz einer tödlichen Auswirkung wird wegen besonderer Schwere der Schuld eine Sicherungsverwahrung nach 15 Jahren Haftverbüßung verordnet.

Im Mai 2021 ist der 1. Verhandlungstag im Prozess gegen Ewald Reimer wegen versuchten Mordes an Benedict von Barneck angesetzt. Es ist davon auszugehen, dass die Staatsanwaltschaft auf maximal 10 Jahre Haftstrafe plädiert. Falls ihm nachgewiesen werden kann, von dem missbräuchlichen Drogengebrauch seiner Tochter gewusst und diesen unterstützt zu haben, könnte sich seine Strafe um 2 bis 3 Jahre erhöhen.

Arlena Reimer versendet seit März 2021 regelmäßige Schreiben an unsere Kanzlei, mit der Bitte, Benedict von Barneck zu einem Besuch in der Haftanstalt zu bewegen. Diese Briefe legen wir nach Übermittlungsablehnung unseres Mandanten zu den Akten.

unterzeichnet: Dr. Clemens Lohmann & Dr. Lukas Lohmann
erhalten: Benedict von Barneck | Donnerstag, 1. April 2021

DANKE

An einem herrlichen Februartag anno 2019 unternahmen wir einen Ausflug nach Maxau, um den Hafen des MBC Motorboot-Clubs Karlsruhe e. V. in natura zu sehen. Diesen Ort hatte ich für einen Schauplatz zu einer spontanen Krimiidee auserwählt. Denn ursprünglich hätte diese Geschichte nur ein Kurzkrimi werden sollen. Zur Auflockerung zwischen den umfangreichen Arbeiten an den Manuskripten zu meinen DeLorca-Thrillern.

Doch je intensiver ich mich mit den Figuren Benedict, Arlena und Severin beschäftigte, desto tiefer rissen sie mich in den Sog des Geschehens. Hinzu kamen weitere Ortsrecherchen in Karlsruhe und Umgebung, die mir zusätzliche Ideen aufzeigten, sowie einschneidende reale Ereignisse, die ich in die Handlung miteinfließen lassen wollte.

Schlussendlich wurde ein Psychothriller daraus.

Und wie in meinen Geschichten üblich, sind auch in diesem Roman Handlungsweisen und Mittel enthalten, für deren Richtigkeit Informanten befragt werden mussten. Als Autorin lerne ich zwar stets dazu, dennoch kann ich ja nicht alles wissen.

Folglich danke ich ganz herzlich:

> Jörg Hasselberg, Vorsitzender des MBC Motorboot-Clubs Karlsruhe e. V., für seine Informationen über Motorboote und Fachausdrücke im maritimen Bereich sowie ganz besonders für seine hochinteressante Führung über die Stege des Hafengeländes inmitten abstruser Hochwasserlage, inklusive der Erlaubnis, das Vereinsgelände in meine Geschichte einflechten zu dürfen.

> Corinna Wintzer, Autorenkollegin und Apothekerin, für ihre famose Unterstützung bei der Medikamentenauswahl, die Arlena zur Unterdrückung von Benedict getroffen hat.

> Dr. med. Diethmar Antoni, meinem Cousin, der mich unter-

wiesen hat, wie Stich- und Schussverletzungen gesetzt werden sollten, damit das Opfer Überlebenschancen hat – wenn auch nur knapp.

> Simon Fik, mein Schwiegersohn in spe und Informatiker, für seine Beratung zum Erstellen anonymer E-Mail-Accounts, ein fundamentales Element zur Planung des zweiten Mordablaufs.

> René Krail, Mitglied in einem Schützenverein, für seine stete Bereitschaft, mich in der Verwendung von Schusswaffen zu beraten. Zwar kommt in diesem Roman nur eine einzige zum Einsatz, doch auch diese wollte gut ausgewählt sein.

> Giusi Guglielmino, deren flotter Ausspruch über Millionäre ich freiweg für diesen Roman geklaut habe.

> Und schließlich meinem Mann, der mir den Rücken freihält, damit ich Romane schreiben kann. Nun ja, und mein Chauffeur zu den Orten, wo ich meine Recherchen durchführe, ist er natürlich auch.

Ich weise darauf hin, dass eventuelle Ungereimtheiten nicht von falsch übermittelten Informationen und mangelnder Recherche herrühren, sondern von der Freiheit, die ich als Romanautorin besitze, um der Geschichte dramaturgisch gerecht zu werden.

Über einen Besuch meiner Homepage www.uschi-gassler.de würde ich mich sehr freuen.